궐위의 시대

미국과 중국이 사는 법

성균중국연구총서 37

궐위의 시대

미국과 중국이 사는 법

성균관대학교 성균중국연구소 기획
이희옥 편

 도서출판 선인

냉전이 한참이던 시기 미국은 소련의 국가경쟁력을 주목하면서 불안해하던 때가 있었다. 이러한 불안은 공포를 낳고 공포는 다시 과잉반응을 낳고 결국 나쁜 결정을 유도하는 악순환으로 이어졌다. 이른바 "10피트 거인(Ten Feet Tall)" 증후군은 부상한 중국을 보는 바이든 시대에 다시 재연되고 있다. 중국에 대한 공포를 통해 중국의 굴복을 요구하는 일이 조직적으로 전개되고 있다. 이를 위해 동맹과 선진국 클럽을 동원하기도 한다.

그러나 중국의 종합국력은 여전히 글로벌 국가가 되기 어렵다. 빠른 성장의 이미지가 있고, 규모의 경제에서 오는 폭발력이 있으나 질 좋은 발전(quality development)은 아니다. 특히 체제의 경직성, 성장하기도 전에 늙어가는 경제 펀더멘털, 사회적 역동성의 저하, 중앙-지방 관계 왜곡에 따른 자율성의 약화, 중국의 국가이익과 충돌하는 국경에 포진한 주변국가, 식량과 에너지 안보의 취약성 등이 도사리고 있다. 말하자면 중국이 사회주의 정체성에 의지한 성장의 결과가 사회적 결속을 강화하지 못하고 있다.

그러나 미국은 중국의 강점에 대한 공포감이 커지고 심지어 여론을 동원하기도 하는 등 불안정을 증폭시켜왔다. 이러한 중국에 대한 공포는 미국 민주주의의 역동성, 국제적 평판, 글로벌 동맹과 파트너십의 네트워크를 강화하는 등 미국이 자신을 강하게 키워야 한다는 본질적인 일에 소홀히 한 채, 중국의 발전 속도를 늦추는 데 주력했다. 중국도 '패권을 추구하지 않겠다'고 했으나, 자국의 주변에서 군사력을 확대하면서 적극성을 보이고 있다. 그리고 내정간섭을 하지 않는다는 고립주의 정책을 펴고 있으나 이것이 자국의 국경 안에서 권위주의 국가들의 벌이는 비민주적 행위를 방조하는 등 책임지지 않는 대국이라는 이미지를 스스로 만들었다.

이러한 미중전략경쟁이 본격화되면서 한국을 비롯한 많은 국가들이 전략적 선택을 강제당하고 있다. 한국은 사실 분단국가라는 태생적 조건이 있다. 미국과 중국에 대한 편승의 한계를 가지고 있고, 그렇다고 홀로서기도 불가능하다는 점에서 교량국가, 중추국가 등을 제시하면서 전략적 유연성을 유지해 왔다. 이것은 미국의 중국과 한국의 중국 사이에는 인식과 국가이익의 차이도 있기 때문이다. 더구나 전략과 대결의 경계를 넘나드는 미중관계를 예측하기 어렵다는 점에서 정책선택의 난도를 높이고 있다.

이 책은 코로나 팬데믹이 구조적 전환에 처한 미중관계를 더욱 악화시키는 촉발요인으로 보고 미중관계의 객관적 평가 속에서 향후 추동력이 무엇이고 이를 둘러싼 시나리오를 만들어 보고 한국의 전략방안을 모색하기 위해 기획되었다. 〈총론〉에서는 코로나 펜데믹이 가져온 세계사적 전환 속에서 중국의 부상과 미중관계의 성격변화를 다루는 한편 '중국의 길'에 대한 새로운 논의를 소개하면서 중국의 정책방향을 확인하고자 했다. 〈제1부: 미중관계 판(Plate)의 변화〉에서는 기존의 미중 간 종합국력 평가를 다시 '평가'하는 한편 왜 미중경쟁이 핵심기술을 중심으로 대립하고 있는가를 분석했다. 그리고 중국의 경제력 부상에 따른 가치사슬과 공급망의 변화, 특히 코로나 19 이후 중국의 회복탄력성(resilience)과 내수주도 성장 및 중국인의 삶과 소비의 대변화 사이의 상관관계를 추적했다. 이 과정에서 중국의 복합적 리스크들이 동시에 병목구간을 통과할 때의 위험과 미중관계에 미치는 영향도 다루었다. 〈제2부: 미중 전략경쟁의 양상과 상호인식〉에는 미국에서 중국을 보는 다양한 시각과 최신의 여론과 트렌드를 분석하고 바이든 정부가 왜 트럼프 정부의 연장 속에서 작동하고 있는가를 살피는 한편 중국이 이데올로기, 정치, 경제, 리더십 등의 영역에서 순응, 대응, 적응방식이 달라지고 있는 의미를 포착했다. 〈제3부: 미중관계의 게임 체인저〉에서는 새로운 미중 전략경쟁이 주로 데이터 플랫폼에서 온다고 보고 이에 대한 미국과 중국의 경쟁력과 취약성을 동시에 분석했다. 뿐만 아니라 데이터 플랫폼을 구동하는 핵심인 전력을 확보하기 위한 중국의 에너지 믹스 정책을 분석하고, 여기에 데이터 플랫폼과 구동축인 전략 모두에 적용되는 핵심광물자원의 분포와 생산량을 확인하고 그 상관성을 분석했다. 그리고 데이터 플랫폼이 실제 중국의 생활세계 속에 어떻게 투사하고 있는가를 스마트 시티의 사례를 통해 다루었다. 〈제4부: 미중관계 시나리오와 한국〉에서는 기존의 미중관계에 대한 국제학계의 다양한 시나리오와 전망을 소개, 평가하고 이 중에서 현실적으로 높은 가능성이 있는 것을 추출해 한국의 정책 선택지를 도출하고자 했다.

이 책은 (재)여시재 후원으로 수행한 〈중국의 부상〉이라는 연구 프로젝트의 결과를 기반으로 하고 있다. 이 연구의 중간보고와 결과물의 일부는 『중앙일보』, 『성균차이나 브리프』 등에 연재하기도 했고 축약요약본은 e-book 형태로 출판했다. 이 연구를 수행하는 과정에서 10여 명으로 구성된 연구팀은 기술이 미중 전략경쟁의 본질이라는 주장을 일찍이 제기하고 그

논거를 지속적으로 생산해왔다. 우리는 이 작업을 사장시키지 않고 학계에 공공재로 제공하기로 결의하고, 코로나 바이러스의 대유행, 바이든 정부 출범 이후 미중관계를 반영했다. 이 책이 나오기까지 많은 사람들의 도움과 지지가 있었다. 우선 미래연구에 깊은 관심을 가지고 연구 프로젝트를 수행하는 과정에 지속적인 아이디어를 제공해 준 (재)여시재 이광재 원장을 비롯한 재단 관계자들의 지원과 도움이 있었다. 무엇보다 이 프로젝트에 참여하면서 이미 많은 시간과 에너지를 소비했고, 새로운 미중관계를 상황을 반영해 원고를 수정하고 손질해 준 연구진들에게는 참으로 미안하고 고마울 따름이다. 또한 이 책을 제작하는 과정에서 성균중국연구소 최소령 연구원은 궂은 작업을 도맡아 했다. 그의 순발력과 노력이 없었다면 세상에 빛을 보지 못했을지 모른다. 성균중국연구소와 인연을 맺고 책 작업을 함께 하고 있는 선인출판사에도 감사의 인사를 드린다. 이 책이 한국의 미중관계의 면모를 균형적으로 판독하고 한국의 정책선택지를 넓혔으면 하는 바람이다. 독자 여러분의 아낌없는 질정을 바란다.

2021년 뜨거운 여름
이희옥

차례

제1부 미중관계 판(Plate)의 변화

제4부 미중관계 시나리오와 한국

중국의 변화와 미중전략경쟁을 어떻게 볼 것인가

이 희 옥* · 하 남 석**

1. 궐위(interregnum)의 시대

현재 세계 질서는 시계 제로의 불확실한 상황으로 진입했다. 기존의 선입견과 가치관으로는 지금의 혼돈을 이해할 수 없다. 자유주의 국제 질서를 이끌었던 미국이 자국의 이익을 위해 보호무역을 실시하게 되었고, 사회주의를 내건 중국이 국제 자유무역 질서의 수호를 주장한다. 이민자의 나라인 미국이 이민자를 배척하고 있으며, 신중국 건국 이후 문화대혁명 시기 전통을 배격하던 중국이 다시 공자의 동상을 세우고 있다. 냉전이 끝나면서 역사의 종언이 선언되고 자유민주주의의 승리 이후에 더 이상 새로운 국제 질서는 등장하지 않을 것으로 여겨졌지만, 어느새 미국식 자유자본주의와 중국식 국가자본주의의 대결 구도를 상정하는 분석들이 많아졌

* 성균관대학교 정치외교학과 교수, 성균중국연구소장.
** 서울시립대학교 중국어문화학과 교수.

다. "미국을 다시 위대하게"라는 슬로건 속에서 아메리칸 드림의 구호가 다시 외쳐졌으며, "중화 민족의 위대한 부흥"이라는 선언 속에서 중국몽(中國夢)이 중국의 새로운 이상으로 등장했다. 이러한 국제 질서의 갈등 국면에서 인공지능, 빅데이터, 사물인터넷 등을 필두로 한 4차 산업혁명이 기존 질서에 거대한 변화를 가져올 것으로 여겨지고 있으며, 미국과 중국은 이 변화 속에서 기술 표준의 우위를 차지하기 위해 전면적인 경쟁에 나섰다. 이런 국면에서 2020년 새해부터 등장한 코로나19 바이러스는 전 세계를 뒤흔들며 더 큰 혼돈을 안겨주고 있다. 중국 우한에서 처음 바이러스가 확산되고 중국 정부의 은폐 및 부실 대응 논란이 알려지며 시진핑 체제에 큰 위기가 되었으나 3월부터 중국은 안정세를 찾아가는 반면, 미국과 유럽 등 서구 선진국들이 바이러스에 힘없이 무너지면서 상황은 역전되었다. 중국은 코로나19 방역의 성공을 자신의 체제 우월성으로 선전하기 시작했고 트럼프 정부는 방역 체계가 무너지면서 재선에도 실패했다. 2021년 바이든 정부가 출범하여 트럼프 시대의 거친 표현들은 잠잠해졌으나 수사적 차원의 이면에서 미국과 중국 두 나라 사이의 전략적 경쟁 구도는 더 치밀하고 치열해진 것으로 보인다. 안토니오 그람시가 20세기 초반 "낡은 것은 소멸하고 새 것은 태어날 수 없으니 이 궐위(闕位: interregnum)의 시대에 수많은 병적인 징후들이 생겨난다"고 언급했던 것처럼 2008년 글로벌 금융위기를 지나 코로나19 팬데믹, 그리고 기후 위기 등 혼돈의 세계 정세와 지구적 위기 속에서 새로운 안정적 국제 질서가 등장하기란 힘들어 보인다.

국제 질서는 두 가지 차원, 즉 구조적 질서와 규범적 질서로 이루어진다. 구조적 질서는 권력의 분배구조이다. 예를 들어 현재 도전 국가인 중국의 국력이 증가한다면, 중국의 국제 사회에서의 권력도 증가하게 되고 미국은 이를 저지하기 점차 힘들어질 것이다. 다른 하나인 규범적 질서는 바로 새로운 국제 규칙을 제정하는 힘이라고 할 수 있다. 국제 질서는 바로 규칙을 따르는 것이고 규칙은 가치관에 따라 결정된다. 과거 미국이 자유주의를 고수할 때에는 자유주의 규칙을 제정하고, 반(反)자유주의일 때에는 보호무역주의의 규칙을 제정했다. 현재 세계는 미국 주도의 자유주의적 가치관은 쇠락하고 주도적인 가치관이 등장하지 않은 상황이다. 주도적인 가치관이 없으면 중대한 국제 정책에 대한 컨센서스를 형성하기 어려우며 새로운 국제 규칙을 제정할 수도 없다. 즉, 기존의 자유주의 규칙은 시행되지 않고 새로운 규칙은 제정할 수 없는 것이 현재 직면한 국제 질서가 처한 상황이다. 보다 시야를 단기적으로 좁혀보자. 지금으로부터 3년 전인 2018년 봄에 미국과 중국 간에 무역분쟁이 시작될 때만 하더라도 대결 국면은 단기간 내에 봉합되고 세계 경제 질서는 다시 안정을 찾으리라는 예측이 주된 기조를 이뤘다. 미국과 중국의 관계는 비록 경쟁은 하지만 공존할 수밖에 없는 '경쟁적 공존'의 관계라고 여겨졌으며 전 세계의 경제가 지구화(globalization)를 통해 아주 복잡한 글로벌 가치 사슬로 연결되어 있는 21세기에 두 경제 대국의 대결 국면이 장기간 지속되기란 불가능할 것으로 보였다. 무엇보다 양국 간에 긴밀하게 연결된 경제적 상호의존성과 경제적 상호확증파괴 (mutual assured destruction · MAD)에 대한 우려로 인해 무역분쟁은 수사적 차원의 대결을 넘지 못하고 일정한 선에서 타협을 이루게 될 것이라고 다수의 사람들이 예측했다. 하지만, 지난 2년 동안 두 나라의 전선은 단순히 무역 불균형에 따른 관세 부과를 뛰어넘어 5G, 인공지능, 빅데이터 등 첨단 기술의 표준 영역을 비롯해 이념적 가치와 체제 경쟁에 이르는 전선으로까지 확전되었으며, 패권 경쟁이라고 불러도 자연스러운 상황에 이르렀다.

2019년 4월 29일, 미국 국무부 정책기획국장인 카이론 스키너(Kiron Skinner)는 워싱턴에서 열린 한 안보포럼에서 "소련과의 경쟁은 서구라는 한 가족 내의 싸움이었고 칼 마르크스의 사상도 서구의 정치 이념에서 나왔지만, 중국은 서구 철학과 역사의 후예가 아니기 때문에 중국과의 경쟁은 정말로 다른 문명과 다른 이데올로기의 싸움"이라고 언급했다. 미국의 외교 정책을 기획하는 자리에 있는 트럼프 정부의 최측근이 미중 간의 경쟁을 "문명의 충돌"로 언급하고 "우리가 백인(Caucasian)이 아닌 대단한 경쟁자를 가진 것은 처음"이라고 주장한 것이다.

이어서 5월 15일 중국에서 열린 제1차 아시아 문명대화 대회에서 시진핑 중국 국가주석은 "인간은 피부색과 언어가 다르고, 문명은 다양한 아름다움을 가지고 있다. 그러나 그들이 귀하고 하찮거나, 좋고 나쁘다는 식으로 분류되어서는 안 된다. 자신의 인종과 문명이 남보다 낫다고 생각하거나, 다른 문명으로 개조하거나 대체하려고 애쓰는 이는 현명하지 못하며, 그런 시도는 재앙을 초래할 것이다"라고 화답했다. 이어서 "평등과 존중의 원칙으로 오만과 편견을 버리고 서로 다른 문명과 교류와 대화로 상생할 수 있어야 한다"고 주장했다.

비록 시진핑 주석이 문명 충돌론을 우회해가며 다른 문명과의 상생을 언급했지만, 이미 미국의 정책담당자 중 일부는 현 국면을 다른 문명과의 경쟁으로 인식하고 있으며, 실제로 중국의 정책가와 학자들은 중국의 고대 사상을 적극적으로 재해석해가며 새로운 국제이론들을 형성해가고 있다. 고대의 '천하' 관념을 국제 정치에 적용시켜 제국의 질서 대신 '천하체계'를 언급하기도 하며, 현실주의적 국제정치관을 왕도(王道)와 패도(覇道)의 정치로 재해석해 새로운 국제 리더십의 창출을 주장하기도 한다. 중국이 시진핑 집권 이후 국가목표로 내건 중화민족의 위대한 부흥인 '중국몽(中國夢)'과 '인류운명공동체'는 이러한 작업들이 쌓여서 만들어진 결과물일 수 있다. 이러한 문명적 해석을 통한 담론 형성 시도들이 중국과 아시아를 넘어 새로운 글로벌 리더십으로 이어질 수 있는 가는 매우 중요한 문제이다.

2020년 코로나19라는 미증유의 세계적인 재난 상황에서 미국과 중국 두 나라는 전혀 협력하지 못하고 도리어 상호 공방에 나서고 있다. 중국이 초기에 바이러스를 통제하지 못하고 큰 어려움을 겪을 때에 미국은 이를 방관했으며, 추후 중국이 안정을 되찾고 미국이 어려움에 빠지자 오히려 중국에게 코로나19 바이러스의 발원지라는 책임을 물으며 견제에 나서는 상황이다. 심지어 미국은 글로벌 팬데믹을 선도해서 막아야 할 세계보건기구를 친중 세력이라고 비난하며 자금 지원 중단을 선언하는 등 글로벌 리더십의 역할을 스스로 포기하는 모습을 보여줬다. 중국은 안정을 되찾은 상황이지만 코로나19의 책임론에서 자유롭지 못한 상황이고, 방역 국면에서 보여준 정보 통제 등의 권위주의적 양상은 자국의 안정을 찾는 데에는 비교적 성공적이었지만 위기 극복에서 다른 나라의 모범이 되기는 힘든 상황이다. 중국은 현재 국면에서 상대적으로 미국을 비롯한 서구 국가들에 비해 방역에 성공했고 이 경험을 통해 다른 개발도상국들에게 방역 지원을 펼치고는 있지만 아직은 국제 사회가 수용할 수 있는 보편적인 모델을 수립하지 못하면서 새로운 글로벌 리더십을 형성하기는 어려운 것이 현실이다.

앞으로의 국제 질서는 세계를 이끌 리더십이 등장하느냐에 달려있다. 중국은 세계의 리더를 맡을 자원이 충분하지 않고 미국은 리더의 책임을 지려 하지 않는 상황이다. 리더가 없는 세계는 결국 혼란한 세계가 될 것이다. 그렇기에 향후 한동안 글로벌 거버넌스는 성과가 별로 없을 것으로 예측된다. 글로벌 거버넌스는 강대국이 전 세계를 이끌고 함께 하는 것인데, 트럼프 시기의 미국은 중국뿐만 아니라 모든 국가와 일방주의적 외교의 행태를 보였다. 바이든 행정부가 등장하며 트럼프의 일방주의적 외교를 벗어나 다자간 협력을 추구하게 되었지만 다자간 협력의 목표가 대 중국 견제인 상황에서 미중 갈등의 구도는 지속될 가능성이 높다. 미국과 중국의 경쟁은 단순히 사회주의와 자본주의 간의 진영 경쟁이 아니며 모델, 제도의 경쟁을 넘어선다. 미중 간 경쟁은 바로 글로벌 리더십의 경쟁이다. 이 리더십은 시대정신에 대한 통찰, 개혁 의지를 가지고 개혁을 추진할 수 있는 능력의 경쟁이다. 성공적인 국내 개혁을 완수하는 동시에 이를 글로벌 리더십으로 이끌 수 있는 능력의 여부는 무엇보다 중요하다.

G2라고 불리던 미국과 중국, 두 강대국 간의 갈등의 파장은 한국에 선택의 딜레마를 안겨주고 있다. 이미 미국과 중국 모두 한국에 '현명한 선택을 해야 한다'는 압박을 시작했으며, 지난 2017년 사드 배치를 둘러싸고 양국 간의 힘겨루기에서 홍역을 앓았던 한국은 현재의 국면을 어떻게 해석하고 어떤 정책적 선택을 할 것인가?

이렇듯 정책적 선택의 난이도가 높아진 상황에서 현재의 국제 정세를 정확하게 분석하는 것이 관건이다. 게다가 이 분석은 미국과 중국, 두 강대국 간에 누가 승리할 것인가라는 단순한 이분법적 질문에 대한 해답에 머물러서는 안 된다. 무엇보다 현재의 정세는 21세기 초입에 마주한 글로벌 금융위기라는 혼돈 속에서 4차 산업혁명이라고 하는 기술적 변화와 맞물려 세계질서의 거대하고도 심원한 전환을 마주하고 있기 때문이다. 게다가 비록 백신이라는 게임체인저가 등장하기는 했지만 코로나19로 인해 변화하는 세계 경제 환경과 세계 질서는 현재 쉽사리 앞을 예측하기 힘든 혼돈의 상황이다. 따라서 단순한 경제 지표에 따른 단기적인 예측에 의존하기보다는 보다 근본적인 세계 질서 변화의 역사적 과정을 꼼꼼히 복기하고 현재의 기술 발전이 가져올 변화들을 주요 변수로 고려해 향후 미래의 시나리오를 여러 측면에서 점검해야 한다.

중국의 변화는 선도국의 발전추이와 어떤 연동성을 가지고 있는가? 중국의 변화는 세계를 어떻게 재편하고 있는가? 미래 세계의 중추인, 아시아 시대를 중국은 어떻게 준비하고 있는가? 종합국력 평가를 '재평가'하면 어떤 힘의 분포가 나타나고 있는가? 새로운 국력으로서 과학기술은 미중관계의 게임체인저가 되는가? 미래사회의 기술구성과 단번도약은 어떤 사회를 만들고 있는가? 스마트시티를 추동하는 전력화와 에너지 그리고 광물은 전략화되는가? 미중의 상호 인식과 대응전략에 근본적 변화가 발생하고 있는가? 코로나19 팬데믹은 향후 세계 경제와 미중관계를 어떻게 변화시킬 것인가? 중국모델은 중국형 글로벌 리더십을 창출하면서 발전할 수 있는가? 한국은 예속적 발전을 넘어 보완적 생존을 위해 무엇을 준비할 것인가?

본 연구는 위와 같은 질문들에 대하여 보다 객관적이고 과학적인 데이터를 바탕으로 다각도로 향후 발생가능할 경향들을 살펴보고, 그 분석에 입각해 미중관계 변화의 시나리오를 설정해보는 동시에 중국이 어떠한 방향으로 변화해나갈 것인가를 살펴보려고 한다. 아울러 현재 국제 질서의 흐름이 한국에 주는 정책적 함의가 무엇인지도 제기할 것이다.

2. 중국의 부상: 팬더 중심의 원형 대형(panda circle)

제2차 세계대전 이후 일본과 동아시아 신흥 산업국들(한국, 대만, 홍콩, 싱가포르)은 역동적으로 경제 성장을 이룩했다. 동아시아 지역의 이 국가들은 냉전 질서 속에서 미국에 대한 안보 의존이 높아졌고 미국 시장에 의존적인 수출 주도 국가로 재편되었다. 산업적 측면에서 보면, 일본을 중심으로 한 다층적 하청생산 네트워크가 만들어지면서 이 국가들은 각각 가치사슬에서 특정한 연결고리를 차지하였으며, 각 지역의 특성에 맞게 수익성과 기술복잡도의 수준에 맞는 제품에 특화되었다. 일본은 가장 고부가가치의 품목에 집중하게 되었고, 한국과 대만을 비롯한 신흥 산업국은 중간 수준의 제품에, 동남아시아의 국가들은 저비용의 노동집약적 제품에 집중했다. 이는 일명 '기러기 떼 모델(flying-geese model)'이라고도 불렸으며, 미국과 유럽 등 선진국 시장에 광범위한 소비재를 수출하는 공급 네트워크를 형성하게 되었다.

한편, 1980년대에 시작하여 1990년대에 가속화된 시장개혁과 대외개방 정책을 통해 중국은 아시아의 후발산업국으로 등장했다. 특히 1992년 12차 당대회에서 중국은 사회주의 시장경제를 선언하고 서구 자본주의 국가들의 경제 제도를 상당 부분 받아들이기 시작했으며, 연해지역의 노동집약적 산업을 중심으로 점차 다양한 기술 수준의 제품에서 아시아의 가장 경쟁력 있는 수출국으로 자리 잡았다.

여기에 더해 중국은 2001년 WTO에 가입하면서 지구적 자본주의 세계 질서에 더 적극적으로 편입되었고 말 그대로 세계의 공장이 되었다. 중국이 블랙홀처럼 전 세계의 생산 영역을 빨아들이게 되면서 기존에 동아시아에서 형성되었던 일본을 필두로 한 '기러기 떼 모델'은 점차 중국에서의 생산을 중심으로 하는 '팬더 중심의 원형 대형(panda circle)'으로 재편되었다. 즉, 중국은 기타 동아시아 지역의 자본 투자를 바탕으로 전 세계의 조립 기지가 되어 최종 수출을 담당하는 역할을 하게 되었고, 그 가운데 이어진 기술 이전을 기반으로 하여 산업의 고도화를 시도하게 된다. 요컨대, 20세기 후반에 이르러 냉전이라고 불렸던 자본주의와 사회주의 양 진영의 대립이 한쪽의 일방적인 몰락으로 끝난 이후, 세계 질서는 미국 중심의 단일한 "자유주의적 국제질서(Liberal International Order)"로 이행했고, 중국은 이에 적극적으로 편입하여 자국의 경제 성장을 도모했다. 중국도 미국 주도의 국제

질서에 하위 파트너로 적극적으로 편입되었다. 미국 역시 중국을 자유주의적 국제질서로 통합시키는 것이 자국의 핵심적 이해를 보호하는 효과적인 방법이라고 판단하여 중국의 WTO 가입을 승인하고 중국이 점진적으로 자유주의적 제도를 수용하도록 유도했다.

하지만 중국은 이 질서에서 단순히 하위 파트너에만 만족한 것은 아니었다. 중국의 급격한 수출산업 신장은 막대한 경제 성장을 가져왔고 무역 흑자의 확대를 통해 국제적인 금융력도 보유하게 되었다. 중국은 세계 최대의 외환보유고를 가지는 동시에 미국의 최대 채권국가가 되었으며, 세계의 공장을 넘어 세계의 시장이 되었다. 한편, 중국 공산당은 개혁개방 이후 시장경제를 대폭 수용하면서도 '사회주의 현대화'라는 거대 목표를 포기한 적이 없었다. 중국은 강력한 당-국가 체제(party-state system)에 바탕을 둔 체계적인 사회통제관리 체제와 국가의 효율적인 시장 개입을 긴밀하게 작동시키며 세계 경제의 가장 중요한 행위자로 등장했다. 게다가 미국과 경제적으로는 강하게 연결되면서도 국방과 안보의 측면에서는 전혀 의존하지 않던 중국은 기존의 동아시아 국가들과는 달리 일정하게 독립적인 정책을 추구할 수 있는 기반을 갖추었다.

이렇게 부상한 중국의 국가 주도의 자본주의 모델은 2008년 리먼 브러더스의 파산으로 시작된 글로벌 금융위기로 서구의 자유주의적 자본주의 모델이 흔들리자 새로운 대안으로 떠오르기도 했다. 급진적인 경제 자유화와 금융 주도의 경제 정책을 신봉하는 미국 주도의 '워싱턴 컨센서스(Washington consensus)'를 대체하는 발전 모델로 점진적이고 제한적인 시장 개혁을 특징으로 하는 '베이징 컨센서스(Beijing consensus)'의 등장이 환영받기도 했다. 심지어 서구의 몰락과 아시아로의 패권 전환이라는 문명론적 담론이 등장했고, 미국에서 중국으로의 글로벌 헤게모니가 이동하고 있다는 주장이 많이 늘었다. 중국은 이런 배경 속에서 좀 더 자신의 체제에 자신감을 가졌고 위기에 대한 서구적 해법보다는 중국적 길과 패러다임 전환이라는 목표에 집중했다.

3. 4차 산업혁명과 전 지구적 혼돈

21세기 들어 미중 관계가 기존의 협력 관계에서 갈등 관계로 진입하는 국면의 큰 세계사적 배경에는 두 가지 요인이 있다. 하나는 2008년 글로벌 금융위기이고 또 다른 하나는 첨단 기술 변화로 다가온 4차 산업혁명이다. 글로벌 금융위기는 기존의 국제 질서를 크게 흔들었으며, 4차 산업혁명은 새로운 국제 질서를 주조하는 데 있어 큰 영향을 미치고 있다. 바야흐로 전 지구적 혼돈(global turbulance)의 국면으로 진입한 것이다. 무엇보다 세계를 이끌어가는 두 강대국인 미국과 중국은 한 측에서는 이러한 위기에도 불구하고 기존 패권을 어떻게든 지속하려 하고 다른 한 측에서는 어떻게든 새로운 패러다임을 만들고자 한다.

2008년 리먼 브러더스의 파산으로 시작된 글로벌 금융위기는 사실상 미국의 종합 위기로 미국의 세계 질서 주도권이 침식되는 하나의 징후로 받아들여졌다. 이 위기는 곧바로 유로존으로 전이되었고 이어서 전 세계로 퍼져나갔다. 이 위기의 시작점에는 미국의 주택시장 및 그와 연결된 금융시장이 있었지만, 보다 근본적인 원인은 수십 년간 경제 분야를 지배해온 사상이자 정책인 신자유주의에 있었다. 그동안 금융 및 시장에 대한 모든 국가의 규제를 철폐하자고 주장해왔던 신자유주의 사상은 여러 국가들 사이의 경제적 격벽을 무너뜨리고 달러를 기반으로 한 세계화된 금융 체계를 만들어냈고, 이는 미국의 세계 패권을 유지하는 데 결정적으로 중요한 역할을 했다. 하지만 단기적인 경기의 전진과 후퇴에도 불구하고 중장기적으로는 계속해서 호황을 누릴 것이라고 예측되었던 이 신자유주의적 경제 질서는 하나의 틈이 생기자마자 전방위적으로 무너졌다.

이 위기에 대응하는 과정에서 중요한 역할을 한 것이 바로 중국의 경기부양이었다. 중국은 이미 세계 경제에 깊숙이 편입되어 있었고 자국에게 미칠 충격을 막기 위해서 당시 중국 GDP의 12.5%에 해당하는 4조 위안에 달하는 규모의 경기부양 정책을 실시했다. 중국의 이러한 정책은 엄청난 규모로 경기부양책을 실시했던 미국의 연준(Fed)과 함께 세계 금융위기가 최악의 경제 위기로 번져나가는 것을 막는 데 일조했다. 중국은 이러한 가운데 기존의 수출에 의존하는 자국의 경제구조는 지속불가능하다고 보고 좀 더 내수에 입각한 경제 모델로 전환해야 한다는 점을 깨달았으며, 전 세계적으로는 서구와는 비교되는 중국 모델을 긍정하면서 국가가 좀 더 금융을 통제하는 국가 주도의 자본주의의 시대가 왔다는 담론들이 등장했다.

물론 2008년과 2009년에 위기가 확산되는 과정에서 성공적으로 보였던 중국의 국가 주도의 경제 시스템이 최종적인 승리를 담보한 것은 아니다. 현재 중국이 가장 큰 경제 문제로 떠안고 있는 과도한 국가 부채의 문제는 바로 이 '급한 불끄기'에서 비롯된 것이기 때문이다. 미국과 중국 양국에서는 산적한 국내적 위기를 해결하기 위해서 양국의 완전히 다른 정치시스템에도 불구하고 강력한 리더십을 가진 지도자를 선출했다. 트럼프와 시진핑이 대표하는 '스트롱 맨(strong man)'의 시대가 도래한 것이다. 이러한 강력한 리더십은 곳곳에서 충돌하기 시작했다. 글로벌 금융위기 이후 지난 10년간의 세계사적 흐름을 연구해온 애덤 투즈(Adam Tooze)는 『붕괴: 금융위기 10년 세계는 어떻게 바뀌었는가』에서 다음과 같이 얘기했다. "위기는 사실

끝나지 않았다. 우리가 현재 마주하고 있는 현실은 위기의 반복이 아닌 위기의 돌연변이와 전이(轉移)이다. 2007~2012년의 금융 위기와 경제 위기는 2013년과 2017년 사이에 탈냉전 질서 전반의 정치적·지정학적 위기로 변모했다."[1]

한편 세계는 4차 산업혁명이라는 기술 변화에 따른 산업 구조의 변화와 직면해 있다. 이 기술변화가 세계 정치에 주는 함의는 매우 크다. 국제관계 이론 중 하나인 장주기 리더십 이론(Theory of Leadership Long Cycle)에 따르면, 세계사의 특정한 시기에 혁신적인 기술혁명이 일어났을 때, 해당 기술에 기반한 선도산업을 주도한 강대국이 그 시대의 패권 국가로 부상해 국제정치경제의 질서를 주도한다. 예를 들어, 면직물과 증기기관 분야에서 기술 혁신으로 발생한 1차 산업혁명은 영국의 세계 패권과 긴밀히 연관되며, 중화학 공업에 기초한 2차 산업혁명은 미국의 세계 패권 장악으로 귀결되었다. 그리고 20세기 후반의 정보화 혁명은 냉전에서 소련이 몰락하고 미국이 단일한 세계 패권 국가로 등장하는 데 큰 역할을 했다. 이러한 역사적 맥락을 고려하면, 현재 상상이 아니라 현실로 도래하고 있는 4차 산업혁명에서 어떤 국가가 주도권을 장악할 것인가는 세계 질서에 중요한 의미가 있다.

2011년 독일에서 처음 제기된 인더스트리 4.0(Industry 4.0)은 기존의 전통적 제조업에 IT시스템을 결합하여 생산 시설을 스마트 공장(Smart Factory)으로 진화시키고 생산성을 극도로 향상시키기 위한 내용을 담고 있었다. 이 내용은 2015년 세계경제포럼(WEF)에서 '4차 산업혁명'이라는 개념으로 확장되었는데, 이는 각 영역에서 혁신적으로 발전한 정보통신기술(ICT)을

---

1) Adam Tooze, *Crashed: How a Decade of Financial Crises Changed the World* (London: Penguin Books, 2018), pp.19-20.

융합하여 온라인과 오프라인이 극도로 연결되고 인공지능과 빅데이터 등의 기술이 결합되어 기존의 산업 환경을 완전히 뒤바꾸는 것을 의미한다.

[그림 1] 데이터 플랫폼(Data Platform)의 작동 원리

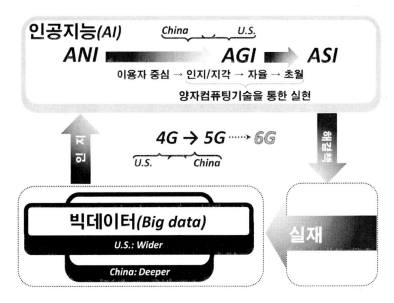

[그림 1]의 4차 산업혁명의 데이터 플랫폼(Data Platform) 개념도는 다음과 같은 내용을 담고 있다.

① 사물인터넷: 인간 및 사물에서 발생가능한 모든 데이터를 감지, 측정하고 수집하는 기술을 의미, 데이터는 각종 모바일 디바이스와 클라우드 컴퓨팅을 통해 수집되고 저장, 축적, 확산됨
② 빅데이터: 거대한 데이터를 수집하고 분석, 처리할 수 있는 여러 기술들의 조합을 의미
③ 인공지능: 축적, 분석된 데이터를 통해 기계를 학습, 훈련시켜(머신

러닝) 인간의 판단이나 결정과 유사하게 시뮬레이션할 수 있도록
만드는 기술

④ 플랫폼 기술: 데이터가 순환하는 생태계를 조성하여 위의 여러 기
술들을 서로 연결하고 그 과정에서 새로운 가치를 만들어내는 기술

⑤ 5G: 4G보다 20배 빠른 전송 속도를 구현하여 더 많은 디바이스를
안정적으로 연동시켜 사용할 수 있는 통신 기술로 데이터 플랫폼의
가속기 역할

사물인터넷, 빅데이터, 인공지능, 플랫폼 기술은 각기 어느 정도 독자적
인 기술이지만, 결코 그 자체로 단일한 기술로 발전할 수는 없고 전체적으
로는 이 기술들이 상호작용하여 거대한 기술 생태계를 구성한다. 예를 들
어 인공지능이나 자율주행 자동차는 빅데이터 구축없이 불가능하며, 빅데
이터 역시 사물인터넷이나 플랫폼 기술 없이는 구축이 불가능하다. 드론이
나 자율주행 자동차는 그 자체로 움직이는 사물인터넷이자 데이터를 수집
하는 플랫폼이며, 인공지능은 수집된 빅데이터를 학습하여 자율주행 자동
차를 가능하게 할 수 있게 한다. 4차 산업혁명은 이런 기술들이 강하게 연
결되어 물자의 제조와 유통에서 전자상거래와 핀테크와 같은 새로운 금융
기술을 전면적으로 확산시켜 생산과 소비의 효율성을 극도로 높이는 동시
에, 로봇, 드론, 자율주행차, 가상현실 등과 같은 새로운 산업의 영역을 탄
생시킨다.

특히, 5G기술은 미래의 이동통신 기술 및 서비스로 스마트폰으로의 수렴
을 가져왔던 3G, 4G(LTE)에 이은 차세대 통신 및 네트워크 인프라를 구축하
고 있다. 4G에 비해 20~100배 빠른 5G의 네트워크 전송 속도는 양(量)에서
질(質)로의 전환적 변화를 일으키며 광범위하게 분포되어 있는 각종 스마
트 디바이스와 사물 인터넷을 연결하는 초연결 시대를 열게 된다. 5G 기술

은 초연결 네트워크 사회와 빅데이터 구축의 가속기 역할을 할 뿐만 아니라, 4차 산업혁명의 새로운 산업 분야인 자율주행차, 가상현실, 스마트 도시(스마트 농업, 스마트 공장, 스마트 커뮤니티) 등 수많은 미래의 이슈들이 5G의 노드(Node)에 달려있다.

이렇듯 4차 산업혁명이 야기할 기술적 특이점에서 선도적 위치를 차지하기 위해 각국이 경쟁에 나서는 것은 자연스럽다. 미국은 이미 선도적 위치를 점하고 있는 각종 첨단 기술 영역에서 계속해서 우위를 유지하고자 하며, 중국도 기존의 개발도상국의 위치에서 벗어나 산업의 고도화를 추진하고자 한다. 중국은 이미 2015년에 '중국제조 2025'의 비전을 제시했고, 미국은 이에 대해 우려하며 중국의 지적 재산권 등 기술 탈취를 국제적 문제로 삼는 등 서로 패권 전쟁에 나서기 시작했다.

4. 미중 전략경쟁의 새로운 국면: 팍스 차이메리카(Pax Chimerica)의 종언

1) 새로운 전략경쟁

중국과 미국의 무역분쟁은 이번이 처음이 아니다. 1990년대 후반 이래로 양국 간에 무역불균형이 심화되면서 중국과 미국 간 무역분쟁은 지속적으로 존재해왔다. 2010년에도 버락 오바마 전 미국 대통령은 미국의 대 중국 무역적자 문제를 제기하며 중국의 환율평가절상을 요구했고, 폴 크루그먼도 "미국이 중국에 야구 방망이를 휘둘러야 하며, 중국을 환율조작국으로 명시하고 수입품에 과징금을 부과해야 한다"고 강력하게 주장했었다. 미국

측의 주장에 맞서 중국의 경제를 이끌던 당시 원자바오 전 총리는 "한 나라의 환율은 그 나라의 경제가 결정하는 것"이라고 강하게 맞섰고, 중국의 많은 경제학자들은 중국이 미국의 평가절상 압력을 받아들이면 지난 1985년 플라자합의를 통해 엔화 평가절상을 했다가 불황으로 빠져버린 일본의 뒤를 따르게 될 것이라고 주장하며 미국의 패권주의를 비판했다. 다만 기존의 미중 무역분쟁은 양국 간의 무역불균형과 중국의 환율 조작 문제 등에 초점이 맞춰진 측면이 있으며, 강한 설전 이후 양국 정상회담에 맞춰 중국의 보잉 항공기 대량 수입이나 대미 투자 확대 약속 등으로 봉합되는 방식이 반복되었다.

그러나 트럼프 집권 이후 2018년부터 진행된 미중 무역분쟁은 기존의 패턴과는 다른 방식으로 진행되고 있다. 처음에는 표면적으로 기존과 비슷하게 시작되었으나, 실제 상호 관세부과로 이어지는 등 격렬한 무역전쟁으로 확대되었다. 무엇보다 기존의 패턴과 다른 것은 미국이 중국의 산업정책인 "중국제조 2025"를 문제삼기 시작했으며, 중국의 ZTE(中興)을 시작으로 5G 기술에서 우위를 확보하고 있는 화웨이(華爲) 등에 직접 제재를 가하며 중국의 제조업 굴기를 전면적으로 견제한 것이다. 즉, 미국은 기존의 무역 적자나 환율 문제를 넘어서 앞으로 미국의 기술경쟁력 우위를 유지하고 전 분야에서 미국의 패권을 지키겠다는 의지를 천명한 것이다.

이러한 상황은 위에 설명했던 1990년대 중국의 세계 시장 진입과 2001년 WTO 가입 이후 확대되어 미국과 중국 양국의 경제 성장을 이끌어온 '팍스 차이메리카(Pax Chimerica)' 시대의 종언을 의미한다.[2] 미국과 중국과의 관

---

2) Mark Leonard, "The End of 'Chimerica'," *Project Syndicate* (Jun 25, 2019),
   https://www.project-syndicate.org/commentary/end-of-chimerica-and-future-of-europe
   -by-mark-leonard-2019-06 (검색일: 2019.06.26).

계는 더 이상 선진국과 개발도상국 간의 보완적 협약이 아니라 같은 수준을 지향하면서 경쟁과 견제의 논리가 작동하기 시작한 것이다.

지난 20~30년간의 세계화를 미국과 중국 양국 관계에 적용해본다면, 미국의 월 스트리트(Wall Street)와 실리콘 밸리(Silicon Valley)가 중국 동부 연안의 생산 인프라와 결합한 것이다. 중국은 서부 지역의 농민공들의 무제한적 공급과 세계적인 비교우위를 가진 값싼 노동력을 바탕으로 세계의 공장이 될 수 있었고, 미국의 월 스트리트와 실리콘 밸리는 금융과 기술을 공급하면서 자신들의 가치를 극대화할 수 있었다. 말 그대로 '팍스 차이메리카(Pax Chimerica)' 시대가 열렸다.

[표 1] 불평등 세계화 모형

후진국(중국)	선진국(미국)
숙련 노동자(동부)	숙련 노동자(Wall Street, Silicon Valley)
↑	↑
단절	단절
↓	↓
비숙련 노동자(서부)	비숙련 노동자(Rust Belt)
양극화를 동반한 파레토(pareto) 개선	중산층 붕괴와 양극화 심화

이 가운데 가장 피해를 입은 지역은 미국의 전통적인 공업 지대인 중부의 러스트 벨트(Rust Belt)였고, 이들을 대변하며 중국을 집중 공략해 대통령이 된 사람이 바로 도널드 트럼프다. 사실 그동안 민주당과 공화당을 막론하고 미국의 주류 정치인들은 모두 월스트리트와 실리콘밸리의 대변자였다. 월스트리트와 실리콘밸리는 모두 중국과 공생관계를 구축하고 있었고, 이들을 대변하는 미국 주류 정치인들은 중국과 소규모 충돌은 겪었지

만 세계화로 맺어진 글로벌 가치 사슬을 끊어내려고 하지 않았다. 하지만 트럼프 대통령 당선 이후, 중국을 지속적으로 공격하고 중국과의 대결 구도가 선명해지자 상황은 변하기 시작했다. 트럼프의 반(反)이민 정책이나 오바마 케어 축소 등 국내 정책에 대한 반대와는 달리 민주당 주류 정치인들도 중국 견제에 적극 호응하고 있다.

대중국 전선에서 범(汎)미국적 단결이 이뤄진 이유는 중국의 숙련노동이 생각보다 빠르게 고부가가치화 됐기 때문이다. 중국은 더 이상 실리콘밸리의 하청 제조기지가 아니라 자체적 플랫폼과 기술을 갖춘 산업 생태계를 구축하려고 한다. 이미 중국은 미국의 구글, 페이스북, 아마존 등과 같은 거대 온라인 기업들의 자국 시장 진입을 견제하면서 수년 만에 바이두, 텐센트, 알리바바와 같은 기업들을 글로벌 기업 못지 않은 규모로 육성시켰다. 국내 소비시장 뿐만 아니라 첨단 기술 영역에서도 인공위성 GPS를 대체할 베이떠우(北斗)를 등장시켰고, 최근엔 달 뒷면 착륙에 성공하면서 항공우주 분야에서도 기술적 진전을 이뤘다. 이런 면에서 최근 트럼프의 화웨이 공격에 구글이나 인텔 등 실리콘 밸리의 기업들이 적극 호응하고 나서서 전면적인 중국 견제에 나섰다.

2) 미국과 중국의 함정들(traps)

미국과 중국 간의 갈등을 해석하는 데 고전적인 비유들이 다시 등장하고 있다. 그 첫 번째는 "투키디데스의 함정(Thucydides Trap)"이다. 고대 그리스의 역사가인 투키디데스는 '펠로폰네소스 전쟁사'에서 이 전쟁이 기존 패권국인 스파르타가 신흥 강대국인 아테네에 위협을 느껴 발생한 것으로 보았는데, 이후 국제관계학에서 새롭게 부상하는 신흥 세력과 지배 세력 사이의 갈등을 묘사하는 데 자주 인용되었다. 2017년 하버드 대학 벨퍼 연구소 소장을 지낸 그레이엄 엘리슨(Graham Allison)이 저서 『예정된 전쟁』에서 미중 갈등을 투키디데스의 함정을 통해 분석하면서 많은 이들의 관심을 끌었고,[3] 2018년 파이낸셜 타임스는 올해의 단어로 투키디데스의 함정을 선정했다.

두 번째로 등장하고 있는 비유는 "킨들버거의 함정(Kindleberger Trap)"이다. 킨들버거의 함정은 마셜 플랜의 설계자 중 한 명이라 할 수 있는 찰스 킨들버거(Charles Kindleberger)가 "기존 패권국 영국의 자리를 차지한 신흥 강대국 미국이 역할을 다하지 못해 대공황과 2차 세계대전을 불러일으켰다"고 주장한데서 비롯한 개념이다. 1차 세계대전 이후 기존에 글로벌 공공재를 공급하고 세계 질서를 떠맡던 영국을 대신해 등장한 미국이 그 역할을 하지 못하고 자국의 이익만 추구하다가 세계가 혼돈의 정세로 빠져들게 되었다는 것이다. 이는 현재 미국과 중국 관계에도 적용된다. 중국 역시 당시 미국처럼 현재 국제 질서에 무임승차하려는 태도가 있지 않은가 하는 의심이다.

조셉 나이는 현재의 미중관계를 분석하며 미국이 투키디데스의 함정과 킨들버거의 함정 두 가지를 모두 피해야 한다고 주장한다. 중국이 지나치게 강하면 미중 양국의 대결 구도인 '투키디데스의 함정'에, 반대로 지나치게 약해져서 새로운 글로벌 리더의 역할을 못하게 되면 '킨들버거의 함정'에 빠지게 된다는 것이다. 무엇보다 이 분석은 미국이 지금의 고립주의나 일방주의 정책에서 벗어나 갈등을 해소할 수 있는 제대로 된 글로벌 리더의 역할을 하라는 주문이다.[4]

---

3) 그레이엄 앨리슨, 정혜윤 옮김, 『예정된 전쟁: 미국과 중국의 패권 경쟁, 그리고 한반도의 운명』 (서울: 세종서적, 2018).

한편, 중국이 빠져있는 함정도 있다. 그중 하나는 "타키투스의 함정 (Tacitus Trap)"이다. 로마의 집정관이었던 타키투스가 "황제가 한 번 사람들의 원한의 대상이 되면 그가 하는 좋은 일과 나쁜 일 모두 사람들의 증오를 불러일으킬 수밖에 없다"고 한 데서 비롯된 말이다. 권력이 인민들의 신뢰를 잃어버린 상황을 비유한 말이다. 시진핑 체제 이후 계속되고 있는 기층에 대한 억압과 검열은 반부패 정책을 통해 얻어낸 인민들의 신뢰에 금을 가게 하고 있다. 이는 다시 '다모클레스의 칼'이라는 비유로 이어질 수 있다. 통치자의 권좌 위에는 얇은 말총 한 가닥으로 매달아 놓은 큰 칼이 아래를 향하고 있다는 우화인데, 시진핑 주석이 2015년 항일승전 70주년 열병식에서 "세계는 평화롭지 않고 전쟁이라는 '다모클레스의 칼'이 인류의 머리 위에 드리워져 있다"고 언급해서 유명해진 표현이다. 시진핑은 주로 대외적 위협을 '다모클레스의 칼'이라고 표현했지만, '인민'이라는 또 다른 '다모클레스의 칼'을 인식하지 않을 수 없다. 대중노선을 강화한다고는 하지만 인민들의 신뢰를 한 번 잃어버리면 당 통치의 정당성을 다시 회복하기 어려운 '타키투스의 함정'에 빠져버릴 것이다.

중국이 직면한 다른 하나의 함정은 "중진국 함정(middle income trap)"이다. 중진국 함정은 개발도상국이 중간소득국가 단계에서 성장 동력을 상실하여 고소득국가에 이르지 못하고 중진국에 머무르거나 다시 저소득국가로 후퇴하는 현상을 의미한다. 선진국으로 도약하고자 하는 중국이 성장둔화, 금융 리스크, 인구 보너스 소멸에 따른 성장 잠재력 저하, 산업 고도화와 새로운 산업 육성 지체에 따른 경제 구조조정 실패에 직면하게 될 가능성도 높다는 것이다. 중국은 이러한 함정에 빠지지 않기 위해 강도 높은 구

---

4) Joseph S. Nye, "Kindleberger Trap," *Project Syndicate* (Jan 09, 2017), https://www.belfercenter.org/publication/kindleberger-trap (검색일: 2019.08.02).

조개혁을 실시하고 있으나 그 결과가 불확실한 측면도 많다는 것이다.

중국은 현재 직면한 이 두 개의 함정과 더불어 위에 언급한 투키디데스 함정, 킨들버거 함정까지 4개의 함정에 빠질 수도 있다는 경고도 나온다.

미중 간의 갈등 격화는 국제정치학계에도 커다란 논쟁을 불러일으키고 있다. 탈냉전 이후 자유주의적 질서가 단일한 세계 질서로 자리 잡고 경제의 지구화가 강조되면서 어느새 담론 지형에서 조용해졌던 지정학(geopolitics)이 다시 귀환하고 있다. 미국과 중국의 대결은 다시 해양세력과 대륙세력의 충돌로 묘사되기도 하고 한반도는 지정학적으로 중간적 위치로 갈등이 충돌하는 꼭지점으로 분석되기도 한다. 미국이 중국의 부상을 저지하기 위해 재균형 전략을 내놓자 중국이 일대일로(一帶一路) 전략으로 맞불을 놓고 미국은 이에 다시 무역 분쟁을 통해 봉쇄에 나섰다.

미어셰이머(John J. Mearsheimer)는 공격적 현실주의의 입장에서 중국의 평화적인 부상은 가능하지 않을 것이며 미국은 지역 패권국의 입장에서 적극적으로 봉쇄 전략에 나설 것이라고 예측한다. 떠오르는 신흥국이 패권을 추구하는 것은 자연스러운 일이며, 또한 이를 가로막는 기존 패권국의 입장도 본능적인 것이다. 바야흐로 강대국 국제정치의 논리가 다시 작동하는 것이다.[5]

이러한 지정학과 강대국 정치 논리의 재등장은 기존에 선언되었던 '역사의 종언' 담론을 무색하게 만들고 있다. 그리고 헨리 키신저나 조셉 나이 등이 줄곧 주장해오는 것처럼 중국이 미국 중심으로 형성된 자유주의 기반의 국제 정치경제 질서에 성공적으로 편입할 수 있도록 해야 한다는 논리도 점점 그 힘을 잃고 있다. 오히려 비자유주의 국제질서(Illiberal international

---

5) 존 J 미어셰이머, 이춘근 역, 『강대국 국제정치의 비극: 미중 패권경쟁의 시대』 (서울: 김앤김북스, 2017).

order)가 등장하고 있다는 분석이 힘을 얻고 있다.

여러 국제 기구의 틀을 통해 자유로운 자본 이동과 자유 무역을 통해 전 세계에 시장경제를 자리 잡게 하고 인권, 자유, 민주주의 등 인류의 보편적 가치를 내세웠던 자유주의 국제 질서가 강하게 흔들리고 있다는 분석들이 이어지고 있다. 물론 현재 상황은 자유주의적 국제질서가 완전히 부서진 상황은 아니다. 자유주의 국제 질서의 기본 제도나 기구, 규범이 어느 정도 유지되고는 있지만 제대로 작동하고 있지는 않다. 이 질서를 이끌고 나가야 할 미국이 트럼프 체제에서 오히려 이 질서에서 이탈했으며, 기존 자유주의 세계 질서의 가장 큰 수혜자라고 할 수 있는 중국 역시 새로운 국제 규범을 만들고자 한다는 것이다. 유럽을 비롯해 전 세계적으로 대두되는 배타적인 민족주의의 강화 흐름은 이러한 세계 질서의 변화를 더 가속화하는 중이다. 협력과 통합보다는 국익과 현실을 앞세운 논리가 좀 더 힘을 얻고 있는 형국이라고 할 수 있다.

5. '중국의 길'에 대한 새로운 논의

중국은 현재 이 국면을 맞이하여 어떤 발전모델을 추구하고 있으며, 또 어떤 국가로 변화해나가고 있는가? 중국의 공산당 일당 통치 체제가 위기를 맞이했다는 중국위기론, 심지어 중국붕괴론은 올해 30주기를 맞은 1989년 톈안먼 사건 이후로 단속적으로 등장해왔다. 그러나 중국은 지속적으로 부상해왔고, 그 발전은 "중국 모델"이라는 개념으로 표상되었다. 하지만 현재 중국이 직면한 국내외적인 환경은 크게 변화하고 있다. 위에 언급했듯이 2008년 글로벌 금융위기의 폭발과 4차 산업혁명 등 기술적 혁신과 더불어 코로나19의 팬데믹은 세계 정치 경제 체제의 변화를 촉진하고 있다. 이러한 변화는 중국에도 커다란 도전으로 작동하고 있으며, 중국의 발전 모델이 어떻게 변화하고 진화할 지에 대해 많은 질문이 제기되고 있다.

시진핑 집권 초기까지만 하더라도 비관론과 낙관론이 겹쳐 나타나기는 했지만, 기존까지의 중국 공산당과 집권 체제의 내구력에 대해 비교적 긍정적으로 평가하는 부분이 많았다. 서구의 중국 연구자들은 근대화론이나 동아시아 모델에 입각해 기본적으로 중국이 권위주의 체제를 유지하면서도 시장경제를 지속적으로 확대해나가기 때문에 점진적으로 연성 권위주의나 일정한 제도변화를 수용하는 준(準)민주주의로 나아가지 않을까 예측하기도 했다. 역동적인 시장경제와 일당 통치의 권위주의적 정치 구조는 치명적인 모순을 야기하기 때문에 중국에 필요한 해법은 경제의 완전한 시장화와 정치 민주화라는 '근대화론'에 의존했다. 즉, 그동안 중국에서는 빠른 경제성장이 인민에게 높은 생활 수준과 보다 많은 기회를 창출했기 때문에 중국 공산당의 통치 정당성이 인정되어왔지만, 고속 성장이 한계에 직면한 현재로서는 공산당의 업적 정당성(performance legitimacy)에 치명타를 가할 수 있기 때문에 다른 동아시아 발전 국가들의 경험처럼 국가의 시장개입 후퇴와 정치 민주화가 필수적이라는 견해가 여전히 유지되고 있다.

예컨대 데이비드 샴보(David Shambaugh)는 중국이 나아갈 미래의 방향을 4가지로 가능성을 개진했으나 시진핑 집권 이후의 중국이 가는 방향에 대해서는 우려를 나타냈다. 그는 이전에 중국 공산당의 시대 적응능력과 유연성을 높게 평가해왔지만, 시진핑 집권 이후 중국 공산당의 권력 집중과 사회 통제가 더 강화되자 이는 오히려 중국에 불안한 미래를 가져다 줄 것으로 봤다.

[표 2] 중국이 미래에 선택 가능한 길과 예상 결과

선택 가능한 길	예상 결과
신전체주의(Neo-Totalitarianism)	퇴행, 위축, 붕괴
경성 권위주의(Hard Authoritarianism)	제한적 개혁, 침체, 감소
연성 권위주의(Soft Authoritarianism)	온건한 개혁, 부분적 전환
준(準)민주주의(Semi-Democracy)	성공적 개혁, 전면 전환

출처: David Shambaugh, China's Future, (Polity, 2016) p.22.

현재 시진핑 체제하에서의 중국은 경성 권위주의 체제이며, 가장 바람직한 모습은 싱가포르와 유사한 준민주주의 체제이다. 그러나 중국 공산당이 그 노선을 선택할 가능성은 매우 낮고 앞으로도 경성 권위주의 체제를 유지할 가능성이 가장 크다. 샴보는 경제개혁은 정치개혁과 병행되어야 하는데, 현재 중국은 정치체제를 개혁할 가능성이 없기 때문에 중국의 미래는 한계가 있으며 국제적 지위에서도 불안정해질 것이라고 예측했다. 도리어 신전체주의 방향으로 회귀한다면, 서구 및 주변 아시아 국가들과의 관계도 갈등이 심화될 것으로 보았다. 이러한 '중국의 길'에 대해 미국의 우려가 있었다. 미국은 대중국 정책을 기존의 포용(engagement)에서 대결과 압박의 경향으로 전환시키고 있다. 후버연구소(Hoover Institution)의 보고서인 『중국의 영향과 미국의 이익: 건설적 경계를 제안하며(China's Influence & American Interests: Promoting Constructive Vigilance)』를 살펴보면, 중국이 비록 러시아만큼은 아니더라도 시진핑 집권 이후 중국이 미국과 미국이 주도하는 자유주의적 국제 질서에 큰 위협이 되고 있다고 판단하고 경계에 나설 필요가 있다고 주장했다.[6]

---

6) Larry Diamond And Orville Schell, "China's Influence & American Interests: Promoting Constructive Vigilance," *Hoover Institution* (Nov 29, 2018),

미국의 이러한 대 중국인식 변화가 이번 미중 무역분쟁에서 공세적 형태로 나타나고 있지만, 중국은 이에 호응하여 자신의 노선을 변화시키려 하기보다는 당-국가 주도의 경제발전 모델과 당의 통치를 강화할 가능성이 크며, 중앙의 권력 강화를 통해 현재 자신이 처한 복합적 리스크를 극복해 나가려고 한다. 이는 2017년 가을 중국 공산당의 제19차 전국대표대회에서 시진핑 주석이 행한 장문의 보고문에서 더 명확하게 나타난다.

19차 당대회 보고문을 분석해보면, 시진핑 2기 정부에 수립된 국정 목표는 '리스크 방지를 통한 지속가능한 발전과 체제 안정의 유지'라고 할 수 있다. 자본시장과 금융의 안정성 유지, 지방정부 부채의 축소, 질적 우위를 바탕으로 한 경제의 중속(中速) 성장, 환경과 생태 분야의 리스크 해결, 빈곤 퇴치와 격차 해소 등 산적한 중국의 복합 리스크를 해결하기 위해 중국 공산당과 당 중앙의 역할을 보다 강화하는 정층설계(頂層設計)를 도모하고 있다. 이러한 중국의 정책 설계와 중앙 권력 강화는 그동안 중국이 거쳐온 '사회주의 현대화'라고 하는 거대 목표를 완성하는 데 있어서 필수적인 것으로 여겨진다. 계속해서 부딪혀온 여러 국내외적 도전에 거시적으로는 국가전략 수립(서부대개발, 신형도시화, 일대일로 구상 등)과 시대적 과제에 맞는 지도 이데올로기의 수정(삼개대표론, 과학적 발전관, 신시대 중국 특색 사회주의 등)을 통해 안정적인 성장을 이끌어왔다는 자신감이 내재된 것이다.

이렇듯 현재 중국의 통치 체제가 나아가는 방향을 놓고 미국과 중국의 관점은 충돌한다. 여기에 현재 4차 산업혁명을 앞두고 기술굴기에 나선 중국의 모습은 이러한 대결 국면을 더욱 강화시키고 있다.

중국은 이미 국가 주도의 산업정책을 통해 다수의 기업을 국제적 경쟁력

https://www.hoover.org/research/chinas-influence-american-interests-promoting-constructive-vigilance (검색일: 2019.06.10).

을 가진 기업으로 육성했다는 자신감을 가지고 있다. 중국은 단기간 내에 국가의 집중 투자와 거대한 시장을 바탕으로 바이두, 알리바바, 텐센트를 구글, 아마존, 페이스북에 맞대응할 수 있는 규모를 가진 기업으로 성장시켰으며 5G, 드론, AI, 핀테크 등의 영역에서는 이미 기술적으로 세계를 선도할 수 있는 역량을 갖추게 되었다. 물론 이러한 중국의 기술굴기가 한계가 없는 것은 아니다. 중국의 기술 강국으로의 성장은 많은 측면에서 두드러지지만, 다른 나라와의 기술 협력이나 상업적 교류의 측면에서 많은 한계를 가지고 있다. 바이두나 텐센트가 확실한 기술력을 바탕으로 성장했으나, 중국 당국이 그에 상응하는 경합재나 대체제가 될 수 있는 구글과 페이스북, 유튜브와 같은 글로벌 기업의 진입을 정책적으로 막았기에 성장한 측면도 있다. 중국을 대표하는 ICT 기업들이 빅데이터와 AI 등 새로운 기술을 적극적으로 수용하면서 단기간에 극적으로 성장했으나, 세계적 차원에서 사용자들을 확산시키기보다는 중국 국내의 '단일 거대 시장'에만 국한된 상황이기도 하다. 세계적으로 신기술의 상용화를 선도하는 중국이지만 그 산업생태계는 "거대한 갈라파고스"에 머물러 있다. 한편, 중국의 ICT 생태계가 "거대한 갈라파고스"에 머물고 있는 이유 중 하나는 중국 체제의 정치적 특성 때문이기도 하다. 중국의 과학 기술 영역에 대한 정치적 통제와 인권 개념의 차이는 혁신의 측면에서 양날의 칼이 되고 있다.

한편, 4차 산업혁명이라 불리우는 기술 발전이 광범위한 감시 사회 등 인권 침해에 대한 논란도 불러일으키고 있다. 인터넷이나 스마트폰 등을 통해 대량으로 생산되는 국민들의 데이터가 국가 기관에 의해 수집되면서 국민들을 무차별적으로 감시하는 수단으로 쓰일 수 있다는 점을 우려하는 목소리가 높아지고 있다. 여기서 중요한 것은 빅데이터의 특징이다. 미국의 DB 시장을 사실상 독점하고 있는 오라클(Oracle)은 빅데이터가 가진 주된 특징으로 '3V'를 얘기했는데 바로 규모(Volume), 다양성(Variety), 속도(Velocity)이다. 중국은 이 세 가지 측면에서 상당한 우위를 가지고 있다. 우선 엄청난 인구가 높은 인터넷 보급률을 통해 만들어내고 있는 거대하고 다양한 규모의 데이터 양이며, 이것이 세계적으로 우위를 차지하고 있는 5G의 속도를 가지고 수집, 유통된다는 것이다. 게다가 빅데이터 모형에서는 데이터가 분산되거나 격벽을 가지고 있기보다는 중앙에 집중되어야 빅데이터로서의 가치나 활용도가 높아진다. 이런 측면에서 지적재산권이나 프라이버시 개념에 대한 사회적 인식이 낮고, 빅브라더에 가까운 중앙집권적인 일당 통치 체제를 유지하고 있으며, 이 기술의 현실 적용에 가장 적극적이라는 면에서 중국은 다른 서구 국가에 비해 많은 비교우위를 가지고 있다.

실제로 중국은 다른 국가에 비해 우위를 가지고 있는 빅데이터와 AI기술을 사회 안정을 목적으로 적극적으로 활용하고 있다. 대표적인 것이 도시 지역에서 안면 인식 기술을 내장한 고성능의 CCTV 2000만대를 활용한 '톈왕(天網)'이라는 보안 감시 시스템이고, 농촌 지역의 도로 등에 설치한 CCTV를 주민들의 TV, 스마트폰 등과 연결해 공안 당국과 주민들이 함께 현장 상황을 실시간으로 파악할 수 있는 대중감시 네트워크 구축 프로젝트인 쉐량(雪亮) 공정이다. 나아가 중국 정부는 2016년 사회신용시스템 구축 계획을 통해 2020년까지 국가 데이터베이스에 수집된 개인의 신용, 금융, 사회, 시민 활동 등 모든 정보를 활용하여 350~950점 사이의 점수를 부여하고 이를 대출, 교육, 의료보장 등에 적극적으로 활용하겠다고 발표했다. 중국 당국은 이러한 첨단 기술의 활용이 범죄율을 획기적으로 낮추고, 국가의 안정과 안보를 위해 중요하다고 역설하고 있으나, 많은 사람들은 현실화한 "빅브라더"와 "판옵티콘"을 우려한다. 중국의 이런 모습은 세계 다른 지역의 사람들에게 중국의 첨단 기술의 굴기가 가져올 미래에 대해 매력보다는 두

렵게 만드는 요소가 되고 있으며, 미국을 비롯한 서구 진영의 공세 지점이 기도 하다.

과연 중국은 이러한 여러 우려를 불식시키는 동시에 국제적인 전방위적 압력에 대응하여 스스로의 해법을 찾아내 새로운 국제 질서를 주조해나갈 수 있을 것인가? 코로나19에 대응하면서 중국은 기존의 권위주의적 체제의 사회동원이라는 기반 위에서 빅데이터와 정보감시 기술을 적극적으로 활용하여 질병의 확산을 상대적으로 성공적으로 막아냈다. 하지만 이러한 방역 모델은 중국 외에 다른 나라들이 활용하기가 어려운 것이 현실이다. 서구 선진국의 시민사회는 권위주의적 통제를 수용할 수 없는 상황이고 기타 개발도상국들은 중국만큼의 디지털 체제와 사회동원력을 갖추지 못했다.

여기에 구조적으로 강대국간 권력 경쟁은 단순히 경제적 이익뿐만 아니라 종합적인 국익에 의해 추동된다. 어떤 면에서 국제적 리더십의 총량은 일정하기 때문에 한 국가의 리더십이 증가하면 기존 국제 질서 주도국의 권력은 그만큼 감소할 수밖에 없다. 단극 구조에서 양극 구조로 바뀌고 있는 국제 구조의 변화가 미중 관계의 구조적 갈등을 일으키는 것이며, 이 갈등은 제로섬의 성격을 띠고 있다. 그렇기 때문에 현재 미국과 중국 간의 경쟁은 갈수록 증가할 것이며, 상대적으로 완화될 가능성은 낮다. 바이든 행정부의 등장으로 기존 트럼프 시기에 비해 외교무대에서 수사적으로 거친 표현들은 잦아들겠지만, 전략적인 경쟁 구도는 더 치밀해질 가능성이 높다. 실제로 2021년 2월 바이든 행정부 출범 이후 바이든과 시진핑 양국 정상은 2시간에 달하는 긴 첫 통화 속에서 코로나19와 기후위기에 대해서는 공동 대응을 천명하기도 했지만, 대만, 홍콩, 신장위구르 문제 등의 쟁점에서 확연히 충돌하기도 했다. 이는 미중 양국 관계의 갈등이 장기간 지속될 것을 의미한다.

현재 양극 구조에서 경쟁 상대는 분명하다. 따라서 중소국가들의 줄서기는 국제 구조를 바꿀 수 없다. 미국과 중국 모두 경쟁상대가 누구인지 명확히 알고 있으며, 현재 미국이 중국을 주요 경쟁 대상으로 보는 인식을 바꾸기는 힘들다. 이런 상황이 직접적인 전쟁의 폭발과 같은 극단적인 상황으로 이어지지는 않겠지만, 경쟁은 격화될 가능성이 크다. 이런 경쟁 우위의 변화를 결정하는 것은 글로벌 리더십이고 리더십의 핵심은 바로 시대정신을 읽고 이를 실행에 옮기는 개혁 의지와 개혁 능력이다. 그렇기에 현재 중국이 4차 산업혁명과 디지털 경제의 등장 속에서 국내의 개혁을 추진하는 동시에 초유의 글로벌 팬데믹 속에서 세계를 선도할 수 있는 새로운 발전 모델을 창출하고 주도할 수 있는 가를 살펴보는 것은 매우 중요하다.

제1부
미중관계 판(Plate)의
변화

1장

미중 종합국력: '평가'의 평가

차 태 서*

1. 국력평가에 대한 자성과 새로운 트렌드

1) 세계정치에서 권력개념의 변환

'권력' 개념은 오래전부터 국제정치학의 핵심개념으로서 존재해 왔다. 특히 2차 세계대전 후 한동안 주류이론 패러다임으로서 지위를 누려온 현실주의는 국제정치의 중심행위자인 국가의 본질적 목표로서 '생존'을 상정하였기에, 생존의 주된 수단인 권력에 대한 분석을 매우 중시해온 것이 사실이다. 그중에서도 근대전쟁사의 승패를 결정지어온 군사력, 경제력 등 물질적 권력의 국가별 분포가 세계정치의 현재와 미래를 읽는 척도로서의 역할을 부여 받아왔다. 다른 나라들에 비해 월등히 더 많은 군대와 더 높은 생

---

* 성균관대학교 정치외교학과 조교수.

산력을 지닌 강대국들의 숫자와 그들 간의 관계를 이해함으로서, 현실주의 자들은 국제관계의 지형도를 그려온 것이다.

그러나 21세기 들어 권력에 대한 정치학계의 논의에도 큰 변동이 발생하였는데, 이는 정보화와 세계화라는 탈근대적 환경의 도래가 가져온 결과였다. 즉, IT기술의 발전으로 인한 시공간의 압축과, 근대국가의 변환 및 비국가행위자의 부상 등이 국제정치학의 중심개념으로서 권력 개념 자체의 이해에도 새로운 분석틀을 요구하였던 것이다. 특히 이른바 '연성권력(soft power)'과 '네트워크 권력(network power)' 등 개념이 대표적으로 등장하면서 과거 '부국강병' 슬로건으로 상징되는 근대적인 물질중심적, 자원중심적 권력관에 중대한 문제가 발생하였다. 단순히 군함의 톤수를 세고 GDP를 계산하는 방식으로 국가 간의 '종합국력'을 비교 측정하는 것이 과연 탈근대 시대 지구정치를 설명하고 예측하는 것에 어떤 유용성을 갖는지에 대해 근본적 의문이 제기된 셈이다.[1]

가령, 조셉 나이(Joseph Nye)는 21세기의 세계정치를 3차원 체스판 게임에 비유하면서, 군사력 중심의 1차원판(단극적 군사게임)과 경제력 중심의 2차원판(다극적 경제게임)을 넘어 테러, 국제범죄, 기후변화 등 초국가적 행위자와 이슈들이 전개되는 제3의 체스판이 중요성을 더해가는 형태로 새로운 세계정치의 패러다임이 도래했음을 강조하였다.[2] 또한 이러한 복합화, 초국화된 정치의 장에서는 군사-경제중심의 경성권력(hard power)에 더해 비물질적-관계적 측면이 부각되는 연성권력의 중요성이 한층 강화됨을 역설함으로써, 학계뿐 아니라 일반대중들 사이에서도 큰 반향을 이끌

---

1) 김상배 편, 『소프트 파워와 21세기 권력: 네트워크 권력론의 모색』 (파주: 한울, 2009).
2) Joseph S. Nye, *Future of Power: And Use In the Twenty-First Century* (NY: Public Affairs, 2011).

어냈다. 유사한 맥락에서, 지구화 시대에는 국민국가라는 기성 노드(node) 간의 정치, 즉 국제정치(inter-national politics)의 중심성이 상대적으로 약화되고 대신에 다양한 형태의 네트워크화된 행위자들 간의 네크워크 간 정치(inter-network politics)가 부각된다는 입장에 선 일군의 이론가들은 권력 개념에 있어서도 네트워크의 특성이 강조된다는 점을 역설한다. 즉, 21세기 복합세계정치시대의 권력정치는 단순한 노드 차원을 넘어 노드들이 구성하는 링크(link), 그리고 그 노드들과 링크들의 합으로서 네트워크에서 유래되는 힘인 '네트워크 권력'의 형태로 작동한다는 것이다. 보다 구체적으로, 탈근대시대의 행위자들은 노드 간 네트워킹을 통해 커다란 집합 네트워크를 구성하는 힘, 노드들 간의 중개자로서의 지위선점을 통한 위치권력, 네트워크 자체를 선호에 따라 프로그래밍하는 설계 권력 등을 놓고 경쟁하게 된다.[3]

2) 미중 패권경쟁의 부상과 국력비교의 문제

따라서 탈냉전 이후, 정치학계에서 권력개념은 정보화, 세계화라는 거시적 구조변환에 조응해 탈물질적, 관계적 맥락을 강조하는 복합적 개념으로 진화해온 것이 사실이다. 그러나 최근 들어 국제정치학 담론에서는 이러한 개념의 진보가 다시 일종의 퇴행 현상을 겪고 있는 듯 보여 주목을 받고 있다. 다시 말해, 군사력, 경제력과 같은 물질중심적, 자원중심적 권력의 이해 방식이 다시 주류담론으로 부상하고, 국가 간 종합국력을 비교하는 근대적 관행이 재활성화된 것이다. 이러한 개념의 역진은 또한 최근 국제정치학계

---

3) 김상배, 『아라크네의 국제정치학: 네트워크 세계정치이론의 도전』 (파주: 한울, 2014).

의 유행어인 '지정학의 회귀', '강대국 정치의 부활' 등으로 역설되는 지구정치의 패러다임 (재)전환에 기초하고 있다. 전 세계적 금융위기 이후 극적으로 탈근대적 지구화경향이 약화되어가는 상황(de-globalization)에서, 미중 간 패권경쟁이라는 고전적 근대국제정치 동학의 귀환이 동시대 정치학자들의 시선을 압도하면서, 권력담론 또한 "재근대화"되는 듯한 모습을 보이고 있는 셈이다.

구체적으로, 2008년 금융위기 이후 소위 미국쇠퇴론이 광범위하게 유포되어온 와중에, 많은 미중 종합국력비교연구들이 쏟아져 나왔고, 이들은 대개 급성장한 중국의 GDP, 군사비 지출 등의 총량적 지표들을 기반으로 중국이 곧 미국을 압도할 것이라거나, 혹은 중국이 이미 미국을 추월했다는 식의 시나리오 예측을 내놓는 경우가 많았다. 대표적으로 미(美)국가정보위원회(NIC)의 〈Global Trends 2025/2035〉 등의 경우, GDP, 국방비지출, 인구,

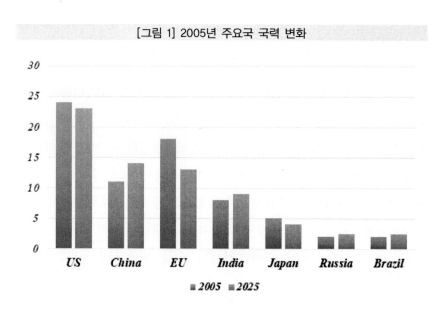

[그림 1] 2005년 주요국 국력 변화

■ 2005 ■ 2025

출처: NIC(2008) Global Trends 2025: A Transformed World.

기술발전수준 등의 수치를 근거로 가까운 미래에 미국이 다극체제에 직면하게 될 것이라고 예언하였다.

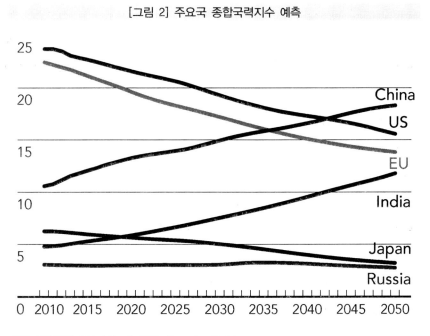

[그림 2] 주요국 종합국력지수 예측

출처: NIC(2008) Global Trends 2030: Alternative Worlds.

이런 담론적 맥락에서, 지난 트럼프 행정부의 대중강경책이 중국부상론/위협론에 경험적 토대를 두고 있다는 점은 근대적 권력론에 기반한 미중 국력 비교연구 트렌드가 단순한 학문적 유행을 넘어 실제적인 국제정치 다이내믹스에 큰 영향을 주고 있다는 점을 엿보게 해주었다. 가령, 트럼프 행정부 후반부의 대중무역전쟁을 주도했던 피터 나바로(Peter Navarro) 전임 국가무역위원회 위원장,4) 마이크 펜스(Mike Pence) 부통령의 공격적인 대중국 '신냉전'독트린 연설5)에 담론적 자원을 제공한 것으로 알려진 마이클

필즈버리(Michael Pillsbury) 허드슨연구소 중국전략센터장[6] 등이 이상의 현실주의적 권력론의 맥락에서 미중경쟁을 바라보고 공세적 대중전략을 수립해가는 핵심인사들로 알려졌었다.

보다 구체적으로, 중국의 부상이 본격화되면서 미국의 대중국 견제와 이로 인한 미중 갈등이 다양한 분야에서 나타났다. 트럼프 행정부가 출범한 이후 보호무역주의를 이유로 한 미국 발 무역전쟁이 확대되어 특히 표준경쟁으로 전환되는 양상을 보였다. 과거 미국은 군사력, 경제력, 외교력 등에 있어 중국을 압도하였으나. 최근 인공지능(AI)과 신에너지 자동차, 그리고 차세대 정보통신산업(5G)으로 대표되는 중국의 과학기술이 급격하게 발전하고 있다. 이것이 기술 초격차를 유지하면서 중국의 부상을 관리할 수 있었던 패권국가 미국의 여유를 잃게 한 배경이다. 중국이 주력하고 있는 과학기술분야의 발전은 4차 산업혁명시대를 이끌어갈 기술과 표준을 선점할 수도 있다는 점에서 미국은 바이든 시대에도 변함없이 조급함을 가질 수밖에 없다. 이에 향후 미중갈등의 양상을 새로운 국력평가에 기초해 실사구시적으로 접근할 필요가 있다.

---

4) Peter Navarro, *Crouching Tiger: What China's Militarism Means for the World* (Amherst, New York: Prometheus Books, 2015).

5) Mike Pence, "Remarks by Vice President Pence on the Administration's Policy Toward China," *The White House* (Oct 4, 2018), https://trumpwhitehouse.archives.gov/briefings-statements/remarks-vice-president-pence-administrations-policy-toward-china/ (검색일: 2021.03.03).

6) Michael Pillsbury, *The Hundred-Year Marathon: China's Secret Strategy to Replace America As the Global Superpower* (New York: Henry Holt and Co, 2015). 필즈버리는 트럼프 정권 말기에 국방부 정책자문위원회 위원장에 임명되기도 하였다.

2. 종합국력 '평가'의 평가

1) 미중 국력비교의 수정주의적 해석

2008년 금융위기 이후 소위 미국 쇠퇴론이 광범위하게 유포되어온 와중에 많은 미중 국력비교연구들은 급성장한 중국의 지표들(GDP, 군사비 지출 등의 총량적 지표들)을 기반으로 곧 중국이 미국을 압도할 것이라거나, 혹은 중국이 이미 미국을 추월했다는 식의 결론을 내놓는 경우가 많다. 특히, 트럼프 행정부 시기부터 부각된 대중강경책은 이러한 중국부상론과 중국위협론에 경험적 토대를 두고 있다는 점에서 미중국력의 비교는 단순한 학문적 관심사를 넘어 실제적인 국제정책의 투사에 큰 영향을 주고 있다.

그러나 단순히 급성장한 중국의 지표만을 갖고 중국의 국력을 평가하는 것은 섣부른 판단일 수 있다. 대표적으로 군사력을 기존의 총량적 지표가 아닌 '유량(flow)과 '저량(stock)'의 개념에서 접근하면 기존과는 상이한 결과가 도출되기 때문이다.[7] 예를 들어, 최근 급속히 증가해 온 중국의 연간군비지출은 일종의 '흐름'을 보여주기는 하지만, 실제적인 군사력의 증대는 오랜 '축적'이 요구된다. 수년 혹은 수십 년의 군비축적이 있어야 비로소 진정한 의미에서의 패권을 뒷받침할 군사력이 생성될 수 있는 것이다.

---

7) Stephen Brooks and William Wohlforth, "The Rise and Fall of Great Powers in the 21st Century: China's Rise and the Fate of America's Global Position," *International Security* 40-3 (Winter 2015-16).

[표 1] 주요국 국방지출(2014)

	국방지출 (십억 달러)	주요 강대국 총 국방지출에서의 비중	세계 총 국방지출에서의 비중	GDP에서 차지하는 비중	국방 R&D 지출 (십억 달러)
미국	610.0	50.5	34.0	3.5	78.6
중국	216.0	17.9	12.0	2.1	n.a.
일본	45.8	3.8	2.6	1.0	1.0
독일	46.5	3.9	2.6	1.2	1.2
러시아	84.5	7.0	4.8	4.5	n.a.
프랑스	62.3	5.2	3.5	2.2	1.3
영국	60.5	5.0	3.4	2.2	2.1
인도	50.0	4.1	2.8	2.4	n.a.
브라질	31.7	2.6	1.8	1.4	n.a.

출처: Sam Perlo-Friedman et al., "Trends in World Military Expenditure, 2014"(Stockholm: Stockholm International Peace Research Institute, 2015); Organization for Economic Co-operation and Development, OECD Main Science and Technology Indicators, 2014(Paris: OECD, 2014), pp.76-77.

구체적으로 군사적 헤게모니의 핵심적 기초라 할 수 있는 지구공역통제(command of the commons)를 보여주는 핵 항모, 4-5세대 전술항공기, 조기경보기 등의 영역들에 있어서 미중 간의 격차는 아래 표들에서 나타나듯 단순히 연도별 군비지출 추이가 보여주는 것과는 비교가 안 될 만큼의 큰 차이가 존재한다.

[그림 3] 6개 강대국들의 주요공역통제(Command of the Commons) 분포현황

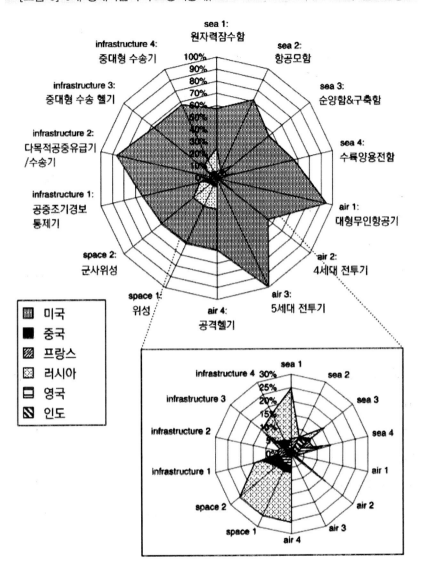

출처: Brooks and Wohlforth(2015-16), p.20.

[그림 4] 미중 간 힘의 균형 비교(Gross / Net)

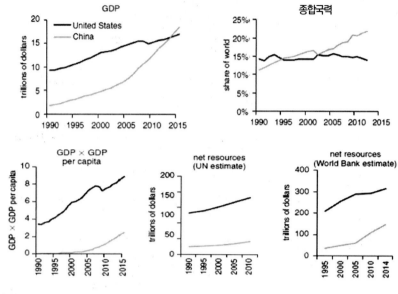

출처: Beckley(2018), p.43.

　유사한 맥락에서, R&D 투자비용, 이공계 박사학위자수 등과 같은 중국의 최근 급증한 기술개발의 투입(Input)이 곧 동등한 수준의 기술발전정도에 양 강대국이 도달했다는 것을 의미하지 않는다. 왜냐하면, 기술 로열티 수입, 노벨상 수상자 등으로 표현되는 핵심 산출(Output)에 있어 미중 간의 차이는 여전히 현격하기 때문이다. 이에 일부 수정주의자들은 결국 혁신기술의 진원지는 여전히 미국이며, 중국은 아직도 그 원천기술을 수입하는 지위를 유지하고 있다고 진단한다.

[그림 5] 6개 강대국 중 미국과 중국의
주요공역통제(Command of the Commons) 비율

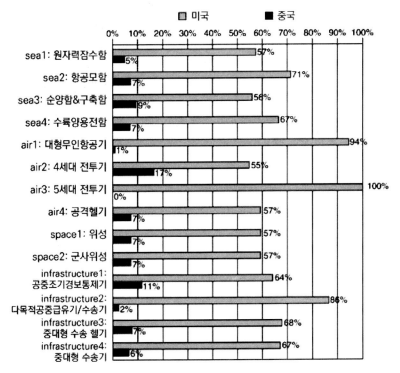

출처: Brooks and Wohlforth(2015-16), p.21.

[표 2] 미중 기술개발 투입 비교

	국내 총생산(GDP) 대비 R&D 총지출(%)	국내 R&D 총지출 (PPP, 십 억)	Cornell/ INSEAD/WIPO 정보기술 지수 (2014, 총 100점)	연간 이공계 박사학위 취득자 수	2010년 인적자본수준 (십억 달러)
미국	2.85	429.1	83.0	32,649	99,641
중국	1.84	208.2	36.1	31,410	13,447

출처: Brooks and Wohlforth(2015-16), p.23.

[그림 6] 6개 강대국들의 기술 생산량(technological output) 및 영향력 지표

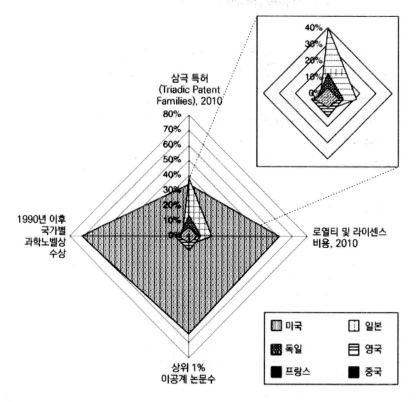

출처: Brooks and Wohlforth(2015-16), p.25.

다른 한편, 국력측정에서 통상 가장 많이 이용되는 총량지표(GDP, CINC[8]) 등)가 가난한 인구대국의 군사력과 경제력을 과장한다는 주장도 존재한다.[9] '총량지표(Gross indicator)'가 국민부양과 본토안보 등에 소비되는 비용

---

8) Composite Indicator of National Capability의 약자로서 COW(Correlates of War) project에서 사용하는 안보연구학계의 대표적인 국력비교지표이다. 군비지출, 군대규모, 인구, 도시인구, 철강생산량, 에너지 소비 등의 변수를 종합하여 가공된다.

9) Michael Beckley, "The Power of Nations: Measuring What Matters," *International Security* 43-2 (Fall 2018), pp.7-44.

을 차감하지 않고 한 국가 내에 자원총량만을 계산하기에 문제가 발생한다는 것으로, 빈곤한 인구대국은 막대한 복지와 치안비용으로 인해 설령 본토에 대군이 존재한다 하더라도 패권국의 핵심기능인 해외전력투사를 감당할 수 없다는 지적이다. 따라서 이에 대한 대안으로 '순 지표(net indicator)'로서 1인당 GDP 등을 고려해 강대국들의 자원을 새롭게 측정해야만 제대로 된 세계의 세력배분상황 평가가 가능할 것이다. 실제로 중일전쟁이나 미소냉전의 경우에도 단순히 총량지표만을 비교했을 경우 각각 중국과 소련이 승리하는 것이 더 자연스러웠겠지만, 실제 전쟁의 결과는 순지표상에서 우위를 가졌던 일본과 미국의 우위 혹은 승리로 귀결되었음을 유의할 필요가 있다.

[그림 7] 1930년 중일 국력지표 비교

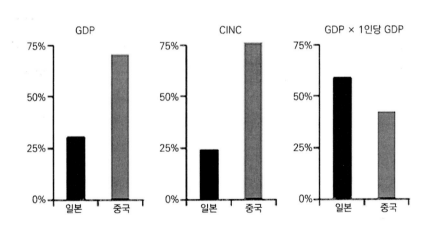

출처: Beckley(2018), p.28.

[그림 8] 1975년 미소 국력지표 비교

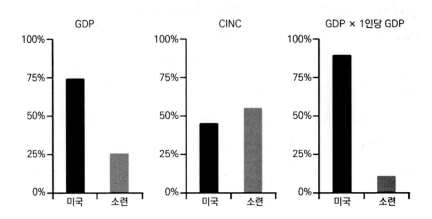

출처: Beckley(2018), p.34.

이러한 맥락에서 볼 때, 중국(과 러시아)은 역사적으로 늘 총량지표와 순지표 사이에 격차가 가장 컸던 나라로서 국력 측정에 있어 주의가 요구되는 대표적 사례이다. 즉, GDP 등의 총량지표로 단순비교 했을 때와는 판이하게 2010년대 이후에도 여전히 미국보다 한참 뒤처진 종합국력을 중국이 지니고 있음을 간과해서는 안 된다는 것이 마이클 베클리 같은 미국우위 지속론자들의 핵심 주장내용이다.

2) 투키디데스 함정의 자기실현적 구성?

이러한 미중 간 비교종합국력연구 생태계 내의 치열한 논쟁내용―미국과 중국, 두 나라 중 어느 쪽이 근미래에 더 우세해질 것인가, 패권이행은 과연 이루어지는가 등―과는 별도로, 이러한 근대적 권력담론과 강대국 강력정치가 귀환했다는 사실 자체가 우리의 대외정치적 미래에는 한결 암울

한 그림자를 덧씌우고 있다는 점을 지적할 필요가 있다. 무엇보다 우선, 동아시아 지역에서 두 초강대국 간에 고전적인 권력자원 경쟁이 심화되고, 이를 뒷받침하는 학계와 정책서클 논쟁의 온도가 가열되면 가열될 수록 지정학적 차원의 갈등예언이 자기실현적으로 충족될 가능성도 높아진다. 그레이엄 앨리슨(Graham Allison)이 이야기하는 '투키디데스의 함정'[10]은 그러한 류의 서사가 확대되면 확대될수록 단순한 과거 역사사례연구를 넘어 스스로 비극적 미래를 구성해가는 마법의 주문이 될 수도 있다. 왜냐하면 미국과 중국이 서로를 인식하고 위협을 예측하는 시각자체를 근대적 힘의 정치에 기반한 갈등지향적 방향으로 기울여 놓을 수 있기 때문이다.

다음으로 권력론과 국제정치론에 있어 근대적 서사의 부활이 한국의 정책적 공간을 점차 좁혀가고 있다는 점도 지적될 수 있다. 사실 2000년대의 한국외교는 연성권력론과 네트워크 권력론 등에 의지해, 물질적 힘은 그리 크지 않지만, 매력의 발산과 아키텍쳐로서의 능력고양을 통해 새로운 중견국 외교를 펼칠 수도 있다는 희망을 품어왔다. 대륙세력과 해양세력 사이의 각축전에 휘말려 결국 국제정치의 무대에서 강제로 퇴장당하거나, 처참한 동족상잔의 내전에 휘말리고 말았던 20세기 근대권력정치의 공간과는 달리, 정보화와 세계화가 가져다 준 네트워크의 공간은 물리적으로는 작지만, 경우에 따라서는 훨씬 큰 힘—나이의 표현을 빌자면, 상황지성에 기반한 '스마트 파워'—을 발휘할 수 있는 긍정적 영역을 넓혀주었다는 것이 많은 이들의 소망 섞인 분석이자 예측이었다. 그러나 커다란 고래들 사이를 영리하게 돌아다니는 소위 '돌고래' 외교의 희망이 다시금 고래싸움에 등이 터지는 '새우'의 절망으로 변해버릴 수도 있을 것 같은 백척간두의 형국이

---

10) Graham T. Allison, *Destined for War: Can America and China Escape Thucydides's Trap?* (Boston: Houghton Mifflin Harcourt, 2017).

갈수록 치열해지는 미중경쟁과 '종합국력비교'라는 문제설정의 부상을 통해 바로 지금 우리에게 던져진 시대적 숙제가 되어가고 있다.

3. 중국의 변화가 가져올 판도변화: 기술패권경쟁

1) 장주기 이론을 통해 본 미중 기술패권경쟁의 의미

2018년 시작된 미중무역분쟁이 지루한 일련의 줄다리기 협상을 통해 2020년 초 일단 휴전상태에 들어갔으나, 코로나-19사태를 경유하며 상황이 또다시 요동쳐왔다. 그리고 이러한 두 초강대국 간의 갈등은 미국에서의 정권교체에도 불구하고 지속심화되고 있다. 그런데 여기서 한 가지 우리가 주목해야 할 점은 현재 진행되고 있는 미중무역분쟁의 근본적 원인에 관한 것이다. 도대체 왜 이런 탈냉전기 역사상 유례를 찾기 어려운 경제분야의 갈등이 워싱턴과 베이징 사이에 발발한 것일까? 분쟁의 핵심적인 내용은 무엇이고, 그것이 갖는 국제정치경제적 함의는 무엇인가?

쉴 새 없이 벌어지는 일련의 사건들을 일지형태로 단순히 기록하는 수준을 넘어 현 사태의 구조적 배경을 이해하고 미래를 예측하기 위해서는 "이론"의 도움을 받을 필요가 있다. 표층적인 사건의 영역보다 더 밑에 존재하는 국제정치의 장기동학을 이해해야만 현재의 세계사적 국면의 의미를 심층적으로 분석할 수 있기 때문이다. 특히 미국의 국제정치학자 조지 모델스키(George Modelski)와 윌리엄 톰슨(William Thompson) 등이 발전시킨 리더십 장주기이론(Theory of Leadership Long Cycle)은 오늘날 미국과 중국사이의 패권경쟁이 왜 무역분쟁, 그중에서도 첨단기술을 둘러싼 갈등의 형태로 두드러지게 표현되는지를 이해하는데 큰 도움을 준다. 장주기이론은 근대세계사에서 패권국의 교체와 기술혁신의 관계에 주목하는 거시적 국제정치이론이다. 이에 따르면 콘트라티에프 주기(K-Wave)라 불리는 장기적 경제 사이클이 국제질서에서의 리더십 주기와 긴밀히 연관되는데, 이 경제 순환은 근본적으로 선도 부문(leading sector)에서의 기술혁신에 연동되어 움직이게 된다. 즉, 세계사의 특정시기에 혁신적인 기술혁명이 일어났을 때, 해당기술에 기반한 선도 산업을 주도한 강대국이 그 시대의 지도국가로서 부상하여 국제정치경제의 질서를 주도한다는 것이 장주기이론의 골자이다.[11] 가령, 면직물과 증기기관분야에서의 기술혁신으로 발생한 1차 산업혁명은 영국의 패권국부상과 긴밀히 연관되며, 중화학공업에 기초한 2차 산업혁명은 기성 팍스 브리태니카에 대한 독일과 미국의 도전, 그리고 양차대전을 통한 미국의 세기건설로 귀결되었다. 같은 맥락에서 20세기 후

[표 3] 콘트라티에프 주기(K-wave), 선도 산업, 세계 정치의 변화

K-wave	시기	선도산업	세계정치 변화
1st	1780~1840년	면직물, 증기기관	나폴레옹전쟁, 신성동맹
2nd	1840~1890년	철도, 철강	크림전쟁, 독일통일, 미국 남북전쟁
3rd	1890~1940년	전기, 무기화학	제1, 2차 세계대전
4th	1940~1980년	자동차, 석유화학	미소 냉전
5th	1980~2020년	전자, 개인용컴퓨터, 인터넷	소련붕괴, 아프가니스탄 전쟁, 이라크 전쟁
6th	2020~	바이오, 청정에너지, 차세대정보통신	

출처: 배영자, 「미중 패권경쟁과 과학기술혁신」, 『국제지역연구』 제25권 4호 (2016), p.35.

---

11) George Modelski and William R Thompson, *Leading Sectors and World Powers: the Coevolution of Global Economics and Politics* (Columbia, S.C.: University of South Carolina Press, 1996).

반의 정보화 혁명은 냉전에서 소련이 몰락하고 미국이 결정적 승기를 잡는 데 기여하였다.

이러한 이론적, 역사적 배경을 고려할 때, 오늘날 미중갈등의 본질이 단순한 무역수지의 문제를 넘어, 4차 산업혁명을 기반으로 한 기술패권경쟁에 놓여 있다는 사실이 밝혀지고 있는 것은 그다지 놀랍지 않은 일이다. 인공지능, 빅데이터, 5G 등으로 대표되는 새로운 기술표준을 장악하는 국가가 21세기의 패권국이 될 것이라는 역사적 경험에 기반한 예측이 오늘날 패권경쟁이 테크놀로지 영역을 둘러싸고 벌어지고 있는 주된 이유인 것이다.[12] 사태의 촉발지점은 대테러전쟁의 실패와 2008년 세계금융위기 이후 미국패권의 하강이 뚜렷하게 감지되는 상황에서, 신창타이(新常態)의 돌파구이자 중국몽 실현의 수단으로서 시진핑 정권이 '중국제조 2025'와 '인터넷 플러스 사업'을 발표한 2015년 시점으로 여겨진다. 이는 베이징이 4차 산업

[표 4] 산업혁명과 문명패러다임 전환

구분	1차 산업혁명 (18세기)	2차 산업혁명 (19~20세기 초)	3차 산업혁명 (20세기 후반)	4차 산업혁명 (21세기 초반)
특징	증기기관 기반의 기계화 혁명	전기에너지 기반의 대량생산 혁명	컴퓨터/인터넷 기반의 디지털 혁명	사물인터넷/빅데이터(사이버물리시스템)기반의 초지능 혁명
영향	수공업 시대에서 증기기관을 활용한 기계가 물건을 생산하는 기계화 시대로 전환	전기와 생산 조립라인의 출현으로 대량생산 체제 구축	반도체와 컴퓨터, 인터넷 혁명으로 정보의 생성·가공·공유를 가능하게 하는 정보기술시대의 개막	인간·사물·공간의 초연결 및 자동화·지능화로 디지털-물리적-생물학적 영역의 경계가 사라지는 기술융합시대 개막

출처: 정춘일, 「4차 산업혁명과 군사혁신 4.0」, 『전략연구』 제72권 (2017), p.186.

---

12) 이지윤, 「중국 5G 산업의 국제정치: 미중관계를 중심으로」, 성균관대학교 동아시아학과 박사학위논문 (2019).

혁명 시대를 맞아 총체적 국력을 기울여 기술패권을 추구하겠다는 명시적 선언이었고, 이에 대한 우려 혹은 두려움을 키워오던 미국은 트럼프 정부가 들어서자 본격적으로 무역전쟁을 통해 대응하기 시작한 셈이다.

2) 제3차 상쇄전략의 함의

다른 한편으로 현실주의적 시선에서 보면, 기술패권경쟁이 결국 군사 분야의 패권경쟁과 직결된다는 점도 중요하다. 1차 세계대전 이전 영국과 독일의 2차 산업혁명경쟁이 결국 거함거포경쟁, 혹은 건함경쟁으로 이어졌던 것과 비슷한 맥락이다. 오바마 행정부 말기 이래 미군은 이른바 '3차 상쇄전략'을 추구하고 있는데, 이는 명시적이지는 않지만 궁극적으로 중국과 군사력의 부분에서 다시 한번 격차를 현격히 벌리려는 시도로서 이해된다. 애초에 3차 상쇄전략을 2014년에 처음 천명할 때부터 미 국방부는 중국군이 미군과의 기술적 격차를 줄이기 위해 장기적인 투자를 지속해 왔고, 이로 인해 미군의 절대적 우위가 더 이상 주어진 사실이 아닌 시대에 접어들었다는 위기감을 신전략추구의 근거로 삼았다. 9.11 사태 이후 전 지구적 대테러 전쟁에 미국이 몰두한 사이에 다른 강대국들, 특히 수정주의 국가로서 중국이 빠른 속도로 군사기술영역에서 미국의 우월성을 잠식해왔다는 것이 기본적 문제의식이었던 셈이다. 특히 중국의 반접근/지역거부(A2/AD)능력의 신장이 미군의 군사적 우위에 매우 심각한 위협을 가져왔다고 판단하였다.[13]

본래 과거 소련과의 냉전시절에 두 차례 시도되었던 것이 상쇄전략의 기

---

13) 설인효·박원곤, 「미 신행정부 국방전략 전망과 한미동맹에 대한 함의: 제3차 상쇄전략의 수용 및 변용 가능성을 중심으로」, 『국방정책연구』 제33권 1호 (2017).

원을 이루는데, 두 번 모두 소련이 미국의 기술 및 전략적 우위를 위협하던 상황에서 실행되었다. 그중에서도 1980년대 실행된 두 번째 상쇄전략은 3차 산업혁명(=정보사회도래)에 기초, 이른바 군사혁신(RMA)을 수행하여 오늘날 미군의 핵심전력인 장거리 정밀타격능력과 네트워크 기반전쟁수행 개념(NCW)을 실현하였다. 그리고 바로 이 시기 달성된 군사적 능력이 미국이 탈냉전기 이후 20여 년간 전 지구적 군사력 우위를 유지하는 토대가 되었다.

[표 5] 제1, 2차 상쇄전략과 전략환경평가

구분	위협	경제여건	기타전략환경
제1차 상쇄전략 추진 전·후 (1950년대)	소련의 대규모 재래식 전략 (최우선 안보위협)	미국 경제 악화 (대외원조, 군비지출) ↓ *국방예산 감축 (경제적인 핵전력에 의존, 재래식 전력 대체)	*병력 감소 (경제여건을 고려한 감축정책의 결과)
제2차 상쇄전략 추진 전·후 (1970년대)	핵 기반 억제력 약화 (소련 핵증강)	미국 경제 악화 (전비 지출, 국제수지 적자) ↓ *국방예산 증액 (국방력 기반 외교활동: 평화적 분쟁 해결, 군비 통제)	*병력 감소 (모병제 전환) *기존 전투수행방식의 취약성 (베트남전 경험)

출처: 정경두, 「미국의 제3차 상쇄전략으로 바라본 군사전략의 변화」, 『국제문제연구소 워킹페이퍼』 제1권 (2019), p.6.

그런데 2010년대 들어 다시 세 번째 상쇄전략을 실행한다는 것은 미국이 냉전기만큼이나 근본적인 도전에 직면하였고, 총체적 국력을 투여하여 중국의 군사굴기에 광범위하게 대응하여야 한다는 절박성이 묻어나는 것이라 할 수 있다. 환언하면, 4차 산업혁명의 와중에 새로운 선도산업에서의 기술적 혁신이 또 다른 군사혁명으로 이어져 세력전이의 게임체인저가 되는 상황을 크게 우려하고 있는 것이 3차 상쇄전략 추진에 담긴 펜타곤의 속내인 셈이다. 즉, 정보사회에서 초지능사회로의 이행이 전쟁의 새로운 현실을 가져올 것으로 예상되는 가운데 패러다임 변동 이후에도 패권을 유지하려는 미국의 의도가 담긴 것이다.

[표 6] 제3차 상쇄전략에 대한 안보환경평가

구분	안보환경평가	대응방안
제3차 상쇄전략 추진 전·후 (2010년대)	*기술무기체계 확산 *적대국의 군 현대화 (미국의 군 현대화 미흡) *동맹 네트워크 약화 우려 (미 군사력 투사력 약화) *국방예산 삭감, 지원 감소 → 병력증강·현 시스템 우위를 통한 장기적 대응의 한계	게임체인저(Game Changing)로서의 제3차 상쇄전략 추진 - 초당적 합의(의회) 하 혁신기반(재원) 마련 - 새로운 전투수행방식 및 시스템 개발 - 장기연구개발프로젝트 수행 - 전투실험, 군사교육, 리더십 개발 - 조직 쇄신을 통한 혁신 속도 증가 - 민간부문의 협조, 군 제도 및 관행 개선

출처: 정경두, 「미국의 제3차 상쇄전략으로 바라본 군사전략의 변화」, 『국제문제연구소 워킹페이퍼』 제1권 (2019), p.7.

제3차 상쇄전략의 핵심은 미국이 먼저 4차 산업혁명의 주요기술을 군사력 변환에 적용하여 완전히 새로운 전장 환경을 조성해 압도적으로 중국을 누르려는 시도이다.[14] 구체적으로 미 국방부는 2015년 3차 상쇄전략에서 초점을 둘 핵심 국방과학기술로서 자율심화학습 시스템(Autonomous Deep Learning System), 인간-기계 협업(Human-Machine Collaboration)에 의한 의사결정, 인간작전보조(Assisted Human Operation), 인간-기계 전투팀(Human-Machine Combat Teaming) 그리고 네트워크를 활용한 반자동화 무기(Network-enabled semi-Autonomous Weapons) 등의 5개 영역을 제시한바 있다.[15] 이

---

14) 김흥규, 「미·중 전략 경쟁의 본격적인 도래」, 『2018 중국정세보고』 국립외교원 외교안보연구소 (2019), pp.197-202.

를 바탕으로 지금까지 윤곽이 드러난 바로 미 국방부는 미래전쟁의 수행방식으로 C4ISR 및 타격체계의 분산을 추구하는 '모자이크 전쟁' 개념을 제시하였으며, 작전적으로는 전평시를 망라하는 경쟁과 무력갈등 모두를 커버하는 '다영역작전' 개념과 함께 적 강대국의 A2AD능력을 극복하기 위해 기존의 공해전 개념의 한계를 넘어서는 "국제공역에 대한 접근 및 기동을 위한 합동교리(JAM-FC)"가 새롭게 제안된 상황이다.[16]

---

15) 강석률, 「트럼프 행정부의 국방분야 개혁정책: 3차 상쇄전략의 연속성과 정책적 함의」, 『국방논단』 1734호 (2018), p.4.

16) 박상연, 「강대국 경쟁의 재부상과 미국의 군사 전략 패러다임 전환: 미국의 군사부문 혁신이 억제전략에 미치는 영향을 중심으로」, 『전략연구』 제26권 1호 (2019).

[표 7] 제3차 상쇄전략 추진방향

구조-과정 상호작용	영향	제3차 상쇄전략의 추진
기술적 환경 (4차 산업혁명)	기술적 우위 침식 (억제 실패의 위기 / 근본적 국방혁신의 기회) (신 경쟁영역 · 경쟁 등장)	신 기술 개발, 기술 개발 · 융합을 통한 기술적 우위 확보 (신 경쟁영역 대응)
국제 안보환경 (새로운 위협 부상)	군사 · 기술적 우위 침식 (전 · 평시 취약성 증가) 하이브리드 위협 (기존 경쟁영역 취약성 증가, 신경쟁영역 등장/확장)	확전 우세, 유연반응의 군사력 우위(치명성) 확보 전장영역을 넘나드는 전력 투사능력 발휘
정치적 환경 (국방예산 감소)	국방혁신 기반 약화 (재정 기반의 불확실성)	국방혁신의 재정기반 마련 (혁신을 위한 투자, 민간 협력)
사회 · 문화적 환경 (입대유인 감소, 문화변화)	국방역량 감소 (병역자원 양적 · 질적 저하)	기술을 통한 전쟁 수행능력 보장 (전술~작전술적 효율성 증대)
JAM–GC	다영역 작전	Mosaic Warfare
전 · 평시 A2AD 및 확전에 대응함으로써 억제력 향상	교차영역시너지로 전 경쟁영역에서의 우위 추구	분산된 자율 시스템을 플랫폼에 적용하여 네트워크 마비에 대응

* 기술적으로 인간－기계 협업, 인간에 대한 기계의 보조, 자율 · 자동화 체계를 통해 병력자원 부족의 문제를 해소하고 더 신속한 결심 · 대응, 인간－기계가 결합(지원 · 보조)한 전투방식 구현

출처: 정경두, 「미국의 제3차 상쇄전략으로 바라본 군사전략의 변화」, 『국제문제연구소 워킹페이퍼』 제1권 (2019), p.23.

2장

중국의 부상과 경제적 판(plate)의 변화

최 필 수*

1. 중국 중심 밸류체인의 등장

중국의 경제적 부상은 단순히 중국 경제총량의 비중이 커졌다는 것 이상의 의미를 지닌다. 중국의 부상은 통상(通商)형 국가로서의 부상이었다. 즉 세계 각국과 적극적으로 경제 관계를 맺고 그 속에서 자신의 영향력을 확대해왔다. 그 결과 오늘날 중국은 세계 120여 개국의 최대 무역 상대국이다. 미중 무역갈등이 본격화되기 전까지만 해도 미국의 최대 무역 상대국은 캐나다나 멕시코가 아니라 중국이었다. 우리나라의 최대 무역 상대국도 중국임은 물론이고, 중국과 홍콩을 더하면 나머지 상위 7개국을 합친 것보다 많다.

이 과정에서 중국이 끼친 영향력은 막대하다. 90년대 후반 이후 전 세계

---

* 세종대학교 중국통상학과 교수.

물가가 안정세를 보인다는 긍정적인 면도 있고, 중국으로 산업 설비가 이전하여 선진국들이 산업공동화에 시달린다는 부정적인 면도 있다. 심지어 아프리카와 동남아 등지의 저개발국은 중국이 저가 제조업을 싹쓸이한 바람에 제조업 역량을 갖출 기회를 박탈당했다고 투덜거리기도 한다.

이러한 현상을 수치로 확인할 수 있는 것 중 하나가 중국의 교역량 비중의 증가이다. 중국의 교역량 비중은 경제총량보다 더 빨리 증가했다. [그림 1]을 통해 보면 2019년 말 현재 중국의 경제총량은 아직 미국의 70% 미만이나 교역량은 2012년부터 미국을 추월했다. 80년대 중반 이후 전 세계 GDP 대비 교역량이 줄곧 증가해 왔다는 것을 고려하면 중국의 교역량 비중 증가는 더 큰 의미를 지닌다. 사실 90년대 이후 전 세계 교역 증가는 상당 부분 중국에서 기인한다고 해도 과언이 아니다. 즉 전 세계 기업들이 중국을 제조기지로 활용한 교역에 몰두했던 것이다.

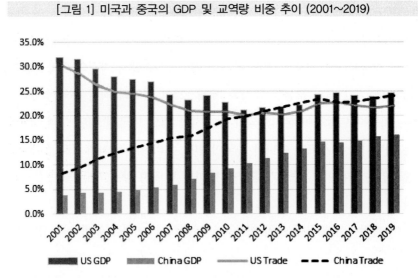

[그림 1] 미국과 중국의 GDP 및 교역량 비중 추이 (2001~2019)

출처: World Bank와 WTO의 데이터를 이용하여 저자 작성.

중국의 이러한 교역 확대는 곧 글로벌 밸류체인(GVC)의 형성과 확대를 뜻한다. 제품의 기획과 제조·조달·판매가 다국적으로 이뤄진다는 의미의 글로벌 밸류체인은 선진국들에 의해 주도됐으나, 중국에 의해 실현됐다고 해도 과언이 아니다.

중국의 적극적인 글로벌 밸류체인으로의 진입은 세계 공급망에 커다란 충격을 가져왔다. WTO(2019) 보고서가 시각화하여 제시하는 글로벌 밸류체인의 변화는 중국의 부상을 뚜렷이 보여준다. [그림 2]에 따르면 GVC에서 중국의 중심성은 2000년에 비해 2017년에 크게 증가하여 미국과 독일만큼 중요해졌다. 교역량이라는 양적인 측면에서 봐도 그러하고 부가가치 교역이라는 질적인 측면에서 봐도 그러하다. 2000년까지만 해도 동아시아에서 가장 중요한 교역의 중심은 일본이었으나 중국이 그것을 대체했음을 알 수 있다.

글로벌 밸류체인에서 중국의 중심성 강화를 CVC(China Value Chain)라는 말로 표현하기도 한다. 중국을 중심으로 중국에서 기획되고 중국에서 판매되는 제품들이 많아진다는 뜻이다. CVC가 등장했다는 것은 중국이 생산공장으로서뿐 아니라 소비시장으로서의 위상이 강화됐음을 의미한다. 서구의 주문을 받아 만드는 제조기지를 넘어서 스스로의 기획과 취향을 반영한 제품을 발주하고 기획한다는 것이다. 이러한 CVC의 형성은 동아시아 역내 국가들에 대한 중국의 영향력을 더 높일 것이며, 미국과의 경제적 의존을 약화시킴으로서 세계 경제 질서의 재편을 가져올 수 있다.

[그림 2] 전 세계 공급망 중심의 변화

(1) 부가가치 기준

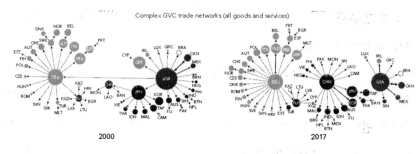

2000   2017

(2) 총교역량 기준

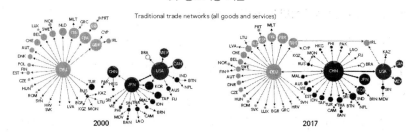

2000   2017

출처: WTO(2019).

2. 세계화의 쇠퇴

글로벌 밸류체인에서의 중국의 존재감 강화는 최근 10여 년간 역풍을 맞았다. 전 세계 교역 증가세가 정체되고 미국을 중심으로 제조업의 탈(脫)중국 시도가 나타나고 있는 것이다. 아이러니하지만 이러한 중국 부상의 역풍도 중국의 부상이 가져온 중대한 변화임에 틀림없다.

먼저, 세계 교역량의 증가는 2008년 글로벌 금융위기를 이후로 주춤해졌다. 2008년 25.6%로 정점을 찍었던 세계 GDP 대비 교역비중은 2009년 급락과 2010년 회복 이후 대체로 감소세를 보이고 있다. [그림 3]에 따르면 2019년의 비중은 21.6%로 저점이었던 2009년과 비슷한 수준이다. 이러한 현상을 슬로벌라이제이션(Slowbalization), 즉 둔화된 세계화라고 부르기도 한다.

[그림 3] 세계 GDP 대비 교역량 추이 (1960~2019)

출처: World Bank와 WTO의 데이터를 이용하여 저자 작성.

이러한 세계화 퇴조의 원인으로 보호주의 기조 강화, 리쇼어링의 확대, 중국의 경제구조 변화를 꼽을 수 있다. 보호주의는 2008년 무렵부터 노골적으로 드러났다. 글로벌 금융위기 당시 선진국들부터 경쟁적인 자국 통화가치 절하에 나섰던 것이다. "근린 궁핍화 정책(beggar thy neighbor)"이라고도 불리는 이러한 움직임은 브렉시트와 트럼프의 등장으로 본격화됐다. 브렉시트 세력과 트럼프는 공통적으로 세계화의 피해자들을 대변한다는 특징이 있다. 첨단기술 부문이나 금융업은 세계화를 통해 중국 등 개발도상국의 저가노동력과 높은 금리의 혜택을 입었던 세계화의 수혜자이다. 반면, 비숙련노동자들은 산업 설비의 해외 이전으로 일자리를 잃은 세계화의 피해자이다. 따라서 보호주의의 등장은 어찌 보면 민주주의의 귀결이기도 하다.

이러한 보호주의가 산업적 발현된 것이 리쇼어링(Reshoring)이다. 해외로 나간 제조업이 다시 돌아온다는 리쇼어링은 아직 통계로 입증되지 않았다. 리쇼어링을 가장 적극적으로 추진하는 미국의 경우에도 엇갈린 증거가 나타난다. AT Kearney 연구소는 전체 국내 제조업 생산에서 수입이 차지하는 비중과 그 증가율이 최근 꾸준히 증가하고 있다는 점을 들어 리쇼어링은 환상에 불과하다고 일축한다. 반면 2010년 설립되어 미국의 리쇼어링을 홍보하고 지원하는 "Reshoring Initiative"라는 조직은 전 세계에서 미국으로 천여 개의 기업이 돌아왔고 십여만 개의 일자리가 미국에 창출됐다고 주장하고 있다. 아마도 미국으로 돌아온 기업은 미국을 최종 소비시장으로 하는 기업들이었을 것이다. 중국의 제조 원가가 올라가자 태평양을 건너 물품을 수입하는 메리트가 사라졌기 때문에 미국으로 돌아왔을 것이라고 추정된다. 반면 중국을 최종 소비시장으로 한 테슬라와 같은 기업들은 중국으로 진출하지 않을 수 없다. 리쇼어링 현상에 대해서는 이러한 시각을 보완한 새로운 연구가 필요한 실정이다.

중국의 경제구조 변화도 세계화 퇴조의 한 원인이다. 전 세계 교역비중이 감소했던 기간 동안 중국 스스로도 대외의존도를 줄이고 내수위주로의 체질 전환을 도모했던 것이다. 특히 저가노동력에 기반한 세계의 공장 역할에서 고소득에 기반한 세계의 시장으로 변모하고 있는 것이다. [그림 4]에 나타난 가공무역 비중의 급격한 감소가 이를 잘 보여준다. 중국은 90년대 말까지 교역의 절반가량을 가공무역 형태로 영위했으나 꾸준히 그 비중을

낮추어 현재 30%에 이르렀다. 이와 함께 대외의존도 역시 꾸준히 하락하고
있다.

[그림 4] 중국의 가공무역 규모 및 비중(左)과 대외의존도(右) 추이

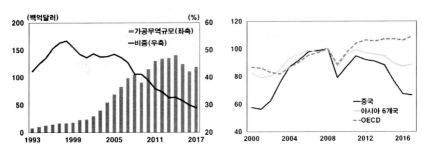

출처: 한국은행(2018).

WTO 체제의 무력화와 개혁논의는 이러한 현상의 원인이자 귀결이다.
2018년 9월 EU와 캐나다, 미국 등 선진국을 중심으로 WTO 체제 개혁 방안
이 제시됐다. 2020년 1월에는 미국 · EU · 일본의 통상장관이 공동성명을 발
표하여 보조금 규칙의 강화를 제안했다. 이를 분석한 전문가들의 분석에
따르면, 선진국들은 보조금 축소, 국유기업 특별대우 축소, 투명성 강화, 분
쟁해결제도 개혁, 신무역규범 제정, 개도국 세분화 등을 주장하고 있다.[1]
이는 중국과 인도와 같은 산업형 개도국을 견제하려는 조치로 이해된다.

투명성 제고 및 통보 개선 이슈는 정해진 시한에 통보를 하지 못 할 경우
WTO 회원국 자격을 정지한다는 강한 벌칙 조항을 가지고 있다. 만약 이것
이 실현되면 중국이 〈중국제조 2025〉와 같은 산업정책과 보조금 현황을

---

1) 서진교·박지현·김민성, 「최근 WTO 체제 개편 논의와 정책 시사점」, 『대외경제정책연구원 오늘의 세계
경제』 18-40 (2018); 이천기·엄준현·강민지, 「WTO 개혁 쟁점 연구: 국영기업, 산업보조금, 통보」,
『대외경제정책연구원 중장기통상전략연구』 19-03 (2019).

WTO에 모두 통보해야 한다는 것을 의미한다.

분쟁해결제도 개혁 이슈는 미국의 잦은 패소에 대한 불만에서 기인한다. 미국은 심리기간 초과, 임기 만료 상소위원의 관여, 상소기구의 권한을 넘어선 쟁점 관여, 상소기구의 회원국 국내법 심사, 선행판례의 문제 등의 문제가 있다고 주장하고 있다. 미국은 이러한 문제가 해결되지 않으면 WTO를 탈퇴할 수도 있다고 공표한 바 있다. 실제로 현재 상소기구 위원 3명 중 2명이 2019년 12월 10일에 임기가 끝났으므로 WTO의 분쟁해결 기능은 이미 마비됐다.

신무역규범 제정은 최근 디지털화 추세에 맞게 관련 무역장벽을 철폐하고 서비스 및 투자 장벽을 좀 더 낮춰야 한다는 주장이다. 여기에는 합작회사 요건이나 외국인 지분제한과 같이 중국이 구사하는 산업보호 제도를 무력화시킬 수 있는 이슈가 다수 담겨 있다. 또한 보조금과 국유기업 지원 제한 이슈도 담겨 있다.

"개도국 세분화"는 중국과 같은 세계 최대의 무역국은 앞으로 개도국 특혜를 누릴 수 없다는 것이다.

[표 1] 최근 WTO 개혁 주요 이슈와 중국 관련 쟁점들

이슈	중국 관련 쟁점
국영기업	국유기업 특별 대우 축소 불가피
산업보조금	산업 보조금 지불 축소
통보의무	산업정책과 보조금 등을 투명하게 관리하고 외부에 공표
분쟁해결제도	중국에 유리하다고 판단되는 현재의 소송제도에 대한 미국의 보이콧
신무역규범 제정	서비스·투자 제도 추가 개방 불가피 보조금 지급과 국유기업 제한도 명시적으로 규제
개도국 세분화	중국의 개도국 지위 상실

출처: 서진교 외(2018)와 이천기 외(2019)를 참조하여 저자 정리.

선진국의 이러한 제안에 대해 개도국들은 아직 적극적으로 논의에 참여하고 있지 못하다. 선진국의 제안은 대체로 중국을 겨냥한 것이지만 다른 개도국들도 섣불리 받기 어려운 내용들을 다수 포함하고 있다. 심지어 우리나라도 보조금 이슈에 대해서는 선진국과 보조를 맞추기 어렵다. 우리나라가 반도체 산업 등에 대해 적지 않은 보조금을 주고 있기 때문이다.

이렇게 개도국의 지지를 폭넓게 얻지 못한다는 점에서 선진국의 제안은 완전히 실현되기 어렵다. WTO의 규정의 개혁이나 변경은 만장일치를 원칙으로 하기 때문이다. 결국 일부 조항별로 동의하는 국가들끼리 협정을 체결하는 "복수국간 체결"의 형태가 선진국 제안 구현의 최대치가 될 전망이다.

이는 결국 WTO 체제의 구심점이 약화되는 결과로 이어지기 쉽다. 그것이 기존 GVC를 강화하는 방향으로 작동한다고 볼 수는 없다. 오히려 중국과 개도국을 중심으로 한 로컬 밸류체인(LVC)이 형성될 가능성이 있다. 이미 동아시아에서는 타지역과의 연계가 약해지고 중국을 중심으로 한 지역 밸류체인(RVC)이 형성되고 있는데 이런 현상이 더 가속화될 수 있다.

3. 코로나19와 중국의 회복탄력성(resilience)

1) 중국의 영향력 확대

2020년은 코로나의 해로 기억될 것이다. 그리고 발병지가 중국이라는 점도 두고두고 기억될 것이다. 그러나 코로나로 인해 세계 경제에서 중국의 영향력이 도리어 커졌다는 것도 부인하기 어려운 아이러니이다. 최초 발병부터 세계적 팬데믹, 그리고 락다운과 경제회복으로 이어지는 과정에서 중국의 역할은 매우 극적인 것이었다.

먼저 중국 때문에 코로나로 인한 경제위기의 성격이 바뀌었다. 경제위기는 생산위축을 가져오는 공급충격과 소비위축을 가져오는 수요충격으로 구분된다. 2020년 3월까지만 해도 코로나 위기는 주로 중국의 것이었고, 전세계는 그로 인한 공급충격을 경험하고 있었다. 우리나라도 중국산 부품이 제대로 공급되지 못해 자동차 생산라인 전체가 멈춰서는 일이 벌어졌었다. 그런데 4월부터 중국이 락다운을 해제하자 공급충격은 사라졌다. 그 뒤부터는 코로나의 확산으로 인해 전 세계가 수요충격을 겪고 있다. 즉 중국의 봉쇄와 해제에 따라 코로나로 인한 경제위기의 양상이 바뀐 것이다.

코로나로 인해 감염이 전 세계로 확산된 현재, 중국 경제가 상대적으로 선방함에 따라 중국의 영향력이 더 커지고 있다. 우리는 2009년 무렵에 이같은 경험을 한 바 있다. 미국이 서브 프라임 위기로, 이후 유로존이 재정위기로 휘청거리자 중국은 세계 경제의 유일한 성장엔진으로 활약했던 것이다. 위안화는 가치가 올라가고 지역 결제통화로 등극했다. 중국의 자본이 세계 인수합병 시장에서 수많은 기업들을 쓸어 담았다. 중국은 달러를 대신하여 IMF의 특별인출권(SDR)을 기축통화로 만들자고 주장하기도 하고, 과소평가 돼있던 국제기구에서의 지분 재조정을 이뤄냈다. 2012년 이런 분위기에서 출범한 시진핑 지도부는 일대일로(一帶一路)와 같은 그랜드 플랜을 선포했다.

코로나를 겪었던 2020년 중국이 다른 나라들에 비해 경제적으로 선방했다는 것은 성장률 비교에서 분명히 드러난다. IMF가 전망한 2020년 중국의 성장률은 2.3%로 주요국들 중 가장 높다. 아니 플러스 성장을 구현한 나라가 거의 없다시피 하다는 점에서, 독보적이라고 해야 한다. 2021년 전망치도 중국은 8.1%로 주요국들에 비해 월등히 높다. 다른 나라들의 2021년 전망이 2020년의 기저 효과로 인해 높게 나타난다는 것을 고려하면, 중국의 성장률이 한층 더 인상적이다.

[표 2] IMF 주요국 경제전망(Jan. 2021, %)

	추정		전망	
	2019	2020	2021	2022
중국	6.0	2.3	8.1	5.6
한국	2.0	−1.1	3.1	2.9
인도네시아	5.0	−1.9	4.8	6.0
호주	1.9	−2.9	3.5	2.9
미국	2.2	−3.4	5.1	2.5
러시아	1.3	−3.6	3.0	3.9
일본	0.3	−5.1	3.1	2.4
독일	0.6	−5.4	3.5	3.1
캐나다	1.9	−5.5	3.6	4.1
인도	4.2	−8.0	11.5	6.8
프랑스	1.5	−9.0	5.5	4.1
이탈리아	0.3	−9.2	3.0	3.6
영국	1.4	−10.0	4.5	5.0
스페인	2.0	−11.1	5.9	4.7

출처: www.imf.org의 데이터를 이용하여 저자 작성.

중국의 경제봉쇄 기간은 약 3개월이었다. 1월 20일에 시진핑이 총력전을 선언하고 1월 23일에 우한을 전면 봉쇄했다. 통제의 강도는 매우 높았다. 아파트 단지는 동별로 출입자를 체크했고 도시 간 이동은 거의 전면 금지였다. 4명이 모여 앉아야 하는 마작도 금지했다. 이렇게 강력한 통제 덕분에 3월 10일 무렵 조업 재개가 이뤄지기 시작했다. 4월 8일 우한봉쇄 해제는 코로나 사태의 종식을 선포하는 상징과도 같았다. 그 후에도 칭다오, 랑팡 등 일부 도시들에서 코로나 확진자가 나타났으나 조기에 도시를 봉쇄하고 수천만 명에 대한 전수조사를 실시하는 등 다른 나라에서 흉내내기 힘든 철저한 방역 조치로 확산을 막아내고 있다.

한편 중국을 제외한 다른 나라들은 백신을 접종하기 시작한 2021년 3월 초 현재까지 팬데믹 종식 전망이 불투명하다. 미국이나 유럽의 상황은 중국과 비교하는 것 자체가 무의미할 정도로 심각하다. 뉴욕시 하나의 사망자 수가 중국 전체보다 많다. 중국이 코로나를 먼저 겪었고 먼저 졸업한 반면, 다른 나라들은 늦게 겪었으면서 대응도 늦고, 피해도 더 크다.

2) 중국의 경제 체질

이렇게 중국의 경제전망이 상대적으로 양호한 이유를 알아보자. 먼저 농민공으로 대표되는 독특한 고용구조가 있다. 도시에 거주하는 농촌호적 보유자를 지칭하는 농민공은 총 2억 9천만 명이다. 그런데 이들 중 1억 3천만이 2020년 춘절에 고향에 돌아갔고, 이 중 40%인 5200만 명이 3월 초까지 돌아오지 않았다.[2] 도시의 실직자와 달리 고향에 내려가 있는 농민공들의 처지는 상대적으로 안전하며, 정부는 이들을 위해 재정을 투입할 필요가 없다. 중국의 2월 조사실업률은 6.2%로 전월대비 0.9%나 증가했지만[3] 15%(Oxford Economics)~30%(세인트루이스 연방은행장)에 달할 것으로 보이는 미국의 실업률보다는 월등히 양호하다. 단, 이는 취업 상황이 양호한 것이 아니라 통계수치 속에 숨어 있는 농민공 실업자의 사회안전망(즉 고향)이 양호하다는 의미를 포함한다.

산업구조에서도 중국이 받을 충격이 더 적을 것으로 보인다. 중국은 코

---

2) 新浪網, "7800萬農民工以返城復工, 佔返鄉農民工總數的60%", https://news.sina.com.cn/c/2020-03-07/doc-iimxxstf7151758.shtml (검색일: 2020.07.06).
3) 농민공을 포함하지 않은 도시등록실업률은 5.3%이다.

로나 충격에 취약한 서비스업의 비중이 주요 선진국들에 비해 낮다. 중국의 서비스업은 정부의 육성 방침에 따라 과거에 비해 많이 늘었다. 그러나 여전히 54%로 미국(80%)이나 유럽(71%)에 비해 크게 낮다. 중국이 보유한 제조업 중 일용잡화류는 경기의 영향을 별로 받지 않는다. 세면도구·문구류·화장품·기초의류 등이 그렇다. 내구소비재는 경기회복과 함께 미뤄둔 소비가 증가할 가능성이 크다. 가전과 자동차가 대표적이다. 중화학공업도 느리긴 하지만 경기와 함께 회복될 가능성이 크다. 철강과 석유화학, 건축자재 등이 그렇다. 그러나 항공·여행·숙박·요식 등 서비스업은 코로나의 영향이 더 크고 길며, 경기가 돌아오면 소비가 회복되긴 하겠지만 과거보다 더 많이 소비될지는 미지수다.

[표 3] 주요국 서비스업 비중(2017, %)

중국	EU	미국	일본	한국	독일	이탈리아	영국
54 (2019년)	70.9	80.0	68.7	58.3	68.6	73.9	79.2

출처: https://en.wikipedia.org/wiki/List_of_countries_by_GDP_sector_composition

또한 장차 비대면 경제(Untact Economy)의 확산이 가져올 성장 유망 산업이 모두 중국이 강세를 보이는 분야이다. 반도체, 디스플레이, 배터리, 로봇, 5G, 인공지능 등이 그렇다. 중국은 이들을 "新인프라(新型基礎設施)"로 규정하고 투자를 크게 확대할 예정인데, 이는 전 세계의 트렌드를 이끌 적절한 투자이며, 향후 시스템 수출과 해외수주의 가능성이 크다. 한편 우리나라도 이러한 분야에 강점이 있고 중국과 밸류체인이 엮여 있으므로 장차 경제회복에 긍정적인 요인으로 작용할 것이다.

재정여건과 부채구조에 있어서도 중국의 장점이 있다. 코로나 사태로 각국은 모두 대규모 재정 투입을 계획하고 있다. 2020년의 재정적자가 2019년 보다 얼마나 느는지를 살펴보면 각 나라 재정투입의 상대적 규모를 비교할 수 있다. IMF의 추산을 바탕으로 계산한 아래 [표 4]에 따르면 중국은 2019년 대비 4.9%p 증가한 재정적자가 예상되고 미국은 9.7%p 증가가 예상된다. 중국의 재정 확장 폭은 여타 선진국들에 비해 적은 편이다. 참고로 한국 역시 2.7%p로 매우 소극적인 재정 운영이 계획돼 있다. 이렇게 상대적으로 보수적인 중국의 재정 운용은 중국의 정부부채 총량이 원래 적었다는 점에서 더 의미가 깊다. 누적 정부부채 대비 GDP 비중이 일본은 238%, 미국은 107%인 반면 중국은 50.5%이다. 즉 코로나 사태로 중국의 상대적 재정 건전성은 더 좋아질 것이다.

[표 4] 주요국 년간 재정적자의 GDP 대비 비중 전망 (단위: %)

	2017	2018	2019	2020	2021	2020-2019(%p)	누적 정부부채/GDP
인도	-6.4	-6.3	-7.4	-7.4	-7.3	0.0	69.6
대만	-2.0	-1.9	-1.3	-1.3	-1.2	0.0	30.9
한국	2.2	2.6	0.9	-1.8	-1.6	-2.7	36.6
일본	-3.1	-2.4	-2.8	-7.1	-2.1	-4.3	238
중국	-3.8	-4.7	-6.4	-11.2	-9.6	-4.9	50.5
스웨덴	1.4	0.8	0.4	-5.3	-1.6	-5.7	38.8
호주	-1.7	-0.9	-3.7	-9.7	-7.3	-6.0	40.7
프랑스	-2.8	-2.3	-3.0	-9.2	-6.2	-6.2	98.1
영국	-2.5	-2.2	-2.1	-8.3	-5.5	-6.2	80.8
이탈리아	-2.4	-2.2	-1.6	-8.3	-3.5	-6.7	135
러시아	-1.5	2.9	1.9	-4.8	-3.0	-6.8	14.6
스페인	-3.0	-2.5	-2.6	-9.5	-6.7	-6.9	95.5
독일	1.2	1.9	1.4	-5.5	-1.2	-7.0	61.9
미국	-4.5	-5.7	-5.8	-15.4	-8.6	-9.7	107
캐나다	-0.1	-0.4	-0.4	-11.8	-3.8	-11.4	89.7

출처: IMF 및 Trading Economics.

2015년부터 이뤄진 지방채권 발행허용으로 불투명하던 부채위기 요인이 사라진 것도 중국의 경제 체질이 강화된 요인 중 하나이다. 과거 중국은 공공투자의 80%가 지방정부를 통해 이뤄지지만 이들에게 채권발행 기능이 없어서 불투명한 각종 융자 플랫폼(이른바 LGFV, Local Government Financial Vehicle)이 횡행했다. 이것이 가진 리스크가 불거지자 중국 정부는 지방정부들이 채권을 발행하여 투자재원을 조달할 수 있도록 개혁에 착수했다. 이 개혁은 수 년간의 준비를 거쳐 2015년에 결실을 맺었는데 이때부터 지방채 발행액이 국채 발행액을 넘어섰다. 이는 과거 지방채권 발행이 금지됐던 시절의 불투명하던 부채위기 요인을 없앤 획기적인 변화이다. 즉 과거보다 훨씬 안정적으로 재정을 투입할 수 있게 된 것이다.

[표 5] 중국의 국채 및 지방채 발행 추이 (억 위안)

	2020	2019	2018	2017	2016	2015	2014	2013
GDP	1,015,986	990,865	919,281	832,036	746,395	688,858	643,563	592,963
국채	69,085	37,564	33,336	36,717	27,466	18,016	14,363	13,374
지방채	64,438	43,624	41,652	43,581	60,458	38,351	4,000	3,500
지방채/GDP	6.3%	4.4%	4.5%	5.2%	8.1%	5.6%	0.6%	0.6%

출처: 최필수·이치훈, 「중국 지방채권 발행에 따른 리스크 요인 분석」, 『중국지역연구』 8-1 (2021)에서 인용.

중국은 금리수준이 높으므로 통화정책 여건도 양호하다. 각국이 모두 금리인하와 양적완화에 나서는 중인데 금리 수준이 높을 수록 이러한 통화정책의 효과가 더 크다. 글로벌 금융위기 이후에는 유럽과 일본의 실질금리가 마이너스 상태로 이른바 유동성 함정(liquidity trap)에 빠져 있다. 금리를 더 낮추기도 어렵고 더 낮춰도 경기확장 효과가 나타나지 않는 것을 말한다. 중국의 금리는 주요국들에 비해 높은 수준이므로 금리인하의 효과가 더 크게 나타날 수 있다.

[표 6] 주요국 은행 간 금리(%)

중국	미국	EU	일본	한국
3.46	0.18	-0.55	-0.09	0.73

출처: Trading Economics.

3) 중국 경제의 리스크

그러나 리스크 요인도 있다. 코로나 사태로 인한 민영기업의 부채 증가가 그것이다. 주지하다시피 서비스업의 충격이 더 컸고, 그것을 구성하는 (민영)중소기업들이 국유기업에 비해 더 심각한 타격을 입었을 것으로 예상된다. 만약 이들이 도산하게 되면 이들에 대한 대출이 많은 지방은행들이 위기에 빠질 수 있다. 전반적인 중국 은행들의 건전성(BIS 부채비율)은 국제수준에 비추어 매우 양호하다. 그러나 소규모 지방은행들은 그렇지 않다. 이미 국지적으로 뱅크런 현상이 나타나기도 했다. 다행히 아직 그 규모는 전체 은행자산 규모에 비해 미미하다.

또한 코로나 위기가 끝난 후 세계화 퇴조 현상이 더 가속화될 텐데 그것이 코로나 위기보다 더 큰 중국의 시험대가 될 것으로 예상된다. 이미 2011년 이후 세계 교역증가율이 경제성장률을 하회하고 있다. 즉 세계화의 퇴조 현상이 10년가량 진행돼 온 것이다. 중국도 수출비중을 줄이고 내수를 확대하는 정책을 같은 기간 동안 추진해 왔지만, 글로벌 밸류체인의 최대 수혜국이라는 사실은 변함없다. 중국으로서는 현 상태의 WTO 체제를 그대로 유지하고 세계화를 확대하는 것이 좋다.

코로나 사태는 글로벌 밸류체인의 형성에 기여했던 국제교류 자체에 치명타를 가했다. 바이어 미팅, 업종별 전시회(EXPO), 여행 촉발 소비 등이 모두 위축될 것이다. 세계 최대 전시회로 불리는 광둥페어(Canton Fair)나 세계 최대 일용잡화 컴플렉스인 절강성 이우(義烏) 시장이 앞으로 어떻게 운영될지 비관적일 수밖에 없다. 얼굴을 마주 보고 직접 물건을 만져보며 이뤄지는 국제무역이 위축될 것이다. 또한 많은 나라들이 마스크나 의약 등 보건용품과 식량까지 수출 규제에 나섬으로서 자유무역 체제의 기반인 신뢰와 믿음이 흔들리고 말았다.

최근엔 反세계화 세력이 정치적으로 집결하여 영향력을 행사하고 있다. 이것이 미중 경제분쟁의 핵심 배경이다. 이러한 정치세력의 지원을 받는 리쇼어링 현상도 증가할 것이다. 이는 곧 외국인투자(FDI)의 감소를 의미한다. 특히 코로나 진원지로서 중국의 평판이 큰 상처를 입었고 이로 인한 외국인 투자의 감소는 불가피하다. 단, 리쇼어링 현상의 본질은 모국으로의 복귀("back to the mother country")가 아니라 시장으로의 복귀("back to the market")이므로 세계 최대의 시장으로서 중국의 매력이 코로나로 인한 부정적 평판을 일부 상쇄할 것이다.

현재 중국이 처한 최대의 리스크는 WTO 개혁이다. 미국, 유럽, 일본 등 주요국들이 힘을 합쳐 현재 WTO 체제와 조항들을 개혁하려 하고 있고 중국은 이에 저항하고 있다. 개도국 지위를 박탈하고, 보조금 등에 대한 통지 의무를 강화하는 이러한 개혁은 중국의 경제체제를 정면으로 겨냥한 칼날이다. 미국과 관세 부과를 둘러싼 일대일 싸움이 코로나로 인해 소강상태에 빠질 수 있지만 타임 테이블을 가지고 체계적으로 진행될 WTO 개혁 시도는 중국이 유야무야시킬 수 없다.

다자주의 체제를 통한 이러한 중국 압박은 바이든의 방침이기도 하다.

바이든은 트럼프와 같이 비논리적인 관세폭탄 압박이나, 마구잡이식 제재 리스트 추가와 같은 싸움의 방식으로부터 방향을 전환할 것으로 보인다. 바이든은 취임을 전후하여 중국에 대한 공세를 거두지 않을 것임을 명확히 하면서도 다자주의와 동맹의 복원을 통한 대중국 압박에 나설 것임을 천명했다.

4) 중국의 경제적 위상

경제의 상대적 총량이 커지는 현상만을 놓고 말한다면 중국의 상대적 위상은 높아질 것이 분명하다. 코로나 전에도 리커창 총리는 중국이 "세계 경제총량의 1/6이자 세계 경제성장의 1/3"을 차지한다고 자랑했었는데 코로나 후에는 이 비중이 더 커질 것이다. 경제의 총량만 커지는 것이 아니라 화폐가치도 높아질 것이다. 중국의 양적완화 규모가 선진국들보다 상대적으로 작기 때문이다. 중국의 금리도 선진국들보다 높은 편이기 때문에 위안화 강세를 부추길 것이다. 즉 총량 변화의 현상에 국한시켜 본다면 2009년 글로벌 금융위기 때와 같고, 그때와 같은 중국의 영향력 확대를 예상할 수 있다.

그러나 2009년도와 달리 현재는 다른 나라들이 중국에 대한 경각심을 가지게 됐고, 그것이 중국의 영향력 확대를 가로막는 가장 큰 요인이다. 10여 년 전에는 강화된 위안화 가치에 힘입어 중국 자본이 글로벌 인수합병(M&A)의 큰 손으로 떠올랐었지만, 오늘날에는 전략 산업을 중국이 인수하는 것에 대한 반감이 퍼지면서 그러한 인수합병을 제도적으로 막고 있다. 2013년 중국이 일대일로를 선포하고 AIIB를 설립할 때만 해도 중국의 적극적인 대외진출이 경탄을 자아냈었지만 오늘날에는 부채의 덫과 같은 부정적인 담론이 공유되고 있다. 무엇보다 미국이 중국에 대한 노골적인 견제에 나서면서 클린 네트워크(Clean Network)와 같은 배타적인 국제협력 틀을 다른 나라들에게 강요하고 있다.

이상을 정리하면, 중국의 위상과 영향력은 경제적 요인으로 커질 수 있지만 정치적 견제로 제한된다고 할 수 있다. 여기서 생각해볼 것은, 과연 정치적 견제의 힘이 얼마나 강한가라는 것이다. 개도국들이 포스트 코로나 경기회복을 위해 대규모 인프라 투자를 해야 하는데 거기에 미국이나 일본이 중국 자본을 대체할 만큼 충분한 자본을 투입해 줄 것인가? 즉 "인태전략"이나 "아시아·아프리카 성장회랑"과 같은 기제가 일대일로를 대체할 수 있을 것인가? 또 화웨이 배제와 같은 클린 네트워크의 구상이 과연 천문학적인 비용을 들여 화웨이를 철거하도록 하는 데까지 힘을 쓸 수 있을까? 실제로 화웨이 배제에 앞장서고 있는 영국에서조차 보다폰(Vodafone)과 같은 통신업계의 반발로 실제 철거 여부가 불투명하다. 독일도 통신업계를 고려하여 업계 자율 채택 원칙을 고수하고 있다. 중국의 영향력이 큰 개도국들은 말할 것도 없다.

중국의 경제적 부상은 상수에 가깝지만 중국에 대한 정치적 견제는 변수라고 할 수 있다. 값이 더 커질 수도, 더 작아질 수도 있는 이 변수의 향방이 향후 중국의 국제적 위상을 결정할 것이다.

3장

삶과 소비의 변화

진 신*

1. 소비의 시대

중국은 명실상부한 세계 2위의 경제 대국으로 부상했다. 2019년 국내총생산(GDP)은 미국의 67% 수준인 100조 위안(14조 3,600억 달러)에 근접했고, 3위인 일본에 비해(5조 달러) 월등히 높은 수치를 기록했다. 2020년 코로나19 팬데믹에 전 세계 경제가 큰 타격을 입고 최악의 상황에 빠졌음에도 불구하고, 중국은 2.3%의 경제성장률을 기록하여 세계에서 유일하게 플러스 성장을 실현한 국가가 되며 강한 회복력을 과시했다. 물론 2010년대 이후 중국 GDP가 지속적으로 하락해 왔고, 근래 들어서는 미중관계의 악화를 비롯한 복합적인 문제로 인해 미래 중국시장 전망에 대한 우려가 높아진 것도 사실이지만, 중국이 2019년에 기록한 6.1%라는 성장률 수치는 여전

---

* 성균관대학교 성균중국연구소 책임연구원.

히 세계 평균치의 두 배이다. 아울러 중국은 거대한 국내 소비시장과 더불어 비교적 완전한 산업 체인을 갖고 있어 시장 충격에 대한 유연성이 상대적으로 강한 편이라고 할 수 있다.

2020년, 예상치 못한 코로나19 팬데믹으로 인해 세계경제는 종래 없었던 타격을 입었다. 하지만 중국은 엄격한 방역 조치를 취했고 비교적 이른 시기에 확산을 통제하는 데 성공하며, 경제가 타국에 비해 빨리 회복되었다. 사실상 4월에 발표한 통계치를 보면, 제조업 부가가치(연매출 2000만 위안 이상 기업 기준)는 이미 2019년 동기 수준으로 회복이 되었고 600개 산업생산 품목 중 40%가 동기대비 플러스 성장을 기록했다. 소비에 있어서는 엄격한 사회적 거리두기 규제로 인해 외식, 관광, 영화 등 오프라인 소비는 대폭 감소했지만, 한편으로 중국 온라인 소비시장에는 또 한 번의 성장 기회가 되기도 하였다. 지난 10년 동안 축적된 전자상거래 인프라 및 스마트 물류 시스템을 기반으로 하여 코로나19 사태 이후 중국 소비시장은 매우 빠르고 강한 대응력과 적응력을 보여주었다. 2020년 2분기에 중국의 생활일용품, 의약품, 내구형 소비재, 요식업 등 민간 주요 소매 분야는 이미 회복이 시작됐고 1~4월 온라인 소비시장은 약 443조 원 매출을 기록해 전년 대비 8.6% 증가했다. 또한 중국은 전 세계 자동차, 주류 시장 매출의 30%를 차지하고 있으며, 코로나19 영향으로 전 세계 사치품 매출이 23% 하락하는 와중에도 중국에서의 매출은 오히려 48%가 증가해 주목을 끌고 있다.

한편, 중국 동부와 서부, 도시와 농촌의 막대한 경제 격차는 각기 다른 소비자층과 소비수요가 형성되게끔 하였고, 남쪽과 북쪽, 민족 및 지역, 기후 차이 등의 요소는 중국의 소비시장을 더욱 세분화시켰다. 뒤에서 더 자세히 설명하겠지만, 소비력을 반영하는 중요한 지표인 가처분소득에 있어 도시와 농촌 간의 격차 및 소득 간 계층 격차는 여전히 감소세를 보이지 않고 있다. 이러한 조건들로 인해 중국 소비시장은 서로 다른 시장들이 서로 다른 소비 발전단계에 위치한 구조를 지니게 되었다.

2019년 중국 1인당 GDP는 1만 달러를 돌파하였으나, 미국의 1/6, 일본의 1/4, 한국의 1/3에 불과하다. 앞으로 중국 전반적 경제 성장과 함께 소비시장이 확대할 잠재력도 더 부각될 것이다. 이에 이 장에서는 부상 중인 중국이 코로나19 사태 이후 더욱 복잡해진 국내외 환경에 직면하여 왜 소비시장 활성화를 중시하고 있는지, 그리고 이를 위해 적극적으로 추진 중인 소비부양 전략에는 어떤 것들이 있는지를 살펴보도록 한다. 또한 중국의 다원적인 소비시장을 이해하기 위해 도시와 농촌, 그리고 도시 내 소득 계층별 차이를 논의할 것이다.

2. 성장의 둔화와 내수시장 확대

1) 소비 육성과 시장의 활성화

2019년 중국 GDP 성장률이 지난 28년 이래 최저치인 6.1%를 기록하자, 국제사회에서는 중국 경제에 대한 우려의 목소리가 나왔다. 하지만 중국 스스로는 태연한 모습이었다. 세계적으로 6%의 경제성장률은 결코 낮은 수준이 아닐뿐더러 중국이 목표한 '두 개의 100년'을 완성하는 과정에서 굳이 6% 성장률에 집착할 필요도 없기 때문이며, 오히려 목표 달성을 위해 무리하게 경기부양책을 제시하고, 통화정책 및 부동산 시장규제의 완화를 추진하게 된다면, 중국 스스로가 목표로 두고 있는 '중장기적으로 지속가능한 질적 발전'에 역행하는 모습이 나타나게 될 것이기 때문이다.

'중장기적으로 지속가능한 질적 발전'을 도모하기 위해 중앙정부는 수출과 투자 중심의 성장 동력을 소비와 혁신으로 전환하고자 했다. 이는 2008년 글로벌 금융위기 이후부터 취하기 시작한 중국의 적극적인 재정정책과 일맥상통하는 것이다. 즉, 경제성장률이 하락하더라도 수출과 투자에 대한 의존도를 낮추고 소비 주도성 성장전략을 견지한다는 방안이다. 중국은 〈13차 5개년 계획(2016~2020)〉을 통해 생산조절, 재고조절, 위험예방, 기업비용 절감, 효율적인 공급, 즉 '삼거일강일보(三去一降一補)'를 통한 공급 측 구조개혁을 지속해 왔고, 코로나19 이후의 경제적 어려움을 극복하기 위해 발표한 쌍순환 전략은 궁극적으로 내수의 중요성을 강조함으로써 국내 소비시장의 위상이 더 부각되고 있다.

2020년 이전에는 소비를 육성하기 위해 다양한 차원에서 제도 개혁을 시도했다. 예컨대 개인소득세 과세기준을 월 소득 3,500위안에서 5,000위안으로 상향 조정했고 제조업 증치세율(한국의 부가가치세에 상당함)을 16%에서 13%로, 교통 및 운수·건축·부동산 분야 증치세율을 10%에서 9%로 하향 조정했다. 온라인 소비 시대에 적극적으로 대응하기 위해 2015년부터 2019년까지 인터넷 평균 접속 속도를 10배 이상 높이는 동시에 이용요금은 90% 이상 낮추었다. 한편, 크로스보더 전자상거래를 통해 개인 수입상품 구매 한도를 회당 2,000위안에서 5,000위안으로, 연간 기준 20,000위안에서 26,000위안까지 인상했다. 나아가 2018년 7월부터 가정용품, 식품, 음료, 화장품, 의약품 등 1,449종 일용소비재의 수입관세를 50% 인하하는 한편, 2020년 1월 1일부터 대중 소비가 늘어난 식품, 약품, 일용잡화 등 850여 가지의 해외상품에 대해서도 최혜국 세율보다 더 낮은 수입 잠정 세율을 적용했다.

코로나19 발생 이후, 각국은 경제위기를 극복하기 위해 다양한 재정과 금융 정책을 내세웠는데, 대표적으로 미국, 한국, 일본 등 국가는 소비침체

대응 방안으로서 주민에게 지원금을 직접 지급하는 방식을 취하였다. 이와 달리 중국은 개인보다 기업, 즉 생산자 위주의 지원 정책을 주로 채택하였는데, 예를 들어 중소기업에 대한 감세와 대출 규제 완화, 맞춤형 보조금 지급과 특별 지원금 등 적극적인 재정정책에 주력했다. 이러한 배경 속에서 생산력 회복이 우선시되었고 이는 일자리의 확보와 취업안정에 기여하게 되었다. 이와 함께 2020년 5월, 중국 쌍순환 전략이 공식적으로 발표되었는데, 이로써 생산-유통-소비 체인 활성화를 통한 내수시장의 확대에 주안점을 둔 정책적 포석이 마련되었다.

코로나19 이전 중국 소비자신뢰지수는 10년간 최고 수준을 유지해 왔다 ([그림 1] 참조). 2015년 이후 지속적으로 추진한 적극적 내수 확대 전략이 주원인이라고 볼 수 있다. 소비자신뢰지수는 2020년 코로나19 사태의 영향으로 일시적으로 폭락했지만, 2분기부터 방역 상황의 호전 및 경제 반등에 따라 여름 이후 긍정적인 신호를 보여주고 있다. 이러한 회복의 여러 요인 중, 중국 종합국력의 상승과 평균소득의 증가, 양호한 소비시장 환경 조성을 위한 정부 차원의 다원적인 소비부양 정책과 같은 배경적 요소 이외에도, 중국 토종 브랜드의 부상과 이에 따른 자국 제품에 대한 자신감 상승도 간과할 수 없는 요소이다. 대략 4~5년 전부터 궈펑·궈차오(國風·國潮) 열풍이 시작되었고, 스마트폰, 뷰티 등 주요 소비 분야에서 중국 토종 브랜드의 시장점유율과 수익이 급속히 증대되면서 이는 다시 중국 제조업을 발전시키는 원동력이 되었다. 전자기기를 예로 들면, 원래 미국과 한국이 주도하고 있던 스마트폰 시장에서 최근 중국의 약진세가 두드러지는데, 2019년 3분기를 기준으로 유럽 스마트폰 시장 내 중국 브랜드의 비중은 1/3에 달하고 있으며(화웨이 22.2%, 샤오미 10.5%), 인도, 동남아시아, 아프리카 시장의 중국 스마트폰 점유율도 40%를 상회하고 있다.

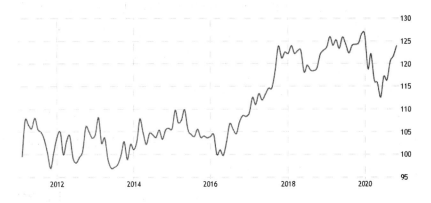

[그림 1] 중국 소비자신뢰지수(CCI)

출처: 중국국가통계국.

한편, 코로나19 영향으로 인한 '언택트 시대'의 도래는 중국 온라인 경제
가 다시 한번 도약할 수 있는 기회를 제공했다. 기존의 전자상거래와 요식
배달업은 물론, 원격근무, 원격의료, 원격교육 등 비롯한 새로운 산업도 빠
르게 발전하고 있는데, 그중 원격 의료의 경우, 2020년 1~3월 중 온라인 진
료 이용자 수가 전년 동기 대비 무려 17배 늘어났다(출처: 국가위생건건강
위원회 브리핑). 온라인 소비자의 연령구조 변화를 보면, 40, 50대 온라인
소비자 비중이 가장 크게 증가했으며([그림 2] 참조), 중국의 최대 배달 플랫
폼인 메이투안(美團) 조사 결과에 따르면 코로나19 확산 이후 신규 가입자
의 70%는 중장년층이었다.

흥미로운 것은 젊은 세대가 완성된 요리를 배달시키는 것을 즐기는 것과
달리, 중장년층은 식자재를 배달시키고 집에서 요리하는 것을 더 선호한다
는 점이다. 실제로 코로나19 이후 중국 주요 신선식품 즉시 배달 플랫폼의
주문량은 평균 2~7배 늘었다고 보고되었다. 다시 말해서 코로나19가 중국

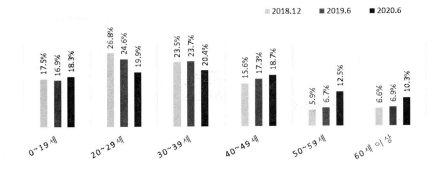

[그림 2] 중국 네티즌의 연령대 구조 변화

■ 2018.12　■ 2019.6　■ 2020.6

- 0~19세: 17.5% / 16.9% / 18.3%
- 20~29세: 26.8% / 24.6% / 19.9%
- 30~39세: 23.5% / 23.7% / 20.4%
- 40~49세: 15.6% / 17.3% / 18.7%
- 50~59세: 5.9% / 6.7% / 12.5%
- 60세 이상: 6.6% / 6.9% / 10.3%

출처: CNNIC

경제에 큰 타격을 준 것은 사실이지만, 소비시장, 특히 온라인 소비시장의 성장과 발전의 모멘텀으로도 작용한 것이다. 주지하는 바와 같이, 중국은 엄격한 외출 규제를 실행하였다. 그런데 이러한 규제가 역설적으로 오프라인 소비를 더 선호하던 중장년층에 있어서는 전자상거래 및 '일상의 온라인화'가 주는 편리성을 체험하게 하는 계기가 되었다. 결과적으로 코로나19로 인해 중국 소비시장에는 새로운 경제모델 및 이에 따른 산업체인이 탄생하였으며, 이와 더불어 새로운 소비자 계층이 유입되는 효과까지 얻게 된 셈이다.

코로나19 이전 민간소비지출은 미국 GDP의 70%를 차지한 반면, 중국은 39.1%에 불과했다. 그러나 지난 6년간 소비지출은 이미 중국 GDP 성장을 이끄는 가장 큰 원동력이 되었고, 경제성장 기여도는 약 60%에 달했다. 이것은 미래 중국 소비시장이 성장할 여지가 크다는 것을 보여준 동시에 민간소비가 중국 경제성장에서 핵심적 역할을 하고 있음을 시사한다. 2020년 이전 중국과 미국의 소매시장 규모의 격차는 점차 감소되는 추세를 보였고

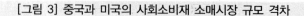

[그림 3] 중국과 미국의 사회소비재 소매시장 규모 격차

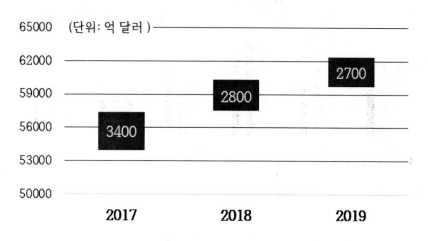

출처: 중국 국가통계국, 미국인구센서스 등 공개자료 정리.

([그림 3] 참조), 다수 연구기관은 중국이 세계 1위 소비시장으로 부상할 날이 머지않았다고 전망했다. 2020년 예상치 못한 코로나 팬데믹의 영향으로 세계 소비시장은 큰 타격을 입었다. 미국의 경우, 오프라인 유통에 대한 의존도가 높아 온라인 소비가 전체 민간소비지출에서 차지하는 비중은 11%에 그쳤다. 따라서 코로나19 이후 지속되고 있는 사회적 거리 두기는 미국 소비구조에 큰 영향을 미칠 것이 틀림없다. 현재 미국 정부가 시행 중인 재난지원금이나 실업 보조금 등 직접적인 경제지원을 통해 개인 가처분소득을 늘리는 소비 활성화 정책에 힘입어 3분기 미국 민간소비지출 성장률은 마이너스에서 플러스로 전환되었다. 이와 함께 코로나19가 미국 온라인 소비시장의 성장을 가속화하고 있는데, 2020년 미국 온라인 시장 성장률은 40%를 넘어선 것으로 발표됐다.

　지난 10년간 중국의 전자상거래 및 물류산업의 비약적인 발전 속에서 온라인 소비는 이미 일상소비의 중요한 부분으로 자리 잡았고, 2019년 온라인 실물상품 소매총액은 전체 소비재 소매총액의 20%를 넘어섰으며, 또한 연간 20% 가까운 증가율을 기록했다. 이처럼 이미 상당히 발달한 온라인 소비 시스템 덕에, 코로나19 이후 중국 소비시장은 강한 적응력을 발휘하여 '일상의 빠른 온라인화'라는 성과를 거두었다. 이 와중에 중장년층 온라인 소비자의 급속한 확대와 원격 경제의 발전에 의해 소비자의 온라인 시장 의존도는 더욱 높아지고 있다. 다만, 방역 상황의 호전, 생산과 물류의 회복, 고용 안정화에 의해 소비 욕구가 회복되고는 있지만, 앞에서 언급한 대로 중국은 국민에게 직접 소비 지원금을 지급하고 소비력을 강화하는 방식 대신에 생산자에 대한 재정지원에 치중했다. 때문에 2020년 주민 실질가처분소득 성장률은 2.1%로 2019년의 9%에 비해 크게 떨어져 민간소비에 일정한 부정적 영향을 끼쳤다.

2) 소비의 인프라

2019년 10월 다보스포럼이 발표한 〈2019 글로벌 경쟁력 보고서(Global Competitiveness Report 2019)〉에 따르면 중국은 시장규모, 거시경제의 안정성, 혁신력, 정보기술(IT) 활용 등의 지표에서 세계 상위권에 진입했고, 이 중에서도 정보기술 활용 분야에서는 OECD 25개국을 제쳤다. 거대한 시장규모와 억 단위의 소비자에 의해 방대한 데이터가 축적이 되고 클라우드 컴퓨팅, 인공지능 등 기술을 통해서 빅데이터의 가치를 최대화할 수 있게 한다. 대표적인 예시로, 매년 11월 11일 개최되는 '솽스이(雙十一)' 쇼핑 페스티벌은 과거의 빅데이터를 통해서 지역별 시장 수요와 공급을 예측하고 상품 재고를 미리 조달하며 택배 시간을 대폭 단축한다. 또한 기술지원에 있어서도 알리바바가 자체 개발한 클라우드 컴퓨팅 엔진 기술은 초당 58.3만 건의 거래를 무리 없이 처리할 수 있었고, '한광800(漢光800)' 인공지능 칩은 제품 검색, 자동번역, 맞춤 제품 추천, 광고, 지능형 고객 서비스 등을 지원함으로써 소비자 데이터 처리의 최적화에 활용되었다. 이에 따라 플랫폼 만족도와 소비자 충성도를 제고하는 과정에서 쇼핑은 과거의 '구매 행위'로부터 점차 소비를 즐기는 '소비 행위'로 전환되고 있다.

[표 1] 중국 소비시장 활성화를 위한 인프라

IoT / Big Data / Cloud Computing	모바일 결제
• 온라인과 오프라인 융합 • 매장선택, 상품진열, 물류효율 향상 • 공급체인 업그레이드 • 소비자 프로필 파악 • 5G, 안면인식 • 지능화 생산	• Alipay, Wechat pay, UnionPay Quick Pass • 온라인 신용대출 활성화 • 융통성 향상
온라인 마케팅	스마트 물류
• 소셜미디어, 1인 매체 • 온라인 생방송, 동영상 • 문자, 화면, 음성, 영상 다차원 실시간 커뮤니티 • 소비자 충성도 양성 • 다양한 소비자 집단을 대상으로 맞춤형 마케팅	• 화물 재고 조달 예측 • 실시간 출고 • 배송 추적 • 스마트 택배 보관함 • 주문 당일 출고 • 배송 일시 단축

출처: iiMedia Research.

소비환경을 마련하려는 노력은 비단 전자상거래 플랫폼에만 해당하는 것은 아니다. 수년 전부터 급증하고 있는 택배량에 대응하여 중국정부는 스마트 물류 시스템(中國智能物流骨幹網, China Smart Logistic Network)을 적극적으로 추진해왔다. 2020년 중국 철도부는 전자상거래와 물류업체와의 협력을 강화하고 쇼스이를 맞이하여 처음으로 '부흥호(復興號)' 고속철 택배 전용연차를 배차했다. 이는 전국 80여 개 주요 도시까지 직통으로 연결되어 택배 물량이 급증하는 상황에서도 '초고속 택배'를 보장하게 되었다.

뿐만 아니라, 중국 소비자들의 해외직구에 대한 수요가 급증하는 추세에 대응하여, 2015년부터 '크로스보더 전자상거래 종합 실험구(跨境電商綜合試驗區)' 건설이 시작되었으며, 2020년 현재 전국 30개 성(시, 직할시 포함)에서 105개 실험구가 완성되어 해외직구를 더 빠르고 편리하게 할 수 있게 되었다. 이를 통해 '주문당일 출고, 국내 24시간, 해외 72시간 도착'이라는 물류 체계를 내세워 온라인 소비의 만족도 향상을 꾀하고 있다. 나아가 중국 최대 크로스보더 플랫폼—티몰 국제(天貓國際)는 이미 항저우(杭州), 청두(成都), 창춘(長春)에 있는 종합 실험구에서 생방송 기지를 설립해 1,000여 개 해외 브랜드를 라이브 판촉을 통해서 판매하고 있다. 또한 2020년 연내에 상하이 등 중국 10개 주요 도시에서 추가 설립·운영할 예정이어서 해외직구에 대한 시장수요에 한층 더 부합하게 되었다.

한편, 세계적 팬데믹은 온라인 소비시장이 확대되는 기회를 제공했지만 이에 민감하게 반응하고 기회를 잡을 수 있을지의 여부는 국가별로 다르다고 할 수 있다. 중국은 2013년부터 7년 연속 세계 최대 온라인 소매시장으로 자리 잡고 있으며, 기존 물리적 인프라 환경을 기반으로 언택트 시대에 더 빠르게 적응할 수 있었다. 2020년 6월을 기준으로 중국 인터넷 이용자 규모는 9.4억 명에 달해, 2019년 6월에 비해 약 8,500만 명이 늘었다(CNNIC). 이 중에서 모바일 인터넷 이용자는 9.32억 명으로 전체 인터넷 이용자의 99%를 차지한다([표 2]). 소비와 직접 연관된 결제와 쇼핑은 높은 이용률을 기록하고 있고, 동영상, 생방송, 교육 등 신흥 소비 분야의 온라인화가 급속히 증가하고 있다. 또 5년 전에 비해 중국 인터넷 평균 다운로드 속도는 7배 상승한 반면 이용요금은 90% 인하되었다.

[표 2] 중국 인터넷 이용 현황 (2020.6)

	이용자 수(만 명) 2019.6	이용자 수(만 명) 2020.6	증가	증가율	이용률 2020.6
메시지	82470	93079	10609	12.9%	99.0%
온라인결제	63305	80500	17195	27.2%	79.7%
검색	69470	76554	7084	10.2%	81.5%
뉴스	68587	72507	3920	5.7%	77.1%
온라인쇼핑	63882	74939	11057	17.3%	79.7%
요식배달	42118	40903	-1215	-2.9%	43.5%
동영상	75877	88821	12944	17.1%	94.5%
온라인게임	49356	53987	4631	9.4%	57.4%
생방송	43322	56230	12908	29.8%	59.8%
온라인 택시	33658	34011	353	1.0%	36.2%
온라인 교육	23246	38060	14814	63.7%	29.4%

출처: CNNIC.

한편 2019년 본격적으로 시작한 신 인프라 건설(新基建)[1] 정책은 온라인 소비시장의 물리적 환경구축에 크게 기여할 것이 기대되고 있다. 지난 4월 중국이 발표한 〈인터넷TV 사업 IPv6 개조 추진에 관한 통지(關於推進互聯網電視業務IPv6改造的通知)〉에 따르면, 2020년에 중국은 이미 인터넷 인프라의 IPv6로의 업그레이드 및 개조를 달성했다. 이러한 모바일 인터넷의 편리성 향상과 함께 생방송, 동영상, 1인 매체 등 라이브 커머스가 주류화되면서 중국인의 소비패턴은 변화하였고 새로운 소비모델이 창출되고 있다. 중국의 대표적 시장 컨설팅 업체 iiMedia Research의 보고에 따르면, 2019년 중국 라이브 커머스 시장규모는 약 4,338억 위안에 달하였고, 2020년에는 약 두 배 이상 확대될 것으로 전망되고 있다.

---

1) 주로 5G, 인공지능, 빅데이터 센터, 산업인터넷, 특고압 설비, 도시 간 고속철도, 궤도 교통, 신에너지 자동차 충전대 등 7개 분야를 포함.

3. 농촌시장의 잠재력

중국 농촌의 1인당 가처분소득은 도시 평균치의 약 40%이다. 도시와 다른 삶의 양상과 경제적 수준으로 의해 농촌의 소비 패턴은 도시와 뚜렷이 다르다. 2020년 중국 상주인구 도시화률(常住人口城市化率)을 감안하면 농촌 거주 인구는 약 5.6억 명인데, 이는 중국 농촌 시장이 갖는 거대한 가능성을 시사한다.

[표 3] 100가구 당 주요 내구소비재 보유량

		2014	2015	2016	2017	2018	2019
도시	자동차	25.7	30.0	35.5	37.5	41.0	43.2
	세탁기	90.7	92.3	94.2	95.7	97.7	99.2
	냉장고	91.7	94.0	96.4	98.0	100.9	102.5
	전자레인지	52.6	53.8	55.3	56.9	55.2	55.7
	TV	122.0	122.3	122.3	123.8	121.3	122.8
	에어컨	107.4	114.6	123.7	128.6	142.2	148.3
	온수기	83.0	85.6	88.7	90.7	97.2	98.2
	모바일	216.6	223.8	231.4	235.4	243.1	247.4
	컴퓨터	76.2	78.5	80.0	80.8	73.1	72.2
농촌	자동차	11.0	13.3	17.4	19.3	22.3	24.7
	세탁기	74.8	78.8	84.0	86.3	88.5	91.6
	냉장고	77.6	82.6	89.5	91.7	95.9	98.6
	전자레인지	14.7	15.0	16.1	17.3	17.7	18.9
	TV	115.6	116.9	118.8	120.0	116.6	117.6
	에어컨	34.2	38.8	47.6	52.6	65.2	71.3
	온수기	48.2	52.5	59.7	62.5	68.7	71.7
	모바일	215.0	226.1	240.7	246.1	257.0	261.2
	컴퓨터	23.5	25.7	27.9	29.2	26.9	27.5

출처: 중국국가통계국.

소비 형태의 발전 단계를 평가하는 데 있어서, 가구당 내구 소비재의 보유량은 중요한 참고지표이다. 자동차와 세탁기 등 소비재의 가구당 보유량을 통해 보면, 농촌은 도시보다 대략 5~6년 뒤처져 있으며 전자레인지, 에어컨, 온수기, 컴퓨터 등 소비재의 격차는 한층 더 크다. 한편, 중국 농촌에서 혈연과 세대 간 연대를 강조하는 전통적인 문화관습은 여전히 많이 남아있어 결혼, 출산 등 생애 전환기에 따른 소비가 중시되며, 대표적으로 혼수용 주택과 자동차, 그리고 주요 가구 소비재의 소비는 농촌 가정에 있어 옵션이 아닌 '강성 수요(鋼需)'로 인식되고 있다. 그렇기에 중국의 광대한 농촌 지역에서의 소비 형태는 생계형에서 발전형으로 전환하는 단계에 있고, 향후 일정기간 동안 물적 생활 수준을 향상시키기 위한 소비 수요가 지속되고 농촌 소비의 주류를 차지할 것이다.

여기서 주목해야 하는 것은 중국 농촌 전자상거래(農村電商)의 급성장이다. 2009년 알리바바 그룹이 시작한 '타오바오 촌(淘寶村)' 계획은 그 시작으로 볼 수 있는데, 농촌 지역의 전자상거래 활성화를 통해서 도시와 농촌 간의 유통 장벽을 줄이고 농촌 시장을 개발하는 데 그 목적을 두었다. 그런데 수요가 적지 않았음에도 불구하고 도로 교통과 인터넷 인프라의 부진으로 인해 '타오바오 촌' 계획은 2015년까지 약 4~5년 동안 크게 성장하지 못했다.

그러나 2015년 양회에서 중국 정부가 '인터넷+' 개념을 공식화한 이후, 농촌 전자상거래가 중점 육성 분야로 대두되었다. 이어서 2016년 교통운수부 등 여섯 부서는 〈전자상거래 물류발전계획(2016~2020)〉을 발표하여 여태까지 도시 중심으로 발전해온 도로·운수 인프라 및 스마트 물류 시스템을 중소도시와 농촌 지역에서 확대 지원하는 데 적극적으로 나서겠다고 밝혔다. 이로써 국가 차원에서 전면적인 지원이 수반되게 되었고 '타오바오 촌'을 포함한 농촌 전자상거래는 빠른 성장을 보이기 시작했다. 〈중국 타오바오

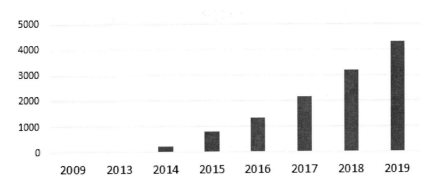

[그림 4] 중국 타오바오촌의 증가

출처: 중국 타오바오촌 연구보고서.

촌 연구보고서(2009~2019)〉에 따르면, '타오바오 촌'은 2009년의 3곳에서 시작하여 2019년에는 4310곳으로 증가하였으며, 전국 25개 성에 걸쳐 있다. 또한 정부는 농촌의 산업적 특징을 고려해 물류기업과 농촌업체 간의 협력을 추진하고 농촌 시장에 맞추는 전자상거래 체인을 구축하는 데 주력했다. 그 성과로 2014년 약 31조 원에 불과하던 농촌 온라인 소비 규모는 2019년에는 약 293조 2,500억 원으로 800% 이상 증가했다.

지난 5~6년간의 발전을 통해 현재 농촌 인터넷 보급률은 52.3%로 네티즌 규모는 2.85억 명에 달한다. 온라인 소비도 점차 농촌에서 일상화되고 있다. 물론 코로나19 사태 이후 농축 생산품의 유통이 큰 충격을 받았지만, 잘 정비된 농촌 전자상거래 체계로 인해 다양한 새로운 판촉 모델이 나오면서 손실을 최소화할 수 있었다. 예를 들면, 지방정부가 주최하는 생방송 프로모션이나 농촌 간부가 직접 왕홍(網紅, 인플루언서)으로 변신해 현지 농축산품을 판매한다. 그리고 지방정부들은 대세가 되고 있는 라이브 커머스를 활용하여 자신이 추진하는 프로모션에 대한 소비자 신뢰를 높이기도 했는데, 중간 업체 없이 생산자와 소비자 사이에 직거래가 이루어져 '윈-윈 거래'로 평가 받으며 한동안 사회적 이슈가 되기도 하였다.

4. 도시의 소비 추세

앞에서 언급했듯, 중국의 농촌 소비는 생계형에서 발전형으로 전환하고 있다. 따라서 중국의 농촌 소비는 거대한 성장 잠재력을 가지고 있지만, 한편으로 현시점에서 농촌 인구의 소비 기여도는 아직 매우 낮은 수준이다. 사실상 현재 도시 소비자는 중국 경제성장의 60%를 차지하고 있고, 2010~2017년 전 세계 가계소비 증가의 31%는 중국 도시 가구에서 비롯한다. 중국 도시 소비는 대체로 발전형에서 향유형 단계로 '업그레이드' 중이고, 2000년대 이후 대·중 도시에서 물적 생활환경이 향상되며 여가, 관광, 문화 소비 등 정신적·심리적 만족과 즐거움을 추구하는 소비시장이 급속히 확대되고 있다. 이 중에서도 특히 '중산층', 혹은 '신흥 중산층'의 부상은 세계의 이목을 끌고 있다.

[표 4] 연구 기관별 중국 중산층 주요 평가 기준

HURUN(2018)	
대중 중산층	·1선 도시: 가구연소득 30만 위안 이상 ·기타 도시: 20만 위안 이상 ·가계소비지출이 가처분 소득의 50% 미만
신(新)중산층	·부동산 소유 및 가구 평균 연소득 65만 위안 이상 ·평균가처분소득 50만 위안 이상 ·가구 순 자산 300만 위안 이상 ⇒ 동부 연해도시에 집중되고, 고등교육 학력 및 화이트컬러 직업에 종사. 이와 함께 자녀교육에 대한 관심이 높다는 것이 특징 ⇒ 2025년에 이 비중은 66%까지 증가할 것, 규모는 5.2억 전망

Mckinsey(2018)	
도시 가처분소득	· 부유: 29.7만 위안 이상 · 중산: 13.8만 위안 ~ 29.7만 위안 · 소강: 4.9만 위안 ~ 13.8만 위안 · 빈곤: 4.9만 위안 미만 ⇒ 2022년 중국 도시인구 76%가 '중산'에 진입, 2025년 중산층 인구 규모는 5.2억 명으로 전망
Forbes(2018)	
신흥 중산층	· 투자 가능 자산: 30만 위안 ~ 200만 위안 ⇒ 평균연령은 20대 중반~40대 중반, 고등교육 학력, 1선·2선 도시에서 화이트 칼라 직업에 종사하는 것이 특징
CREDIT SUISSE(2017)	
중산층	· 개인 순자산: 34.6만 위안 ~ 246만 위안 ⇒ 2015년 전 세계 중산층 규모 6.6억 명(중국 1.9억 명), 2022년 전후 전 세계 중 산층 인구 12억 명(중국 약 4억 명)
THE ECONOMIST(2016)	
가처분소득	· 저소득층: 1.3만 위안 미만 · 중저소득층: 1.3만 위안 ~ 6.7만 위안 · 중고소득층: 6.7만 위안 ~ 20만 위안 · 고소득층: 20만 위안 이상 ⇒ 중고소득과 고소득층 비중은 2015년 각각 7%, 3%에서 2030년에는 20%, 15%로 증가 전망되며, 중고소득인구는 2.8억 명에 달할 것으로 추산
국가통계국(2019)	
가처분소득	· 1분위: 7,380위안 · 2분위: 15,777위안 · 3분위: 25,034위안 · 4분위: 39,230위안 · 5분위 76,400위안 ⇒ 중국 양회(2017) 등에서 공식적으로 언급된 중국의 중등수입군 규모는 4억 명 정도로 알려져 있음.

출처: 각 연구기관 연구보고 정리.

중국 '중산층'에 대한 명확한 정의나 합의된 평가 기준은 없지만, 많이 인용되는 맥킨지(McKinsey) 연구보고서에서는 대체로 연간 가처분소득이 13.8~29.7만 위안(약 9,000~34,000 달러)에 해당하는 가구를 중산층으로 간주한다. 2010~2018년 중국 1선·2선 대도시에서 중산층 가구는 15%에서 59%, 3선·4선 중소 도시에서는 3%에서 34%로 빠르게 확대되고 있다. 중산층 내부에서 '대중 중산층(Mass)'(연 가처분소득 13.8~19.7만 위안)과 '상층 중산층(Upper)'(연 가처분 19.8~29.8)으로 구분되는데, 비교적으로 부유한 '상층 중산층'은 2010~2018년간 1.5%에서 7.7%로 증가하였고, 2022년까지 50%를 넘을 것으로 전망되고 있다.

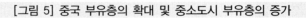
[그림 5] 중국 부유층의 확대 및 중소도시 부유층의 증가

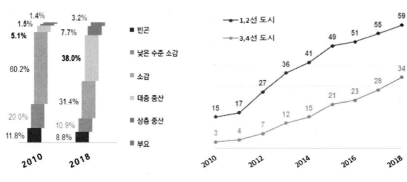

단위: 가구 가처분소득 (위안)   출처: Mckinsey.

　도시 상층 중산층을 주목해야 하는 이유는 이들이 실제 가구 규모에 비해 도시 소비에 대한 기여도가 훨씬 높아 대단한 소비력을 갖고 있기 때문이다. 이들은 경제적 여유가 있어서 소비를 통해 삶의 질을 향상하는 데 더 많은 관심을 보인다. 품질을 강조하는 실물상품의 소비는 물론, 만족감을 추구하는 서비스 소비, 문화 및 여가활동 소비, 해외관광과 유학 등 각 분야의 주요 소비자이다. 그렇기 때문에 이들은 항상 시장 동향의 풍향계라고 불리고 있으며 소비 트렌드를 이끄는 중요한 계층으로 볼 수 있다.

　도시 상층 중산층과 관련해서 최근 수년간 중국 소비시장에서 나타난 두 가지 경향을 주목할 필요가 있다. 우선 젊은 세대가 중심으로 형성된 '국조(國潮) 소비' 추세이다. 대략 2018년 전후부터 중국 국력과 중국 문화에 대한 자신감이 상승하며 이들은 토종 브랜드에 열광하기 시작했는데 이것이 바로 이른바 '국조 소비' 열풍이다. 인민망(人民网)의 한 조사에 의하면, 중국 소비자의 토종 브랜드에 대한 선호도는 2009년의 38%에서 2019년 70%로 증가했다. 특히 '95허우'(1995년 이후 태어난 사람), '00허우'를 중심으로 한 젊은 층은 '국조청년(國潮青年)'이라고 불릴 만큼 그들 사이에서 '라오즈하오(老字號: 토종 전통 브랜드)'가 인기를 크게 얻고 있으며, '국조 소비'를 통해서 젊은 세대는 개성과 라이프 스타일을 적극적으로 표출하고 있다.

유의해야 할 것은 '국조 소비'가 단지 소비시장에서 나타난 일시적인 유행으로 보기 어렵다는 점이다. 2017년에 중국 국무원은 매년 5월 10일을 '중국 브랜드의 날(國貨品牌日)'로 지정하였고, 자국 제품 애용을 격려하는 '애국 소비'와 '애국 마케팅'을 통해서 국내 소비시장을 활성화하는 동시에 자국 브랜드를 육성하고, '제조 대국'에서 '제조 강국'으로 전환하고자 하는 의지를 천명했다. 소비인구 규모 측면에서 봤을 때, 현재 1995~2016년에 태어난 인구수는 약 3억 7천만 명으로 전체 인구의 27%를 차지한다. 그들은 20대 중후반으로 사회 진입과 함께 소비시장의 주역으로 부상하고 있다. 기성세대와 비교해 이들은 더 체계적인 '애국주의' 교육과 다원적인 문화로부터의 영향을 받아 중국 문화에 대한 자신감과 신념 및 주장이 더 뚜렷하다는 특징을 띠고 있다. 이러한 성향은 미중 무역마찰, 홍콩 사태, 코로나19 팬데믹, 미중 관계 악화 등 중국의 국제적 위상과 직접 연관된 사건을 겪으면서 한층 더 강화될 것으로 전망되며, 따라서 향후 일정기간 동안 국조열풍이 지속될 것이다.

도시 중산층 소비에 관해 주목할 만한 또 하나의 분야는 중국 해외 유학 선호도의 변화이다. 2009~2019년간 중국인 해외 유학생 수는 23만 명에서 89만 명으로 증가하여, 10년간 400%의 증가율을 보였다([그림 6] 참조). 이

중에서 미국 유학은 가장 큰 비율을 차지해 2019년을 기준으로 전체 유학 인원수의 40%에 해당한다. 하지만 미국 유학 성장률 추이를 살펴보면, 2010년 이후 지속적으로 하락하고 있다. 특히 2017~2018년 미중 무역마찰의 격화에 의해 성장률의 감소는 더욱 가속화 추세를 보이고 있으며, 2020년에는 코로나19의 영향 속에 0.7%에 그쳤다.

[그림 6] 중국 해외 유학 수 및 미국 유학 수

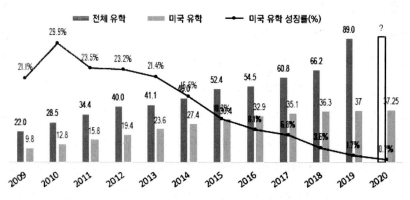

출처: 중국 교육부.

기실, 코로나19는 미국을 포함한 전 세계 유학 시장에 큰 타격을 주었다. 코로나로 인한 출입국 규제, 교통편 급감, 휴교나 온라인 강의 등 조치는 많은 이들의 유학 계획에 영향을 미쳤다. 그런데 교육기구 QS의 조사 결과에 의하면, 코로나19 팬데믹으로 인해 유학을 포기했다고 답한 학생은 극소수였다. 특히 중국은 그 비율이 4%로 조사되어 타국과 비교해 가장 낮은 수준으로 나타났다. 따라서 코로나19 변수의 영향으로 인한 유학생 감소는 일시적 현상으로 볼 수 있으며, 해당 감소폭은 세계 코로나19 상황의 호전에

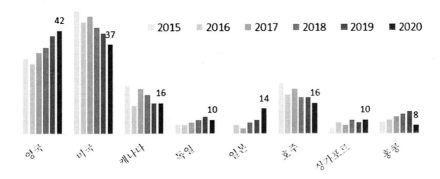

[그림 7] 2015~2020 중국 유학 대상국 선호도 추이

■ 2015 ■ 2016 ■ 2017 ■ 2018 ■ 2019 ■ 2020

출처: New Oriental.

따라 다시 회복될 것으로 추정할 수 있다.

하지만 문제는 유학 선호의 구조 변화이다. 오랫동안 도시 중산층은 중국 유학 시장의 주체였다. 학부모의 평균 학력은 높고 국제관계의 변화나 정세에 대한 관심이 많으며, 가치관은 개방적이고 타문화에 대한 포용 정도도 비교적으로 높다. 하지만 미중 무역마찰이 본격화된 2018년 이래, 미국과 중국 사이에는 ▲바이러스 출처 논란, ▲중국 책임론, ▲화웨이(華爲), ZTE, TikTok 등 기술 제재, ▲중국인 유학생 대상으로 비자 규제 및 일부 전공 중국인 유학생 추방, ▲미중 영사관 각자 철수 등 사건을 겪으면서 양국 관계는 계속 악화되고 있다. 이 과정에서 미국과 중국 사이에 더 근본적인 이념의 차이가 부각되고 있으며, 이는 곧 양국의 대립관계 장기화를 시사한다. 동시에 미국 국내에서 인종 차별과 사이버 폭력이 급증하였고 '5월 흑인 피해' 사건으로 인해 전국에서 각지 대규모 시위가 벌어졌다. 미국이 표방한 민주, 평등, 다문화, 공존, 존중, 법치의 가치관과 정반대로 전개된 현실은 미국 유학을 계획하던 많은 중국 중산층 가정을 실망시켰고, 미국

유학의 메리트는 떨어지고 있다. 한편, 중국 정부는 교육 개혁을 통해 교육의 질을 높이고, 해외 명문대학과 협력하여 연합 인재 양성 사업을 적극적으로 추진할 계획이며,[2] 나아가 코로나19 이후 온라인 교육의 확산과 함께 인터넷을 통한 새로운 교육 방식을 도모하고 있다. 이에 따라, 중장기적으로 유학과 교육의 소비시장에는 상술한 지정학적 배경에 기인하는 변화가 계속 출현할 것으로 예상된다.

5. 코로나19와 소비패턴의 새로운 변화

2020년의 코로나19 팬데믹은 전 세계 소비시장에 큰 타격을 주었다. 바이러스의 확산을 막기 위해 각국이 실행한 다양한 대응 조치들은 생산 및 기업 운영 방식을 바꾸어 놓았고 우리가 익숙했던 생활과 소비 습관도 함께 변모했다. 이 과정에서 침체되고 소생하기 어려워진 업종이 있는가 하면, 새로운 기회를 맞이하여 빠르게 성장한 업종도 있다. 하지만 같은 업계에 있어서도 능동적으로 반응하고 기회를 잡아 위기를 넘어가는 기업이 있으며, 느슨하게 대응해 치열한 경쟁에서 패배한 기업도 있다. 결국 성패는 시장의 수요와 변화를 민감하게 감지할 수 있는지 혁신적으로 시도할 의지가 있는지에 달려 있다. 예컨대, 코로나19 이후 각 업종 간 노동력 수요와 분배의 갈등을 해소하기 위해 시도한 '직원 공유(共享員工)' 모델은 전형적인 성공 사례로 평가된다. 이는 공유경제의 한 유형으로도 볼 수 있지만, 기존의 '物(물)'적 공유에서 탈피해 '人(인)'적 공유, 즉 제한된 상황에서 노동효율의

---

2) 〈신시대 교육 개방확대 및 가속화에 관한 의견〉(2020년 6월 23일).

최대화를 실현한 혁신적인 대안으로 볼 수 있다. 또한 언택트 시대의 사회 수요에 부응하여 기존의 요식 배달 애플리케이션과 유사하게 응급·상용 의약품의 '24*7, 30분 배달' 서비스를 제공하는 것도 전형적인 사례 중 하나인데, 예를 들어 2020년 3월 '딩당쾌요(叮噹快藥)' 사이트의 이용량은 동기 대비 8배, '징둥다오지아(京東到家)'는 4배 이상 증가했다.

〈2019 세계 500대 기업〉 가운데 중국기업은 무려 129곳으로 최초로 미국(121곳)을 추월해 1등으로 올라왔다. 그런데 매출 구성을 보면 국내와 해외의 매출비는 8 : 2로, 전체 평균 44%의 해외 매출 비중과 비교하면 중국은 국내시장에 대한 의존도가 유난히 높은 편이다. 한편 맥킨지(McKinsey)의 〈중국과 세계 경제 의존도 지수〉에서 세계의 중국 경제 의존도는 무역, 과학, 기술, 자본 3대 분야에서 모두 증가 추세를 보이고 있는 반면, 세계 경제에 대한 중국의 의존도는 낮아지고 있다. 이는 2020년 중국이 발표한 내수 위주 경제발전전략인 '쌍순환 전략'의 취지와도 상통하는 것이다.

4장

중국의 복합리스크

양 갑 용*

1. 복합리스크의 등장

중국이 권위주의적 압축 성장을 통해 이른바 사회주의 현대화 과정을 겪는 과정에서 정치, 사회, 결핍, 경제, 글로벌 규범 등 다양한 영역에서 리스크에 직면하고 있다. 이러한 리스크들은 단일요소가 중국의 안정과 발전에 영향을 미치기도 하고, 여러 요소가 복합적으로 영향을 미치기도 한다. 리스크가 단일 요소에 기반하여 발생한다면 관리와 통제가 비교적 쉽다. 하지만 여러 요소가 중첩하여 복합적으로 발생하는 경우 대응과 통제가 쉽지 않다. 리스크 간 상호 침투와 연계가 발생하기 때문이다. 따라서 리스크를 단일요소로 이해하고 접근하기보다는 여러 요소들의 복합적 성격에 주목해야 한다. 즉, 여러 가지 요소의 플러스 알파로 발생하는 복합리스크 발생

---

* 국가안보전략연구원 책임연구위원.

에 유의하여 중국의 안정과 발전을 고려할 필요가 있다.

정치 영역에서 발생할 수 있는 리스크는 주로 제도화와 민주화 과정에서 마주할 수 있다. 예컨대, 지도부와 엘리트 충원, 후계구도 등 제도화 측면과 정책결정, 법치 등 민주화 측면에서 위기 요소가 잠재해 있다. 사회 측면에서는 주로 도시화, 중산층, 인구 요인 등에서 위기 상황에 직면할 수 있다. 도시화 요소에서는 주로 빈민, 토지, 농민공 등 사회 유동성과 정주성 등 위협 요인을 고려할 수 있다. 중산층의 이념의 변화, 물신 숭배, 노동시장 등도 중국이 직면하고 있는 위기 요인이다. 인구 측면에서는 노동가능인구, 노령화 등 문제를 들 수 있다. 결핍과 재난 측면에서는 코로나19와 같은 전염병, 안전사고, 자연재해 과정에서 당국의 관리와 통제의 유효성과 실효성에 기반을 둔 정부 신뢰 문제에서 발생하는 위기 요인들을 들 수 있다. 국제 가치와 규범 차원에서는 이른바 집단을 우선하는 중국적 가치와 개인을 우선하는 서방적 가치 충돌, 영토 갈등, 글로벌 질서, 역내 질서 변화 등이 위기 요인으로 작용할 수 있다.

이러한 요인들이 개별적으로 발생해도 중국 당국의 관리와 통제 유효성에 따라 신뢰의 위기를 일으킬 수 있다. 하지만 여러 요소들이 복합적으로 동시다발적으로 발생하거나 여러 요소가 상호 결합하고 침투하여 중첩되어 나타난다면 중국의 대응은 훨씬 어려워질 것이다. 이 과정에서 중국 당국의 적절한 대응이 부실하고, 대응 효과에 대해 사회적으로 의문을 갖게 되는 경우 이러한 불확실성은 중국의 성장과 발전에 위기를 불러올 수도 있다. 따라서 중국의 위기를 진단할 때 개별 요인의 단일한 요소에 입각한 접근도 필요하지만 여러 요인이 특정 시기에 복합적으로 나타나는 위기의 복합성, 즉 복합리스크에 주목할 필요가 있다. 당국가체제의 높은 권위성을 가진 중국에서 단일요소의 리스크도 주목해야 하지만 여러 요소들이 복합적으로 나타날 경우 당국의 대응도 중국의 위기 대응과 관리에서 매우 중요한 요소이기 때문이다. 특히 권력 교체기, 미중관계 등 대외관계의 변화 또는 북핵 문제 등 역내 질서의 급격한 변화와 같은 특정 시기에 이러한 위기 요인들이 복합적으로 중첩되어 나타날 경우 중국 당국의 대응 과정에서 병목 현상이 발생할 수 있다. 그리고 이러한 복합위험은 병목 구간을 통과하는 과정에서 새로운 위기를 잉태할 수 있다. 따라서 중국 체제 안정 요인 분석에 있어서 중국이 직면하는 위기 요인의 복합성에 주목해서 중국의 리스크 대응과 관리를 이해해야 한다.

첫째, 중국의 성장과 발전이 안정적인 단계에 진입했고 사회는 점점 다원화되고 있다. 이러한 시기일수록 중국이 직면하는 위기는 단일요소에 기인하기보다는 여러 요소들이 얽혀서 나타날 가능성이 높다. 즉, 중국의 위기 성격이 단일요소에 기초한 위험성보다는 여러 요소의 복합성에 기초한 성격으로 변화한다. 예를 들어, 정치, 경제, 사회, 국제 등 영역별로 존재하는 위기 요소들은 그 자체로 중국의 성장과 안정에 영향을 미친다. 하지만 대부분 다른 위기 요인과 연계되어 복합적으로 발생하여 중국의 체제 안정과 미래 발전에 영향을 미친다.

따라서 중국 체제가 직면하고 있는 위기 혹은 위협 요인을 검토하기 위해서는 단일 사례 위기 요인 분석도 필요하지만 분석과 전망의 적실성을 제고하기 위해서는 여러 위기 요인들의 복합적인 성격에 주목해야 한다. 예컨대 자연재해는 그 자체로 시간이 지나면 소멸하거나 수습 국면에 들어가면서 위기 요인이 약화된다. 그러나 그 과정에서 정부 능력 및 거버넌스 현대화와 관련된 국민들의 인식은 당국에 대한 신뢰로 연결된다. 당국이 자연재해에 대응, 관리하는 과정에서 자연재해라는 단일 요소와 이를 둘러싼 거버넌스가 결국 정부 신뢰로 연결되어 복합적 성격의 리스크를 유발한다는 점에 유의할 필요가 있다.

둘째, 중국의 성장과 발전은 세계경제의 흐름과 깊게 연계되어 있다. 2001년 WTO 가입은 중국 경제를 세계경제와 연결시켰다. 자본주의 세계 질서의 변방에 있던 중국이 자본주의 세계 질서에 편입하면서 글로벌 가치 사슬(GVC)의 중심 역할을 담당해 왔다. 중국의 성장은 이제 세계경제와 분리되어 존재할 수도 없고, 중국도 이를 원치 않는다. 개혁을 통한 개방전략에서 이제는 개방을 통한 개혁전략으로 나아가는 중국의 전략 방향이 이를 잘 설명해주고 있다. 자본주의 세계 질서에 중국이 편입하고, 미국을 포함한 서방 여러 국가들은 이를 용인해주었다. 그 결과 중국은 자본주의 세계 질서에서 국제분업과 국제협력을 통해 경제적 영향력을 키워왔다.

중국의 GDP는 이미 미국의 70% 이상을 차지하고 있다. 미국 GDP의 60%를 넘어서자 소련과 일본이 미국의 강한 압력을 받았던 상황을 이미 통과해버린 것이다. 일본경제연구센터는 아시아 태평양 지역 15개국을 대상으로 한 2035년 경제성장 전망에서 중국이 2028년에 명목 GDP가 미국을 추월할 것이라고 전망했다. 중국의 경제성장은 미국을 포함한 여러 나라의 우려를 유발하고 있다. 중국의 성장과 강대국 전략 연계 움직임은 중국의 강대국화를 우려하는 외부 세계의 중국 위협론으로 확산되고 있다. 특히 트럼프 대통령 등장 이후 미국의 이른바 '중국 때리기'는 경제무역 갈등을 넘어 패권 경쟁의 양상을 보인다.

특히, 코로나19의 발원국과 책임국 논란으로 촉발된 미국과 중국의 갈등과 대립은 트럼프 이후 집권한 바이든 정부에서도 크게 완화되지 않고 오히려 격화되고 있다. 바이든 정부 출범 이후 3월 18일과 19일 첫 미중 고위급 대화에서 미국과 중국은 상대를 거침없이 공격하는 새로운 미중관계를 보여주었다. 중국 언론에서는 이를 두고 120년 전 신축조약을 소환하면서 강력한 중국의 부활을 선전했다. 7월 톈진에서 개최된 미국과 중국의 고위급회담도 마찬가지였다. 바이든 집권 이후 국제사회 리더십 회복을 강조한 미국도 글로벌 차원에서 반중 전선을 구축하는 전략을 강화하고 있다. 중국과 미국의 대립과 갈등, 반목은 깊고 넓으며 한층 더 근본적이고 본질적으로 변화하고 있다.

심지어 미국을 중심으로 중국을 자본주의 세계 질서에서 퇴출시키자는 주장까지 나오고 있다. 이 과정에서 서방의 중국 억제 필요성과 중국의 강대국화가 경쟁하면서 중국의 성장은 그 자체로 국제사회와 연계된 복합 위기 요인이 되고 있다. 여기에 가치문제가 개입하면서 미국과 중국은 정치, 경제, 외교, 군사 분야뿐만 아니라 이데올로기, 가치관 등에서 갈등과 대립이 한층 복합적으로 변화하고 있다. 이러한 변화는 분명 중국에게 기존 단일사례 리스크 대응과는 다른 리스크의 복합성에 관심을 기울이게 하는 촉발요인이 되고 있다.

셋째, 어느 사회나 위기는 도래한다. 따라서 위기는 해결이 아닌 관리가 필요하다. 이런 차원에서 보면 중국의 모든 위기 요소는 결국 근본적으로 해결보다는 일정한 수준에서 관리가 필요한 문제이다. 조급한 해결의 관점이 아니라 장기적인 관리의 관점에서 위기 요인에 접근해야 한다. 개별 요인에 집중하면서도 여러 요인들이 복합적으로 나타나는 리스크의 복합성에 주목해야 한다. 이미 여러 요인들이 개별적 또는 복합적으로 중국 체제 안정에 영향을 미치기 때문이다.

사회가 다원화되고, 일국 경제에서 세계경제로 중국의 활동 범위가 넓어진 상황에서 중국은 위기 요인이 단일 요소에 기반하는 것이 아니라 복합적인 요소에 의해서 만들어진다는 점에 유의해야 한다. 단일 위기 요인의 해결도 필요하지만 여러 요인이 중첩되어 나타나는 현상에 더욱 집중하여 이를 어떻게 관리, 통제해야 체제 안정에 덜 영향을 미치는지를 고민해야 한다. 이런 측면에서 중국에 위기를 불러올 수 있는 정치 요소와 경제 요소, 사회 요소를 개별적으로 보지 않고 융합하여 접근하는 노력이 필요하다. 특히 중국과 같은 거대규모 국가에서는 이른바 복합리스크 시각이 더욱 필요하다.

예를 들어, 강수량의 많고 적음은 식량 생산과 연결되고, 식량 생산은 농민들의 가처분 소득과 연계되어 있다. 시장을 통해서 발생하는 가처분 소득은 부양가족의 교육 기회와 연동되고, 이러한 교육 기회는 계층 이동의 사다리와 연결되어 있다. 즉, 비가 많이 오거나 적게 오는 문제는 계층 이동의 가능성과 연결되어 있고, 이는 안정된 사회 질서를 유지하고, 한층 성숙된 민주주의 사회로 나아가기 위한 중산층의 성장과도 연계되어 있다. 따라서 가뭄이나 홍수를 자연재해로만 사고하는 것이 아니라 계층 이동과 연계된 사회 구조적인 문제로 복합적으로 사고해야 한다. 중국과 같은 권위주의 체제에서는 자원의 배분이 시장보다는 권력에 더 영향을 받기 때문에 더욱 위기 요인의 복합성에 주목해야 한다.

넷째, 여러 위기 요인들이 서로 연결된 복합성을 띤다는 점에도 주목해야 한다. 위기 요인들의 산술적 합은 그 개별 요소들의 합 이상이라는 점이다. 즉, 복합성이 갖는 중층적 의미에 주목해야 한다. 개별 위기 요소들이 복합적으로 작용할 경우 기존 개별 위기 요인들이 파생하는 결과 이상의 새로운 예기치 않은 결과가 만들어진다는 점이다. 그래서 위기가 복합적으로 오면 개별 위기 요인들의 산술적 합 이상의 대응 전략이 필요하다. 산술적 합 이상의 복합적 위기 요인이라는 플러스 알파가 발생하는데, 이는 기존 리스크의 개별적인 접근으로는 발견할 수 없는 새로운 것이다.

이렇게 만들어지는 위기는 그 자체로 복합성을 띠고 있어서 기존 단일

위기 요인 접근으로는 이해하기 어렵고 효과적인 대응전략이나 방안을 찾기도 쉽지 않다. 리스크 요인의 복합성, 즉, 복합리스크에 주목해야 하는 이유이다. 중국의 체제 안정에 영향을 미치는 개별적인 모든 위기 요인은 복합적으로 발생하면 반드시 개별 위기 요인의 총합 이상의 의미로 체제 안정에 영향을 미친다는 사고로 중국의 복합리스크에 접근해야 한다. 개별 위기 요인의 산술적 합 이상의 영향이 바로 복합리스크가 갖고 있는 속성이기 때문이다.

2. 중국 복합리스크의 양상

일반적으로 한 국가의 리스크는 내부에서 오기도 하고 외부에서 오기도 하며 리스크에 대한 인식 정도에 따라 영향의 정도가 달라진다. 즉, 사회 구성원들과 최고 지도자 등 권력 엘리트들의 현실 인식에 기초하여 리스크의 영향력과 강도(强度), 속도(速度), 심도(深度), 관도(寬度)가 달라진다. 중국은 당국가체제로서 체제 자체에서 오는 리스크도 있지만, 체제가 만들어내는 성과에 대한 정당성 차원에서 오는 리스크가 더 주목받는다. 중국은 민족국가 수립이라는 역사적 합법성과 개혁개방을 통한 성장과 발전이라는 경제적 합법성으로 체제가 가지는 리스크적 문제를 상쇄시켜 왔다. 그러나 건국 70여 년을 지나면서 성장과 발전에 따른 의도하지 않은 결과 즉, 세대 간 격차, 지역 간 갈등, 도시와 농촌 간 제도적인 차별 등이 출현하여 체제 안정에 영향을 주고 있다. 그리고 이러한 영향은 정치, 사회, 경제 등 국내 영역뿐만 아니라 질서, 규범 등 국제 영역에서도 빠르게 체제에 영향을 주고 있으며, 심지어 여러 요인이 복합적으로 작용하고 있다. 중국 체제에 영향을 미치는 그 위기 요인의 소재를 개괄하면 다음과 같다.

1) 정치 리스크

정치 영역에서 오는 리스크는 리더십과 거버넌스 차원으로 일별할 수 있다. 리더십과 거버넌스는 사실상 선거를 통한 권력 교체가 없는 중국 체제에서 통치 정당성을 얻는 핵심 요소이다. 리더십은 당과 국가의 정책적 추동을 의미하고 거버넌스는 당과 국가로 대표되는 절대 권력과 행위자로서 혹은 통치 대상자로서의 인민과의 소통을 의미한다. 리더십과 거버넌스는 리더십이라는 제도 측면, 리더십과 거버넌스가 실제로 작동하는 중앙과 지방 관계, 제도와 과정을 포괄하는 신념이라는 세 가지 측면에서 접근할 수 있다.

제도적인 측면에서 리더십은 국내정치에서 엘리트 정치로 특화되어 나타나고 있다. 가령 현능주의(賢能主義)의 안정성과 중국 사회 안정, 파벌의 존재와 리더십 관계, 당국가체제의 정책결정과정, 중앙의 능력과 강도, 권력의 집중과 작동 등 여러 요소로 표출되고 있다. 중국은 중앙 집중형 국가 운영 메커니즘을 채택하고 있다. 중앙은 정책 실행의 직접 주체인 동시에 최종 책임자로서 지방을 통제, 관리하는 책무를 갖고 있다. 따라서 국가 차원에서 리더십과 거버넌스가 잘 작동하려면 중앙의 의사가 지방에 잘 관철되어야 한다. 그렇지 않으면 원활한 정책 집행이 이루어지지 않고 이는 효율성 차원에서 중국의 정책 효과를 제한할 뿐이다. 중앙과 지방 관계 위기 관리를 위해서는 몇 가지 요소에 주목해야 한다.

먼저, 지방정부의 자율능력이다. 즉, 지방정부의 자율성 정도에 따라서 리스크를 체재 내에 두고 통제, 관리할 수 있다. 상명하달식 통제 위주의 중앙 지방관계는 지방의 수요와 자율성을 제약할 수 있다. 이는 지방의 의사가 정책 과정에 반영되지 않는 경직된 사회를 심화시킨다. 다음으로 지방정부의 관리 능력이다. 중국의 개혁개방은 사실상 지방정부의 적극성과 자율성 확대 과정이었다. 부동산, 토지수용, 취업, 도시 발전 등 여러 영역에서 지방정부의 관리 능력이 중국 전체의 성장과 발전의 추동역량이었다. 예를 들어, 지방에서 벌어지는 사회 민원이나 집단 요구가 중앙에까지 이르지 못하도록 지방정부가 어떠한 관리 능력을 갖추고 대처하는지가 사회 리스크 차원에서 중요하다.

셋째, 재정 요소도 중앙과 지방관계에서 중요 요소이다. 1994년 분세제(分稅制) 개혁을 시작했다. 세금 분할을 통해서 지방은 안정적인 재원을 할당받게 되었다. 이 과정에서 중앙과 지방은 재정에서의 우위를 확보하고자 하는 배타적 편취 욕망이 작동한다. 예산 심의를 둘러싼 갈등, 예산 배정을 위한 인적 네트워킹 활용, 재정 확충을 위한 특정 세력과 연계 등이 갈등 요인이다. 넷째, 지방 이기주의 경향이다. 지방 이기주의는 중앙정부의 관리 능력에 부정적인 영향을 미친다. 1994년 분세제 실행 전 상하이시 등 일부 지방의 노골적인 반대가 대표적이다. 이러한 상황이 반복될 경우 중앙의 강력한 관리와 통제가 점점 어려워진다. 오히려 지방이 자신의 인적, 물적 토대를 이용하여 중앙에 압력을 넣기도 한다. 중앙 집중형 국가운영 체제에서는 매우 이례적이다. 일부 지방의 이러한 행태는 지방 간 격차 초래에 따른 심리적 불만을 만들어낸다. 이는 또한 국가 통합, 중앙과 지방의 상호 협력 거버넌스에 부정적인 요인이다.

리더십과 거버넌스의 위기는 신념의 위기로 심화할 수 있다. 특히, 리더십과 거버넌스에 대한 불만은 체제에 대한 불신 심화로 이어지고 이는 당 국가체제에 대한 근본적인 신념의 위기를 불러올 수 있다. 매우 위협적인 요인이다. 신념의 위기는 주로 엘리트 충원과정에 대한 불신 혹은 회의감, 부패에 대한 실망감, 사회 저변에 확산하고 있는 불신과 불만 등으로 표출된다. 엘리트 충원과정에 대한 투명하고 공정한 과정이 중요한 이유이다. 부패 문제에서 나타나는 구조적인 폐단도 중국이 직면한 위기 요인 가운데 하나이다.

그동안 부패 단죄는 대부분 행위자에 집중되었다. 당국가체제라는 구조적 제약 속에서 잉태하는 구조적 부패에 대해서는 당과 국가, 관료들이 여전히 효과적으로 손을 쓰지 못하고 있다. 이런 측면에서 부패에 대한 무력감 혹은 실망감도 체제와 리더십에 대한 불신과 불만으로 누적될 수 있다. 리더십과 거버넌스 관련하여 기존 신념에 기초한 정치적 유산이 정책 공간에서 여전히 작동한다. 합리적 토론 과정은 당과 중앙이 필요한 경우에만 간헐적으로 채택할 뿐이다. 자원 배분 기제는 여전히 불충분하고 이것이 당과 국가에 대한 불신과 불만을 심화하고 있다. 즉, 기존 질서에 대한 불신과 불만이 중국의 리더십과 거버넌스에 잠재적 리스크가 될 수 있다.

2) 사회 리스크

사회 리스크는 주로 생활의 변화에서 기인한다. 도시화 문제, 격차의 문제, 사회 거버넌스 문제, 안전망의 문제, 중산층, 인구, 환경 등 다양하다. 이들 요소들이 단독으로 혹은 복합적으로 중국 체제에 영향을 줄 경우 사회문화와 신념의 위기를 불러올 수 있다. 이러한 리스크는 실생활에서 직접 느끼는 문제들이다. 따라서 체제요인에서 발생하는 리스크보다 심리적 영향력은 더 중대하다. 사회문화와 신념 영역에서 리스크를 촉발하는 요인은 크게 급격한 도시화, 사회관리 비용의 증가, 공동 신념의 부재, 사회 구조의 균열 혹은 분화, 격차 확대와 불평등 심화, 취약한 사회안전망 등을 들 수 있다.

도시화는 인구 증가, 시장 형성, 산업구조 변화 등 발전과정에서 나타나는 필연적인 과정이자 결과이다. 도시화 그 자체는 크게 문제가 되지 않는다. 중국 도시화는 60%에도 미치지 못하고 있다. 문제는 도시화가 초래하거나 유발하는 기대하지 않은 결과이다. 빠르고 인위적인 도시화는 사회관리 차원에서 여러 문제를 만들어낸다. 예를 들어, 중국은 호구제도를 중심으로 사회를 관리한다. 농촌에서 도시로의 이동은 단순히 생활 공간의 이동뿐만 아니라 생활의 질의 이전을 의미한다. 도시 이동 농촌 인구의 사회 서비스에서 도시 주민과 차이 혹은 차별, 격차가 존재한다. 제도 보완 없이 경제적 필요로 빠르게 도시화를 추진할 경우 의료서비스, 주거 서비스, 자녀 교육 서비스 등 여러 측면에서 도시민과 차별이 만들어진다. 이러한 차별은 사회 통합에는 부정적이다.

도시화에 따른 도시로의 인구 이동은 안정된 주거 환경이 필요하다. 그러나 현실은 매우 열악하다. 이들은 도시 내 특정 지역에 집단 주거지를 형성하고 집단 생활한다. 이들의 집단 거주지는 늘 치안, 위생, 환경 등의 문제에 직면한다. 도시 역시 이들 지역을 관리하는 사회적 비용 증가 문제에 직면한다. 도시는 농민 인구의 도시 유입으로 생활형 주택을 제공하여 세금 수입을 올리고자 한다. 그러나 농민의 소득이 이를 따라가지 못해 유령 주택, 유령도시가 양산되고 있다. 사회자원의 배분을 위협하는 리스크라고 할 수 있다. 또한 도시 부적응자의 출현은 사회 안정을 위협하는 불안요인이 되고, 이는 결국 농촌에서 도주 이주의 농민공(農民工)에 대한 멸시, 차별로 이어져 사회 통합의 위험 요소를 발생시킨다.

도시화는 자칫 사회주의 근간인 공유제를 흔들 수도 있다. 즉, 농촌의 토지가 가진 사회 보험적 기능으로서의 성질에 변화가 일어날 수 있다. 농촌의 토지를 팔아 도시에서 집을 사는 일이 증가한다. 도시로의 완전한 이주는 도시 이주 이후 안정적인 토지재정과 같은 수입원을 갖지 못하면 도시에서의 삶은 도시 빈민으로 전락할 가능성도 커진다. 이러한 흐름이 확대될 경우 중국의 근간인 소유제도에 대한 변화를 불러올 수 있다. 토지 사유화는 중국 사회의 근간을 흔들 수도 있다.

사회 거버넌스 비용의 증가도 중국 사회가 직면한 위기 요인 가운데 하나이다. 경제발전은 사회적 유동을 증가시킨다. 인구 유동성의 증대는 중국 사회 전반에 활력을 불어넣고 있다. 그러나 이동성의 증대는 중국이 이전 사회에서 경험해보지 못한 이례적인 상황이다. 이동성의 증가는 '낯익은 사회'에서 '모르는 사회'로의 익명성을 수반한다. 따라서 이를 어떻게 관리하고 체제 내로 통합시킬 것인가가 사회관리 차원에서 매우 중요한 요소이다. 여기에 사회적 유동 증가로 심화하는 익명성은 공공의 문제를 초래한다. 중국 사회가 직면한 또 다른 리스크 요인이라고 할 수 있다.

익명성에 기초한 이동의 증가는 당연히 사회관리 비용을 증가시키고 농촌 가족의 해체를 초래한다. 농촌에 남겨진 자녀, 남겨진 부인, 남겨진 부모 등은 사회적 돌봄 서비스를 받아야 하는 존재가 되었다. 그러나 이들에 대한 교육, 복지 등 서비스는 아직 기대에 미치지 못하고 있다. 농촌 재정이 이를 따라가지 못하고 있다. 특히, 유수(留守) 아동과 노인은 사실상 도시화에 희생되어 사회 사각지대에 방치되어 있다. 빈곤탈출에 성공하고, 향촌진흥이라는 새로운 정책이 만들어져 시행을 앞두고 있지만, 이들이 우선 고려되는 것은 아니다. 한편, 농촌 아이들의 교육 소외는 계층 이동의 사다리에 오르지 못해 사회경제적 지위 상승의 기회도 박탈된다. 이는 장기적으로 계층 이동성의 정체와 함께 계층 간 대립과 반목의 씨앗이 된다.

이동성의 증가는 노동력의 상품화 가속, 열악한 근로조건을 초래하여 노동자들의 권익은 점점 낮아진다. 열악한 노동조건은 도시화가 진행될수록 심화될 가능성이 커진다. 이러한 노동조건의 지속은 도시 이방인에게는 고통이며 해당 지역 정부에게는 사회적 부담이다. 사실상 제도 지원을 구체화하지 못해 방치하게 되고, 이러한 상황은 제도 외적인 요소, 즉 집단적 혹은 물리력이나 개인 일탈에 기반을 둔 의견 표출 양태로 나타난다. 즉, 통제 가능한 범위를 넘나드는 집단행동, 시위 등이 잦아진다. 이는 분명 안정된 사회를 기저에서 흔든다는 점에서 리스크 요소이다. 또한, 인구 유동성의 증가는 사회적 비용을 증가시키고 익명성에 기초한 사회관리는 전통 중국 사회에서 내려온 공통의 가치나 신념에도 일정한 영향을 미친다. 사회통합 요소로서 공통의 가치체계나 신념의 희구가 필요하고 이는 새로운 사회비용을 발생시킨다.

이밖에 도시화로 인한 물신숭배 가치관 확산, 사회적 일탈 예방을 위한 사회비용의 증가, 민족 갈등과 소수민족 문제, 인구 구조 변화에 따른 고령화 심화, 고령화에 따른 노동력 부족, 양로 보험 등 취약한 사회보장제도, 부족한 사회 안전망과 필요 재원, 단위체제의 해체와 이완에 따른 사회 분화 가속, 사회적 격차 확대와 불평등 심화, 도농 이원구조의 지속, 점증하는 안전사고 등이 사회적 측면에서 중국 체제에 영향을 미치는 요소들이다. 그리고 이러한 요소들을 안정적으로 관리하지 못하면 체제의 신뢰 문제를 야기하고 심화시키는 사회 영역의 중대한 리스크라고 할 수 있다.

3) 국제리스크

중국의 부상은 안정된 국제환경이 필요했다. 중국은 안정된 국제환경을 위해서 타협과 순응으로 국제변화에 적응해왔다. 그러나 미국과의 경제무역 갈등, 코로나19로 야기된 패권 경쟁 양상은 국제 변수가 중국의 체제 안정에 중요한 요소임을 다시 각인시키고 있다. 체제 안정에서 국제 변수의 관리가 점점 중요해지고 있다. 중국은 강대국 정체성을 지향하고 있다. 이 과정에서 정치체제 안정, 영토와 주권 수호, 지속 가능한 발전 등 몇 가지를 핵심 요소로 강조하고 있다. 그러나 중국의 강대국화 과정에서 영토, 국제적 지위를 둘러싸고 분쟁과 경쟁, 규범, 전략문화, 정체성 관련한 가치 논쟁은 불가피하다. 중국이 원하든 원하지 않든 강대국화 과정에서 만나게 되는 리스크라고 할 수 있다. 그 몇 가지 요인은 다음과 같다.

중국에서 영토 수호는 가장 중요한 핵심이익 가운데 하나이다. 중국은 최대의 물리력을 동원한 전면전도 불사할 각오를 천명하고 있다. 그러나 중국은 주변 환경의 안정이라는 지속 가능한 경제발전 역시 핵심이익으로 간주하고 있다. 따라서 영토와 지속 가능한 발전이 충돌되는 상황을 양립시켜서는 안된다고 생각하고 있다. 분쟁이 아닌 관리 차원에 집중하는 이유이다. 영토이익 관련하여 중요 거점은 남중국해이다. '항행의 자유'를 주장하는 미국과 경쟁하고 있다. 남중국해와 동중국해에서의 갈등은 직접적인 분쟁이 아니라 오히려 국제법에 따른 항행의 자유를 둘러싼 가치와 규범 논쟁으로 심화될 수도 있다. 주권과 영토와 함께 발전이익 강조도 새로운 핵심이익으로 간주하고 있다. 발전이익을 수호하기 위한 과정에서 국제사회와 갈등과 대립이 격화될 것이다.

인도를 둘러싸고 인도양에서 중국과 미국이 충돌하고 있다. 중국의 입장에서 인도는 인구와 성장 잠재력에서 중국의 중요한 상호 협력 파트너이다. 지도자 간 개인적 네트워킹도 있어서 중국은 인도와 상호 협력과 경쟁을 하겠지만 경협을 통해서 무력 분쟁의 가능성을 억제하고 리스크를 관리할 가능성이 더 크다. 홍콩, 마카오, 타이완 지역은 중국의 일국양제의 제도적 안정성을 보여주는 지역이다. 최근 중국 정부의 홍콩국가보안법 제정을 계기로 미·중 간 첨예한 갈등이 나타나는 지역이기도 하다.

중국은 리스크 관리를 위해서 이들 지역에 대한 친중국화 전략을 투사하고 있다. 제13기 전국인대 제4차 회의에서 홍콩선거제도를 개편하여 홍콩 행정장관과 입법회 의원 선거에서 이른바 '애국자'들이 진입할 수 있는 제도환경 구축을 위해 강력한 조치를 취한 것이 바로 그 방증이다. 예를 들어, 홍콩을 광둥성 벨트에 편입시켜 광둥성, 홍콩, 마카오를 묶는 거대 경제권을 만들어서 중국 경제에 통합하여 리스크를 관리하려고 하는 것도 바로 이 이유이다. 홍콩을 중국에 강력하게 편입시키기 위한 수순으로 보인다. 타이완도 경제적 유인을 통해 견인하는 중이다. 즉, 중국의 경제력을 활용한 개입주의적 방식으로 이 지역의 리스크 관리를 시도하고 있다. 그러나 홍콩과 타이완 문제에서 미국의 영향력을 어떻게 차단, 관리할 것인지가 중국의 리스크 관리에서 점점 중요해지고 있다.

타이완은 홍콩과 마카오와 달리 중국의 직접 영향력이 미치지 못하고, 특히 일국양제를 공식적으로 인정하지 않는 민진당 차이잉원 정권이 재집권에 성공하면서 미국과 관계 강화를 시도하고 있다. 미국은 타이완 문제를 미중관계를 이끌어가는 중요한 동력이자 지렛대로 활용하고 있다. 중국은 타이완 문제에 개입하는 미국을 견제하면서 샤프 파워(sharp power)를 활용하여 타이완 내부를 흔들고 있다. 중국은 타이완 문제는 지속성이 강하기 때문에 홍콩, 마카오와 연계를 차단하고 샤프 파워를 강화하면서 장기 관리가 필요한 리스크 관리 차원에서 접근하고 있다.

문제의 소재는 미국의 입장이다. 코로나19 책임 문제, 홍콩 보안법 문제 등을 계기로 미국은 대중국 압박의 수위를 높이고 있다. 여기에 홍콩자치

법, 타이완과의 고위급 접촉 강화, 국제기구 자격 회복 지원 등 다양한 차원에서 중국을 흔드는 요소로 타이완문제에 집중하고 있다. 물론 미국이 여전히 하나의 중국 원칙을 존중하고, 알래스카, 톈진 등 미중 고위급 회담에서도 이를 확인해준 측면이 있긴 하지만 중국으로서는 타이완과 통일을 촉진하고 미중관계에서 긴장을 유발하는 요소를 막아내는 선에서 여전히 타이완 관련 리스크 관리가 중요하다.

그 밖에 중국 내 소수민족 분리 독립 움직임, 자유무역 질서를 둘러싼 미국과 갈등, 환율 갈등, 기후변화 등 새로운 안보 이슈에 대한 갈등, 4차 산업혁명 시대에 부상하는 보안 문제, 에너지 수급, 새로운 질서 변화에 따른 규범, 전략문화, 정체성 등도 중국의 대내 안정과 대외 신뢰에 직간접 영향을 미친다는 점에서 중요한 국제 리스크 요인이다. 특히 미국은 신장위구르 소수민족 관련 인권탄압을 정면으로 들고 나오면서 유럽과 연대하여 이 문제를 공론화하고 있다. 중국은 오직 자국 내 문제라는 점에서 내정간섭이라고 비난하고 있지만 인권문제가 인류 보편의 문제라는 점에서 비교적 단기간에 중국이 효과적인 대안을 마련하기는 어렵다. 이는 반대로 말하면, 소수민족 탄압 등 인권 관련 문제는 장기적으로 중국의 장기 관리가 필요한 리스크라는 점에서 주목해야 한다.

전략문화와 관련하여 민족주의 문제도 국제 차원에서 중요한 문제이다. 민족주의는 공산당 통치 정당성을 확보하는 주요 동력이다. 그러나 신중화주의 내지 중화패권주의 이미지가 덧칠되어 있다. 그리고 이러한 이미지 변신은 미국 등 서방 세력의 견제를 받고 있다. 따라서 중국 국내 민족주의 정서 강화는 타국의 경계심과 우려를 증폭하여 반중국 연합 움직임을 촉발할 수도 있다. 그러나 중국은 이와 같은 우려에 흔들리지 않고 오히려 애국주의와 영웅주의를 강화하여 중국내 체제 결속을 강화하고 있다. 또한 강한 군대를 지향하는 중국의 움직임 역시 강경한 중국 이미지를 투사하여 국제적으로 우려를 자아내고 있다는 점에서 리스크 요소 가운데 하나이다. 대만독립은 바로 전쟁이라는 말 폭탄을 자주 등장시켜 강력한 의지를 표출하고 있다. 그러나 강한 군대를 향한 내부 목소리는 국내적으로 군에 대한 장악력을 높일 수 있지만, 대외적으로 공세적으로 보인다는 점에서 중국이 관리해야 하는 리스크 요소이다.

4) 결핍과 재난, 환경 리스크

중국은 식량과 에너지 부족 국가이다. 중국은 부족한 식량과 에너지를 확보하기 위해서 국제사회와 경쟁과 협력이라는 두 트랙으로 접근하고 있다. 중국의 식량 수급의 불균형은 수자원 결핍에서 연유한다. 여기에 엄중해지고 있는 환경오염도 거들고 있다. 중국은 또한 만성적인 에너지 결핍에 시달리고 있다. 에너지 수급을 둘러싼 비용의 증대와 함께 에너지 안보 문제에 직면해 있다. 에너지 결핍은 대기오염을 유발하고, 대기오염은 환경오염을 심화시켜 에너지 믹스를 더 어렵게 한다.

중국은 에너지의 안정적 수급을 위해서 수력, 원자력 등 신재생에너지의 발전을 추진하고 있다. 그러나 석탄을 대체하기에는 아직 역부족이다. 에너지 결핍 혹은 부족은 전력 부족의 원인이기도 하다. 신재생에너지를 이용한 전력 생산은 여전히 제한적이다. 안정적인 경제 성장과 환경보호라는 두 마리 토끼를 잡기 위해서 중국은 전력 결핍을 해결해야 한다. 에너지 결핍 리스크가 중요한 이유이다. 중국이 지속적인 경제 성장을 위해서는 전력 수요를 확보하는 에너지 결핍 리스크 관리가 중요하다. 국내적으로 성장의 기반을 더욱 확충하는 동시에 국제적으로는 국가 간 연계를 강화하는 요소가 되기 때문이다.

재난도 체제 안정성과 사회 안정성에 영향을 미친다. 태풍, 홍수, 지진, 가뭄, 산사태 등 자연재해는 발생과 동시에 인명 피해와 재산 손실을 초래한다. 자연재해는 기후변화, 경작지 간척에 따른 토양의 유실, 산업화와 도시화에 따른 도시 기반 시설의 미비 등 여러 원인으로 발생한다. 특히 도시화에 따른 요인으로 재해가 늘고 있다. 경제 성장 과정에서 자연이 제공하는 자원에 대한 경시가 반복적으로 일어났다. 그 결과 자연 훼손에 기인한 물 부족 사태가 빈번하게 일어나고 있다. 심지어 폭우로 인한 이재민 발생 등 재난 상황도 간헐적으로 반복되고 있다.

가령, 식량 결핍을 해결하기 위해 진행한 경작지 개간이 자연재해를 유발하고 자연재해는 다시 식량 부족을 부르는 악순환이 반복되었다. 이는 당과 정부의 관리 능력에 대한 문제 제기로 이어지고 이에 대한 실망은 통치 정당성을 훼손하고 사회 안정성을 위협한다는 점에서 중국에는 위기 요인이다. 자연재해를 방지하고 친환경 성장과 발전을 위해서 중국 정부는 환경과 생태를 충분히 고려하는 발전 전략을 구상하고 이를 '14.5 규획'과 '2035년 미래 목표 강요'에 담았다. 그러나 발전과 생태라는 다소 이율배반적이고 대립적인 두 요소를 어떻게 관리, 통제할 것인지는 여전히 중국이 직면하는 리스크이다.

안전사고도 자연재해 못지않은 리스크 요인이다. 잦은 안전사고는 당국에 책임을 묻게 되는 상황을 만들고 있다. 게다가 중국은 안전사고에 관련된 정보를 세세하게 공개하지 않거나 심지어 관련 사건을 은폐, 축소하는 경향도 있다. 코로나19 확산도 은폐 논란으로 범세계적으로 책임 추궁을 당하고 있다. 처벌도 강력하지 못하다. 따라서 안전 불감증과 구조적인 원인에 기인하는 안전사고는 정부 능력에 대한 불신을 초래할 뿐만 아니라 정부신뢰 자체에도 영향을 미친다. 한편 안전사고는 국민의 건강과 생명을 위협할 뿐만 아니라 대기오염, 수질 오염, 토지 오염 등을 일으키거나 심화시킨다. 안전한 생활을 영위하는데 심각한 위협을 초래한다는 점에서 관리가 필요한 리스크이다. 인명 피해와 재산 손실은 물론 당국의 거버넌스 능력과 정부 신뢰에 영향을 미치기 때문이다.

전염병 등 질병도 심각한 리스크 요소이다. 코로나19가 단적으로 이를 증명하고 있다. 일국 단위에서 방역에 실패하여 결국 세계적 대유행이 되어버렸다. 그리고 그 발원국과 책임국으로서 중국에 대한 거센 공격이 나타나고 있다. 따라서 2003년 사스를 경험한 이후에도 전염병의 심각성을 제대로 인식하지 못하고 비밀스럽게 대처한 것이 국가 이미지 추락이라는 큰 리스크를 야기하고 있다. 중국은 전염병에 대한 통제와 관리, 사후처리, 제도적 대안, 경제의 안정적 성장과 관리, 정부 신뢰, 인간 상호 간 유대, 지방 간 협력, 중앙과 지방의 의사소통 등 다양한 분야에서 새로운 거버넌스를 착근시켜야 하는 과제를 안고 있다. 따라서 코로나19, 에이즈, 사스 등 전염병이 발생하면 이를 어떻게 관리, 통제하고 그 정보를 투명하고 공개적으로 국제사회와 공유하느냐가 중요한 과제로 부상했다. 이 부분에서 중국의 적극적인 노력이 없다면 국제사회의 중국에 대한 신뢰, 이미지는 일정한 타격을 받을 것이다. 특히 국가 이미지 차원에서 공공외교의 무력화를 획책할 수 있다. 따라서 전염병은 중국이 체제 안정과 유지를 위해서 반드시 관리, 통제해야 하는 리스크 요소이다.

5) 경제 리스크

경제 성장의 둔화나 경제의 후퇴에서 발생하는 민심 이반과 개혁동력 상실은 정치, 사회 영역에서 발생하는 리스크 못지않게 직접 체제 안정에 영향을 미친다. 경제의 지속 성장은 그래서 사실상 일상적인 리스크 관리의 한 형태라고 할 수 있다. 중국의 경제 성장이 노멀 상태에 진입하면서 성장 속도의 둔화는 반드시 관리해야 하는 리스크이다. 이를 위해 GDP 성장률을 특정하기보다는 구간을 설정하는 정책 대응이 나타나고 있다. 2021년 3월 개최된 제13기 전국인대 제4차 회의 〈정부업무보고〉에서도 중국 정부는 6% 이상의 성장률을 발표했다. 그럼에도 불구하고 경제 성장 패러다임 전환 과정에서 경제 성장률의 둔화, 부채의 증가, 자본시장의 불안정성 등 여러 가지 리스크가 발생하고 있다.

미국과 무역전쟁은 실물경제에 영향을 준다는 점에서 중국에게는 현안인 동시에 관리를 필요로 하는 리스크이다. 미중 무역전쟁은 경제 성장률, 물가지수 등에 영향을 주고 있다. 게다가 경제 하강, 실업 등 문제를 초래하여 사회 통합에도 영향을 미친다. 경제 하강은 정부 정책에 대한 신뢰도에도 영향을 미친다. 중국은 지속적으로 경제 성장 속도가 하강하고 있다. 심지어 2020년 제13기 전국인데 제3차 회의 〈정부업무보고〉에서는 2020년 성장 목표치를 발표하지도 못했다. 2021년 〈정부업무보고〉에서는 6% 이상으로 사실상 구간을 설정했다.

뉴노멀(new normal, 新常態) 시대의 저속 성장은 사실상 지속 가능한 성장에 빨간불이 들어왔다는 점에서 리스크이다. 리커창 총리는 2020년 5월 22일 제13기 전국인대 제3차 회의 〈정부업무보고〉에서 재정 확장 정책을 공식 천명했다. 그리고 2021년 〈정부업무보고〉에서는 국내경제와 국제경제를 동시에 고려하는 쌍순환 전략을 공식적으로 들고 나왔다. 경기 침체가 중국에는 리스크라는 점을 방증한다. 경기 확장 정책을 추진하고 있으나 경기가 기대대로 호전되지 않으면 다양한 문제점들이 돌출할 수 있다. 당국의 지원책이나 일시적인 실업 급여 지급 등 상황관리가 얼마만큼 경제를 받쳐주느냐가 정부 신뢰와 연결되어 있기 때문이다.

그림자 금융, (지방)정부의 부채, 기업 부채, 부동산 거품, 국진민퇴(國進民退) 현상 등도 경제 영역에서 중국 당국을 괴롭히는 리스크들이다. 문제의 소재는 관리와 관리 정도의 문제이다. 예컨대, 그림자 금융은 현재 중국 당국이 무분별한 재테크 상품을 관리 통제하면서 일정한 관리 범위 내로 안착하는 모습이다. 그러나 이 문제는 지방정부 부채 문제와 연계된 위험 요소이다. 지방정부 부채를 어느 정도 관리한다고 해도 숨겨진 부채 때문에 지방정부 투자기관 자체의 위험성은 여전하다. 기업 부채를 지방정부가 떠안는 일도 있고, 지방정부의 부채를 기업 부채로 전가하는 경우도 있다. 그러나 위험 요인이 완전히 제거되었다고 판단하기 이르다. 특히, 숨겨진 부채는 정부 투명성 문제와 경제적 신뢰의 문제를 야기하기 때문이다.

이 외에도 기업 부채, 부동산 거품, 국진민퇴 현상, 관치금융, 환율, 외환 관리, 위안화 기축 통화 등 문제를 어떻게 관리, 통제하느냐에 따라 중국 경제에 부정적인 영향을 줄여나갈 수 있다. 특히, 이는 경제적 성과를 바탕으로 통치 정당성을 가져가고 있는 중국 체제에 도전 요인이 되는 것을 사전에 차단한다는 점에서 위기관리에도 중요한 이슈이다. 최근 마윈의 알리바바 등 여러 플랫폼 기업에 대한 반독점 규제는 국가중심주의적 경제운용이 여전히 강력한 힘을 갖고 있다는 점을 잘 보여준다. 한편, 외환 관련하여 미국의 금융시장 개방 압력은 중국이 외환 정책을 포함한 금융정책 전반에 어떠한 정책적 대응을 할지에 따라 위기 요소가 될 수 있다는 점에 주목해야 한다. 위안화 기축 통화 문제도 마찬가지이다. 금융 관련하여 미국과의 관계가 경제적 리스크를 한층 더 심화시켜나갈 것으로 보이기 때문이다.

3. 복합리스크와 미래 중국의 도전

중국이 직면할 수 있는 복합리스크에 대해서 중국은 어떤 전략으로 접근할 것이며 그 과정에서 의도한 결과를 도출할 것인가가 중국의 미래 관련하여 중요하다. 이미 중국이 세계에 편입되어 있고, 사회가 다원화되어 있으며, 단일 요인으로 리스크가 관리, 통제되지 않는 복합적 양상을 띠는 상황에서 중국의 인식과 선택이 미래 방향을 결정하는데 관건이다. 중국은 다원화된 복합 사회체제에서 자신들이 직면하는 리스크를 리더십과 거버넌스, 국제 및 외부충격, 결핍과 재난, 사회문화와 신념 그리고 일상적인 경제 리스크를 속성에 따라 재규정하고 이들의 복합적 속성을 재구성해야 한다. 그리고 요소 간 복합성을 찾아내서 그 중층적 의미를 드러내는 방식으로 미래전략을 다시 설계해야 한다.

가령, 사회주의 현대화 강국이라는 중국의 꿈을 설계하기 위해서는 사회주의 중국의 체제 안정의 근간인 몇 가지 요소를 정렬한 후 이들 요소의 속성을 논리적으로 결합하여 새로운 차원의 산술적 합 이상의 결과를 찾아낸다. 그리고 이들의 몇 가지 조합을 통해서 미래에 발생 가능한 여러 가지 시나리오를 설계한다. 그 이후 사회주의 현대화 강국에 어떤 요소들이 복합적으로 영향을 미치는지 과학적 분석을 진행해야 한다. 이렇게 도출된 결과를 가지고 미래전략을 재설계하여 단일 요소에 기초한 단순 리스크와 여러 요소가 상호 연계되어 발생하는 복합 리스크를 체제 내에서 관리할 수 있도록 법과 제도, 사상과 이념 등을 재구성해야 한다.

중국이 직면하는 여러 불안 요소를 개별 요소뿐만 아니라 상호 연계에 기초한 복합성으로 이해하고, 이에 기초해서 그 미래 경로를 예측하는 일은 우리에게 학문적으로, 이론적으로 그리고 정책적으로 매우 필요한 일이고 중요한 일이다. 중국의 변화는 이미 나비효과처럼 우리에게 직간접으로 영향을 미친다. 지나치게 말하면 상하이 주가지수는 이미 한국 소비자들의 장바구니 물가와 연동되어 있다. 따라서 중국의 체제 안정 분석 및 연구, 전망은 우리의 지속 가능한 발전을 위해서 꼭 필요한 요인이다. 중국의 미래 변화를 과학적으로 규명하고 그 경로를 예측하는 일이 결국 우리의 지속 가능한 성장과 발전이라는 미래 목표와 연결되어 있다.

그러나 그동안 중국의 리스크 연구는 주로 경제적인 측면에서만 관심을 받아왔다. 그 경제적 영역의 리스크 요인조차도 개별적 요소들의 단순한 현상 분석에 집중되었다. 그러나 경제는 사실 관리 가능한 영역이다. 아직 중국 경제가 국제경제에 매우 깊숙이 편입되어 있지 않기 때문에 더욱더 그렇다. 오히려 중국의 체제 안정을 이해하기 위해서는 경제 요인뿐만 아니라 정치, 외교, 사회, 문화적 측면의 리스크 요소를 종합적으로 들여다봐야 한다. 중국의 리스크를 복합적으로 본다는 의미는 개별 리스크의 산술적 합 이상의 플러스 알파에 관심을 가져야 한다는 것을 의미한다. 그 산술적 합의 결과는 물리적인 합을 넘어서는 다른 차원의 문제이다. 중국이라는 복합적 성격을 띠는 거대국가 권위주의 체제를 이해하는데 복합적으로 접근하는 것은 지극히 당연하다. 복합적 접근으로 이전과 다른 중국을 봐야 중국을 더 깊이 있게 체계적으로 이해할 수 있다.

5장

미국의 대중국 인식과 전략

차 태 서*

1. 미중관계에 대한 담론들

1) 자유세계질서론의 쇠락

제2차 세계대전 후 미국이 주도해 건설하고 수호해온 자유세계질서가 침식되고 있다. 전간기의 대혼란이 재발하는 것을 막기 위해, 전후 세계최강국으로 등장한 미국이 군사영역과 경제영역 모두에서 글로벌 공공재를 제공하고 다자주의적 국제제도를 창설해 구축한 것이 현재까지의 자유주의적 국제체제였다. 이는 미국 자신의 국내레짐의 이미지에 따라 전 세계를 개혁하려는 시도이자, 스스로 그 체제 내에서 가장 많은 혜택을 받은 시스템이었고, 특히 냉전의 종식을 통해 완전히 보편적인 지구질서로서 공고하

---

* 성균관대학교 정치외교학과 조교수.

게 성장하는 듯 보였다. 프랜시스 후쿠야마의 "역사 종언론"[1]은 그러한 세계사적 사건전개를 역사철학의 논리를 빌어 설명한 대표적인 찬가라고 할 수 있다.[2]

그러나 2018년에 바로 이러한 자유세계질서를 설계하고 구성해온 주류 엘리트세력을 대표하는 외교협회(CFR)의 리처드 하스(Richard Haass) 회장이 "The Liberal World Order, R.I.P."[3]라는 글을 발표한 것은 매우 징후적이다. 워싱턴 기득권 집단의 심장부로부터 미국주도의 패권질서가 종식을 맞이하고 있다는 부고가 발표된 셈이다. 이는 반자유주의 시대 외교정책노선의 대전환이 미국 스스로의 창조물인 자유세계질서의 파괴를 불러오고 있는 것에 대한 한탄이자 경고였다. 특히 트럼프 정권의 일방주의적이고 보호주의적인 행보가 모두에게 "덜 자유롭고, 덜 번영하며, 덜 평화로운" 세계를 가져올 것이란 불길한 예언을 담고 있다는 점이 흥미로웠다. 여기서 근본적인 문제는 2008년 무렵 소위 "쌍둥이 위기"(=지정학적+경제적 패퇴)[4] 이후 미국패권이 급속히 하락하고 있다는 점이다. 탈냉전기 일극체제라는 특수국면이 끝남으로써, 자유세계질서를 떠받칠 미국의 힘과 의지가 점진적으로 소멸되어 가고 있는 것이다. 그런 면에서 현재 자유국제체제의 위기는 단순히 트럼프라는 개인이 2021년 권좌에서 물러났다고 해결될 문제가 아니라, 장기적으로 지속될 세계사적 국면에서 나타나는 구조적 현상으

---

1) Francis Fukuyama, *The End of History and the Last Man* (NY: Free Press, 1992).

2) 물론 전후 미국주도의 자유세계질서가 포퓰리즘 시대에 와서 지나치게 신화화되고 낭만화되고 있다는 비판도 매우 타당하다. 특히 자유주의자들의 이론적 구성물이 아닌, 실제 현실에 존재한 팍스 아메리카나가 지니고 있던 제국주의적, 인종주의적 측면에 대한 고찰은 별도의 과제로 계속 연구될 필요가 있다.

3) Richard N. Haass, "Liberal World Order, R.I.P." *Project Syndicate* (Mar 21, 2018), https://www.project-syndicate.org/commentary/end-of-liberal-world-order-by-richard-n-haass-2018-03 (검색일: 2020.05.10).

4) Alex Callinicos, *Bonfire of Illusions: The Twin Crises of the Liberal World* (Malden, MA: Polity, 2010).

로 이해할 필요가 있다.

2) 현실주의적 계기의 도래: 지정학의 회귀와 강대국 정치의 비극

이런 시대적 상황을 배경으로 새롭게 (재)등장한 것이 바로 현실주의적 세계질서 담론이었다. 지난 사반세기 동안 미국 일극체제와 "지구화" 구호 속에 은폐되어 있던 국제정치의 홉스주의적 "진실"이 다시 모습을 드러낸 셈이다. 2014년 러시아의 준동(크림반도 점령과 우크라이나 개입사태)을 배경으로 작성된 월터 러셀 미드(Walter Russel Mead)의 "지정학의 회귀"론5)과 오랫동안 자유주의 국제정치이론의 강세에 밀려 외로운 광야의 외침 취급을 받았던 공세적 현실주의자 존 미어샤이머(John Mearsheimer)의 『강대국 정치의 비극』6) 논의가 미중경쟁의 격화를 맥락으로 화려하게 재조명 받고 있는 상황은 이런 국제정치 패러다임의 변화를 대변한다.

우선 미드에 따르면, 현재의 국제체제가 여러 지역 패권 국가들을 중심으로 한 지정학적 경쟁의 장으로 구성되어가고 있기에, 과거의 현실주의적 세상이 재부상 하고 있다. 승리주의에 도취한 서구는 큰 오판을 했는데, 탈냉전기 구소련을 대신해서 중국이 부상하는 등 각지에서 지역 강대국들이 다시 나타나면서 역사의 진로가 평화를 향해 가는 것이 아니라 개별 지역을 기반으로 한 지정학적 대립과 갈등이 격화되는 지정학의 회귀로 나아가고 있기 때문이다. 후쿠야마의 역사철학적 예언과는 달리, 역사는 냉전의

---

5) Walter Russell Mead, "The Return of Geopolitics: The Revenge of the Revisionist Powers," *Foreign Affairs*, 93-3 (2014).

6) John J. Mearsheimer, *The Tragedy of Great Power Politics* (New York: W.W. Norton, 2014).

종식과 함께 끝난 것이 아니라 다시금 지정학적 갈등이 고조되는 세상으로 회귀해 버렸다는 것이 미드의 핵심 명제이다. 역사는 진보하지 않고 같은 패턴이 영원 회귀할 뿐이라는 주기론적 주장인 것이다.

비슷한 맥락에서, 미어샤이머는 2001년 초판이 출판되고 2014년 증보판이 출판된 자신의 주저에서, 무정부 상태라는 극도의 불확실성이 만연한 국제체제 구조에서는 공포와 불안에 처한 개별 강대국이 권력의 최대화(=패권)를 추구하게 되므로, 강대국간 관계는 계속해서 비극적인 갈등으로 치달을 수밖에 없다는 공격적 현실주의론을 설파한다. 특히 눈부신 경제발전이 지속되면서 베이징은 워싱턴이 걸어왔던 길을 따라 마치 19세기 미국이 서반구를 제패했던 것처럼 아시아의 패권을 차지하려 할 것으로 예측하는데, 이에 미국이 대중 세력균형연합(balancing coalition)을 건설하며 대응에 나섬으로써, 중국과 미국 사이에는 지난 냉전과 유사한 심각한 안보경쟁이 야기될 가능성이 크다고 진단한다.

3) 전간기의 추억: 투키디데스 함정과 킨들버거 함정

한편 현재의 미중관계를 20세기 전반의 대혼란과 유비 속에 파악하는 방식들로 투키디데스 함정과 킨들버거 함정이란 개념들도 유행하고 있다. 이는 국제정치학의 패권이론의 관점에서 현 상황을 분석하고자 하는 시도들이다. 최근 몇 년 새 하버드의 그레이엄 앨리슨(Graham Allison) 교수의 작업[7]에 의해 세계적으로 널리 논의하게 된 "투키디데스의 함정" 개념은 신흥 강국이 급성장하여 기존 패권 국가의 지위를 위협할 때 생기는 대결 국

---

7) Graham T Allison, *Destined for War: Can America and China Escape Thucydides's Trap?* (Boston: Houghton Mifflin Harcourt, 2017).

면을 가리킨다. 고대 그리스 시절 아테네(부상국)와 스파르타(패권국)의 전쟁 원인을 설명한 『펠로폰네소스 전쟁사』의 저자인 역사가 투키디데스에서 따온 것으로 특히 기성 강대국과 신흥 강대국이 서로를 의심하고 공포를 느끼는 국면에 주목한다. 20세기 전반 패권국 영국과 2차 산업혁명과 통일의 성과를 업은 독일 사이에 존재했던 긴장과 불안이 양차 대전으로 이어졌던 상황이 대표적 사례로 손꼽힌다.

반면, "킨들버거 함정" 개념은 찰스 킨들버거(Charles Kindleberger) MIT 교수가 고전적 패권안정론 저술인 『대공황의 세계 1929~1939』[8]에서 기성 패권국의 "역량" 부족과 신흥패권후보국의 "의지" 부족이 겹쳐 대공황이 발생했다고 주장한 데서 유래한 것이다. 전간기 이미 물질적 역량에 있어 세계 최강대국으로 부상한 미국이 고립주의에 빠져 국제적 리더로서 글로벌 공공재 제공을 하지 못했기 때문에 지구경제시스템이 붕괴되고 대불황과 대학살로 이어졌다는 설명이다. 이를 현재 상황에 대입해 보자면, 2020년 코로나19 대유행 국면에서 더욱 두드러졌듯이 세계 공공재 제공을 거부하는 모습을 보이기 시작한 미국을 대신해 과연 중국이 향후 세계의 리더국가로서 글로벌 공공재를 제공하는 역할을 맡을지에 대한 질문을 던지게 된다. 만일 바이든 정부의 새로운 자유국제주의 계승 노력에도 불구하고 미국이 계속해서 공공재 제공에 어려움을 겪고 중국이 패권안정역할의 계승에 실패하는 전지구적 대공위(international interregnum) 조건이 구성된다면, 또다시 전간기의 비극이 발생할 수도 있다는 불길한 예언이다.

한 가지 흥미로운 것은 위의 두 함정을 종합해 볼 경우, 중국이 너무 빠르게 성장해 미국의 지위를 위협하면 투키디데스 함정의 위험이 고조되고,

---

8) Charles Kindleberger, *The World in Depression, 1929-1939* (Berkeley: University of California Press, 1986).

반대로 중국이 느리게 성장하며 내향적 태세를 유지할 경우 킨들버거의 함 정문제가 부각되는 딜레마적 상황에 우리가 처해있다는 점이다.[9]

4) 헌팅턴의 부활: 문명의 충돌 테제 재부상

한편, 트럼프 행정부하 문명담론의 부상도 미중관계의 예측과 맞물려 흥 미로운 현상이었다. 예를 들어, 2017년 7월 폴란드 바르샤바에서 행한 연 설[10]에서 트럼프는 서구문명의 수호라는 주제에 대해서 논하였다. 얼핏 듣 기에 이는 보편주의를 재천명하는 것으로 해석될 수 있으나, 구체적으로 들여다보면 트럼프가 호명하는 "우리의 문명"은 자유주의 같은 보편가치에 기반한 개방적 코스모폴리탄 공동체를 의미하는 것이 아니라 백인 기독교 도들만의 유산을 수호하는 역사적 공동체로서 폐쇄적인 서구문명 옹호론 임을 알 수 있었다. 사실 "문명 대 야만"이라는 구도 자체는 미국외교의 예 외주의적 담론에서 오랫동안 사용된 전통적 수사라고 할 수 있다. 특히 "문 명"은 2000년대 초 대테러 전쟁기에 부시 행정부도 즐겨 사용하던 개념으 로, 이는 (물론 내재적으로 기독교적 함의가 숨어 있다고 볼 수도 있으나) 공식적으로 "야만"으로 규정된 테러리즘에 맞서 자유와 번영을 수호하는 보 편가치로서의 문명을 의미했다. 다시 말해, "문명표준(standard of civilization)" 과 같은 용법에서 잘 나타나는 단수적 의미에서의 문명론(singular understanding

---

9) Joseph S. Nye, "The Kindlekberger Trap," *Project Syndicate* (Jan 9, 2017), https://www.project-syndicate.org/commentary/trump-china-kindleberger-trap-by-joseph-s--nye-2017-01 (검색일: 2020.05.10).

10) Donald Trump, "Remarks by President Trump to the People of Poland," *The White House* (Jul 6, 2017), https://trumpwhitehouse.archives.gov/briefings-statements/remarks-president-trump-people-poland/ (검색일: 2021.03.03).

of civilization)이 본래 예외주의 담론에서 통용되는 문명의 의미였다.[11] 이런 맥락에서 부시(G.W. Bush) 정부는 이라크, 아프간 전쟁 등을 수행하면서 기독교 문명 대 이슬람 문명이라는 구도가 수립되는 것을 어떻게든 막으려 노력하였다.

그런데 트럼프 행정부 시기에 들어와 나타난 문명담론은 이러한 단수적 −보편주의적 용법이 아니라, 새뮤얼 헌팅턴(Samuel Huntington)식의 복수적 문명론 혹은 서구 특수주의 맥락 하의 문명론과 상통했다. 일찍이 헌팅턴이 『문명충돌론』과 『우리는 누구인가?』 등의 저술에서 천명했던, 그러나 단극체제의 시대 동안 보편주의적/승리주의적 거대서사인 "역사 종언론"에 눌려서 주변화되었던 특수주의적이고 비관주의적인 문명담론이 반예외주의의 시대에 화려하게 재부상한 셈이었다.[12] 더 이상 미국적 신조는 보편 가치로서 전 세계에 전파될 수 있는 잠재력을 인정받지 못하게 되고, 대신 특수주의적인 서구문명의 결속을 통해 비서구문명과의 대결을 준비하는 것이 변화한 정체성과 대전략의 화두가 되었다.

이런 점에서 소위 중국과의 문명충돌론이 트럼프 행정부 내에서 점증적으로 언급되었던 점도 주목해볼 필요가 있다. 본래 탈냉전 시대 미국의 대중전략은 클린턴 행정부의 "관여와 확장(engagement and enlargement)" 정책이 상징하듯 예외주의론에 기반하여 중국을 미국중심의 자유세계질서 동화시키는 보편주의 접근법이었다. 그러나 트럼프 행정부는 이러한 개입의

---

11) Gregorio Bettiza, "Civilizational Analysis in International Relations: Mapping the Field and Advancing a 'Civilizational Politics' Line of Research," *International Studies Review* 16-1 (2014).

12) Kamal D. Rifat And Abdullah Z. R. M. Kaiser, "Trump and the Ascension of Western Realism: A Critical Discussion on the Western Realists' and Western Liberalists' Evaluation of Globalisation," *India Quarterly* 74-3 (2018).

실험이 실패로 돌아가 버렸다고 단언했다. 2001년 중국을 세계무역기구(WTO)에 가입시키는 등, 미국은 중국의 경제발전을 후원하며 공산정권의 개혁과 자유화를 기도했지만, 중국은 그와 정반대로 개방무역질서의 허점만을 파고들며 미국의 국력을 약화하는 수정주의 대국(revisionist power)으로 성장해버렸다는 것이 트럼프 정권 수뇌부의 상황진단이었다. 따라서 예외주의적 자유패권전략 대신에 일종의 대안담론으로 부상한 것이 미국과 중국 간의 문명충돌 담론이었다. "소련과의 전쟁이 서구문명권 내부에서의 싸움이었다면, 중국과의 전쟁은 우리가 경험해 보지 못한 전혀 차원이 다른 문명권과의 싸움이 될 것"이라고 규정한 카이론 스키너(Kiron Skinner) 당시 국무부 정책기획국장의 2019년 5월 발언과, "지금의 미중 갈등은 새뮤얼 헌팅턴이 말한 문명의 충돌적인 요소가 있다"고 한 존 볼턴(John Bolton) 당시 국가안보보좌관의 2019년 7월 연설이 대표적인 예들이다.[13] 보편성에 기반을 두고 상대방과의 동질화를 추구하는 예외주의 담론과 달리 상대에 대한 배타적 정체성을 강조하는 헌팅턴류의 세계관이 만일 워싱턴의 사고를 지배하게 되고, 베이징 또한 "중국몽"과 같은 특수주의적 서사로 지속대응할 경우, 헌팅턴이 말한 문명충돌의 예언이 자기실현적으로 전개될 가능성이 높아져 갈 것이다. 다시금 보편주의적, 자유국제주의적 담론을 강조하는 바이든 행정부가 이러한 특수주의적, 문명론적 경향을 극복할 수 있을지 귀추가 주목된다.

---

13) Paul Musgrave. "John Bolton is warning of a 'Clash of Civilizations' with China," *Washington Post* (Jul 18, 2019), https://www.washingtonpost.com/politics/2019/07/18/john-bolton-is-warning-clash-civilizations-with-china-here-are-five-things-you-need-know/?utm_term=.a59d36860c40 (검색일: 2021.03.03).

2. 미국 국민의 대중국 인식 트렌드

2010년대부터 일반 미국 국민들의 대중국인식은 악화일로를 보였는데, 기본적으로 이는 2008년 금융위기 이후 미국 패권의 하락징조에 대한 불안감을 반영한 것이다. 흥미로운 것은 미국 국민의 중국위협인식이 실제 국력균형변경보다 앞장서 고조되었다는 점인데, 강대국간 관계에서 실제적-물질적인 세력균형보다 위협균형[14]이 중요한 변수가 될 수 있음을 고려할 때 이는 주목할 만한 상황이다.

중국은 여러 면에서 실제 국력이 상승 중이기는 하지만, 과거 영국과 미국 간의 사례에서도 미국이 영국의 GDP를 추월한 후 완전한 패권이행까지 70여 년이 더 소요된 것을 고려해 볼 때, 아직 명목 GDP의 추월도 이루어지지 않은 상태에서 미중 사이에 세력전이론이나 패권전쟁론이 운위되는 상황은 분명 너무 이른 감이 있다. 추측건대 이러한 이례적 현상은 중국의 오랜 동아시아 지배제국의 역사를 의식하면서, 최근 미국패권이 빠르게 하강하고 있다는 존재적 불안의식이 투영된 결과라고 여겨진다. 또한 국제정치 이론의 차원에서도 기성패권국과 도전국 사이의 주관적 관념이 패권전쟁 여부에 중요한 추가조건—촉진과 억제 양면 모두—을 구성한다는 점에서 워싱턴과 베이징 사이에 존재하는 상호인식의 궤적을 추적하는 것은 미중 관계의 전략적 동학을 이해하는데 핵심적인 과제이다.[15]

이러한 맥락에서 볼 때, 경제수위국의 위치, 최대의 적 인식 등에 대한 질문에서 2008년부터 2015년까지 큰 변동이 나타났다는 점은 특기할 점이

---

14) Stephen M. Walt, *The Origins of Alliances* (Ithaca: Cornell University Press, 1987).

15) Jae Ho Chung, "How America and China See Each Other: Charting National Views and Official Perceptions," *The Pacific Review* 32-2 (2019), pp.189-191.

다. 그리고 이러한 결과는 중국에 대한 전략적 우려와 함께 강제력을 동원해서라도 중국을 통제해야 한다는 미국 국민들의 대결적 의지를 강화시켜 왔다. 즉, 2016년 대선과정에서 트럼프의 거친 수사들을 통해 표현된, '중국이 미국의 관대함을 교묘하게 이용하고 있다'는 대중들의 인식 동향은 여론조사결과를 통해 확연히 나타나고 있으며, 양국이 충돌할 가능성이 높다는 여론 또한 나타났다. 세력전이과정에서 발생한 전쟁이 종종 인식적 습관혹은 자기충족적 예언을 통해 실현될 수 있다는 점을 감안할 때, 이러한 여론은 냉전 2.0 혹은 구형대국관계의 귀환을 우려할만한 관념적 조건이라고 볼 수 있다.[16)]

[표 1] 오늘날 누가 세계경제를 주도한다고 보는가?

단위: %

	2018	2016	2014	2013	2012	2011	2009	2008
중국	44	50	52	53	53	52	39	40
미국	42	37	31	32	33	32	37	33
EU	5	4	5	2	3	3	7	7
일본	4	5	7	8	7	7	10	13
러시아	2	2	2	2	0.5	2	2	2
인도	1	1	2	2	2	1	1	2
기타	2	1	2	2	1	3	4	3

출처: GALLUP.

---

16) Jae Ho Chung (2019), pp.204-205.

[표 2] 향후 20년, 누가 세계경제를 주도할 것이라 보는가?

단위: %

	2018	2016	2012	2011	2009	2008	2000
미국	44	44	38	35	45	31	55
중국	41	34	46	47	34	44	15
EU	5	5	4	4	4	4	1
일본	4	7	5	5	6	10	13
인도	3	4	3	4	7	8	10
러시아	1	2	1	1	1	1	1
기타	2	3	2	4	4	2	5

출처: GALLUP.

[표 3] 오늘날 미국의 가장 큰 적은 누구인가?

단위: %

	2018	2016	2015	2014	2012	2011	2008	2007
북한/한국(불특정)	51	16	15	16	10	16	9	18
러시아	19	15	18	9	2	3	2	2
중국	11	12	12	20	23	16	14	11
이란	7	14	9	16	32	25	25	26
미국	2	1	2	2	1	2	3	2
이라크	2	5	8	7	5	7	22	21
시리아	0.5	4	4	3	0.5		0.5	0.5
사우디아라비아	0.5	0.5	1	1	1	1	1	3
파키스탄	0.5	1	0.5	1	2	2	2	0.5
아프가니스탄	0.5	4	3	5	7	9	3	2
중동(불특정)	0.5	3	4	2				
이슬람국가(불특정)	0.5	1	1					

출처: GALLUP.

[그림 1] 미국의 대 중국 비호감도 추이

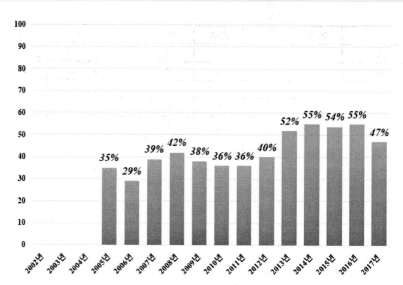

출처: Pew Research Center.

[그림 2] 미국의 대 중국 인식 변화(1985~2017)

단위: %

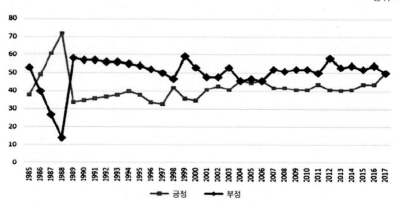

긍정 ── 부정

출처: GALLUP.

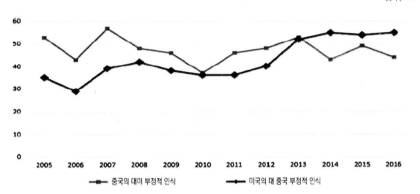

[그림 3] 미중 상호 간 부정적 인식 변화(2005~2016)

단위: %

중국의 대미 부정적 인식　　미국의 대 중국 부정적 인식

출처: Pew Research Center.

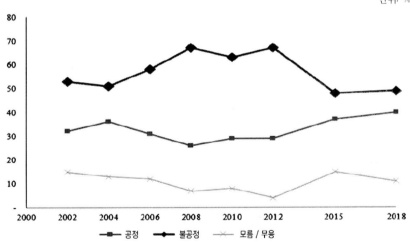

[그림 4] 중국의 무역행위에 대한 미국의 인식 변화(2002~2015)

단위: %

공정　　불공정　　모름 / 무용

출처:　Chicago Council on Global Affairs(2012); Pew Global Research(2015&2018).

[표 4] 미래에는 누가 세계를 선도할 것이라 보는가?

Time—line	Respondents	Chose US	Chose China
2011	American	77%	14%
	Chinese	79%	4%
2020	American	47%	35%
	Chinese	7%	32%
2050	American	41%	32%
	Chinese	2%	53%

출처: The Harris Poll #29, 3 March 2011, Table7~9. Chung(2019)에서 재인용.

[표 5] 미중 세력전이에 대한 인식 변화(2008~2015)

단위: %

연도	중국이 미국을 추월할 것	중국이 이미 미국을 추월	중국이 미국을 추월하지 못할 것	모름
2008	A:31	5	54	10
	C:53	5	23	19
2009	A:26	7	57	10
	C:59	8	20	14
2011	A:34	12	45	9
	C:57	6	17	20
2013	A:36	11	47	6
	C:38	8	13	21
2014	A:39	10	45	6
	C:50	9	20	21
2015	A:36	10	48	7
	C:54	13	16	17

A - 미국의 인식, C - 중국의 인식.

출처: Pew Research Center(2019); Chung(2019).

[표 6] 중국의 군사력 증강에 대한 미국의 인식 변화

단위: %

연도	긍정적	부정적	모름/무응답
2005	13	78	9
2007	15	68	17
2008	8	82	10
2010	12	79	10
2011	11	79	10
2012	15	82	4
2015	16	82	2
2016	8	91	1

출처: Pew Research Center(2019); Chung(2019).

더 나아가 최근 코로나19 사태는 미국민들의 대중국인식이 퓨리서치센터가 2005년부터 조사한 이래 최악으로 치닫게 만들었다는 점에서 주목된다. 센터가 2020년 4월에 발표한 여론조사 결과에 따르면, 미국인 중 중국에 대한 호의적 인식을 드러낸 미국인은 26%에 그친 반면, 비호감이라고 답한 사람은 66%에 달했다. 이는 트럼프 행정부 출범시기와 비교해서도 비호감도가 20%가량 상승한 것으로, 미국인들의 대중반감이 구조화되는 듯한 양상을 나타낸다. 아울러 미국의 대중위협에 대한 미국인들의 경각심도 높아져서, 미국인의 9할이 중국은 미국에 위협이라고 답했으며, 응답자의 62%는 특히 "주요 위협(major threat)"이라고 답하였다. 이는 2018년에 비해서 14%가량 상승한 수치이다. 신종 코로나 전염병 사태가 미중 간의 갈등을 인식적 차원에서 더욱 심화시키고 있는 기제임이 확인된 셈이다.[17]

---

17) 같은 맥락에서 전 지구적으로 중국에 대한 부정적 인식이 증가하고 있다는 2020년 10월의 퓨리서치센터 보고서도 참조할 것. https://www.pewresearch.org/global/2020/10/06/unfavorable-views-of-china-reach-historic-highs-in-many-countries/ (검색일: 2021.03.03).

[그림 5] 미국의 대 중국 인식 증가 추세

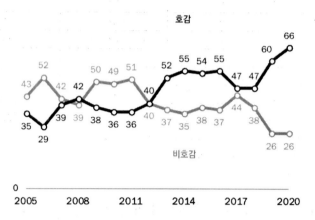

출처: Pew Research Center.

[그림 6] 중국을 중대위협국가로 인식하는 미국인 비율의 증가

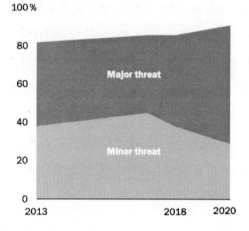

출처: Pew Research Center.

3. 미국의 대중국 전략의 대전환

1) 미국 포퓰리즘적 민족주의 전통의 부활

'자유주의적 리바이어던'[18]으로서 미국은 제2차 세계대전 이래로 자유국제질서를 창출하고 유지해 왔다. 미국 국민들, 그중에서도 특히 미국 정책결정자들 사이의 오랜 합의로서 국제주의적, 패권적 대전략은 냉전기뿐 아니라 탈냉전기에도 계속해서 미국외교정책의 큰 방향을 이끌어왔다. 물론 한 극단의 고립주의에서부터 다른 극단의 제국주의적 지배전략에 이르기까지 다양한 스펙트럼의 대전략 담론들이 경쟁하기도 하였지만, 민주-공화 양당 모두에 주류로 포진한 자유주의적 지구주의자들(liberal globalists)은 전후 평화와 번영을 유지하기 위해 미국이 계속해서 세계패권국으로서의 역할을 수행해야 함에 동의하였다.[19]

따라서 미국이 전 세계에 자유민주주의와 자유자본주의로 구성된 미국식 체제를 수출함으로써, 자비로운 팍스 아메리카나(Pax Americana)를 융성시켜야 한다는 것이 최근까지도 미국사회 내의 광범위한 컨센서스였으며, 신보수주의자들이 대전략을 이끌었던 부시 행정부 시기는 이러한 장밋빛 시대정신(혹은 '역사의 종언'의 전망)이 최고조에 달했던 시기였다.[20] 이런 맥락에서 지난 2016년 대선은 미국외교사뿐 아니라 전 세계 현대사에 있어

---

18) John Ikenberry, *Liberal leviathan: The origins, crisis, and transformation of the American world order* (Princeton, N.J.: Princeton University Press, 2011).

19) 이혜정, 「어떻게 불구국가 미국을 다시 위대하게 만들 것인가」, 『동향과 전망』 제99호 (2017), pp.9-50.

20) Tony Smith, *America's Mission: The United States and the Worldwide Struggle for Democracy* (Princeton, N.J.: Princeton University Press, 2012).

STOP

[표 7] 탈냉전기 미국 대전략 유형론 변화

Kohout et al.	Posen and Rose	Art	Dueck	Reveron and Grosdev
1995	1996/97	1998/99	2004	2015
비개입	신고립주의	고립주의	철수	전략적 자제/ 고립주의
		선택적 개입		
다자주의	선택적 개입	봉쇄	세력균형 현실주의	역외균형/ 선택적 개입
		협력 안보		
단극주의	협력안보	지역적 집단안보	자유주의적 국제주의	자유주의적 국제주의/ 협력 안보
		지구적 집단안보		
	우위	지배	우위	우위/ 국가주의적 자유주의

출처: 이혜정, 「자제 대 패권: 탈냉전기 미국대전략의 이해」, 『한국정치연구』 24-3 (2015).

서도 중대한 역사적 분기점이 될 가능성이 있다. 이는 다름 아니라, 민주당과 공화당을 막론하고 기성 미국외교의 기득권층과 그들의 자유주의적 대전략이 실패한 것으로 인식되기 시작하였음이 드러났기 때문이다. 즉, 중동의 혼란과 전 지구적 대침체 등 미국패권의 위기증상들의 출현이 기성 정책엘리트들의 책임이라는 여론이 퍼져나간 결과가 2016년 대선의 예상치 못한 결과를 낳았던 것이다. 미국 국민들이 점차 미국이 전 지구적 리더십의 부담으로부터 벗어나야 한다는 생각을 수용해감에 따라, 소위 패권이행기에 미국패권의 이념적 토대 자체가 내부적으로 침식되어 가는 장면을 우리는 목도하였던 셈이다.

그런데 이러한 상황은 소위 '두 개의 미국' 사이에 벌어져 온 오랜 역사적 갈등의 최근 버전이라는 점에 주목할 필요가 있다. 즉, 도시 기득권층의 자유국제주의와 농촌 백인공동체들에 퍼진 포퓰리스트적 고립주의 사이의 오랜 사상사적 투쟁사 속에서 오늘날 미국의 선택과 갈등을 이해할 필요가 있는 것이다.[21] 미국의 사상사는 인간의 평등과 가치의 보편성을 강조하는 로크적 자유주의와 인종/국적/종교 간의 위계를 강조하는 非자유주의적 전통 간의 투쟁의 역사로 서술가능하다.[22] 그런 면에서 트럼프 현상은 그 놀라움에도 불구하고 미국 역사상 예외적 상태가 아닌 '정상적' 상태의 일면이 부각된 것으로 해석될 수 있으며, 19세기 초 이후 미국의 비자유주의적, 포퓰리즘적 민족주의의 역사맥락에서 이해될 필요가 있다.[23] 이 반동주의적 전통은 앤드류 잭슨(Andrew Jackson) 시기에서부터 그 유래를 찾을 수 있는데, 19세기 말 인민당을 거쳐, 현대에는 1950~60년대의 '매카시즘(McCarthyism)' 및 배리 골드워터(Barry Goldwater)의 '극우파 운동', 리처드 닉슨(Richard Nixon)의 '남벌 전략(southern strategy)', 로널드 레이건(Ronald Reagan) 시대 '신보수'의 결집 등으로 그 소수적 계보가 이어져 왔다. 그리고 마침내 2008년 금융위기를 거치면서 티파티 운동으로 그 힘이 결집되었고, 도널드 트럼프의 당선은 그 결정판으로 볼 수 있다.[24]

일반대중이 처한 사회경제적 '불만'의 레토릭으로서 미국의 포퓰리즘은 비록 내부에 여러 모순점들이 내재해 있고 응집력 있게 통일적인 내용을 지니지 못한 정치 이데올로기이지만, 미국외교정책과 대전략에 큰 영향을 행사할 수 있는 이념이란 점에서 주목할 필요가 있다. 특히 전후 미국의 대

---

21) Taesuh Cha, "The return of Jacksonianism: The international implications of the Trump phenomenon," *The Washington Quarterly* 39-4 (2016).

22) Rogers M. Smith, *Civic Ideals: Conflicting Visions of Citizenship in U.S. History* (New Haven Conn.: Yale University Press, 1997).

23) Philip A. Klinkner, and Rogers M. Smith. "Trump's election is actually a return to normal racial politics. Here's why," *The Washington Post* (Nov 17, 2016). https://www.washingtonpost.com/news/monkey-cage/wp/2016/11/17/trumps-election-is-a-return-to-normal-at-least-in-u-s-attitudes-on-race/ (검색일: 2021.03.03).

24) Taesuh Cha (2016).

외정책을 지도해온 자유국제주의와 정반대되는 공격적, 배타적 민족주의 독트린을 고양시킨다는 점에서 트럼프 현상의 사상적 토대로서 미국적 포퓰리즘 전통에 대해 관심을 기울여야만 탈단극시대 미국 대전략 전환의 의미를 제대로 이해하고, 미래를 예측하는 것이 가능하다.[25]

보다 구체적으로 살펴보자면, 대개 미국은 로크적, 세속적, 코스모폴리탄적 국가로서 묘사되고 있지만, 그러한 이미지는 동서부 해안 엘리트들의 문화적 헤게모니를 반영할 따름이다. 그와 대조적으로 내륙지역의 국민들은 소위 잭슨주의(Jacksonianism)라고 불리는 비자유주의적 포퓰리즘, 국수주의적 민족주의 이데올로기를 구성해왔다. 식민지 시기 인디언들과 전쟁을 치른 프론티어인들(frontiersmen)에게서 유래된 이 반동적 담론은 미국을 백인 기독교인들의 배타적 인종─종교 공동체로 상상해 왔다. 다시 말해 이 전통의 핵심에는 강력한 인종적─문화적 정체성과 함께 '타자'에 대한 폭력적 적대감이 자리 잡고 있다.

한편으로 잭슨주의는 대도시 지역에 사는 세속적이며 코스모폴리턴적인 지배 엘리트들에 대한 저항 이데올로기로서 발전해왔다. 포퓰리스트들은 도시지역의 자본가들과 지식인들이 지방의 노동자들을 경제적으로 착취할 뿐더러, 코스모폴리턴이즘과 다문화주의라는 미명 아래 민중의 민족적(즉, 백인 기독교적) 정체성을 더럽히려 한다고 믿는다. 다른 한편으로, 다양한 사회경제적 문제들에 대한 대응책으로서 잭슨주의는 소수자들을 주변화하거나 제거하는 배타적 전략을 제시한다. 포퓰리스트들은 미국 공동체에 속하는 자들과 속하지 못하는 자들 사이에 절대적 구분선을 획정함으로써, 역사적으로 인종적─종교적─문화적 타자들(환언하면, 유색인, 비기독교

---

25) 서정건·차태서, 「트럼프 행정부와 미국외교의 잭슨주의 전환」, 『한국과 국제정치』 제33권 1호 (2017).

인, 성적 소수자들 등)을 공적 영역에서 배제하고자하는 시도를 해왔다. 실제로 미국사에서 이들 '외부자들'은 경제적 억압, 사회적 차별, 군중의 폭력 등에 노출되어온 것이 사실이다.[26]

[표 8] "두 개"의 미국(Two Americas): 로크적 미국 對 잭슨주의적 미국

지역	동서부 해안지대 vs. 남부, 내륙
계급	엘리트−기득권 vs. 하층/노동계급
이데올로기	자유주의−세계시민주의 vs. 기독근본주의−토착주의

200여 년의 미국 정치사에서 포퓰리스트 운동은 반복적으로 여러 차례 주기를 가지고 등장하였는데, 그중에서도 21세기 티파티(Tea Party)−트럼프 현상과 가장 유사한 궤를 보여주는 것은 19세기 말−20세기 초 등장했던 인민당(People's party)의 정치적 부상이다. 세기 전환기에 자유주의적 엘리트들이 주도한 산업화와 금융화가 경제적 공황을 야기하고 이것이 지방의 농민들과 노동자들에게 큰 고통을 안겨주었을 때, 비자유주의적 잭슨주의 흐름이 분출되었던 것이다. 근대화(혹은 초기 세계화) 과정에서 사회경제적 지위가 불안정해지거나 악화된 농촌지역의 제계층이 연합을 형성해 워싱턴의 엘리트와 산업자본가들에게 반기를 들고 집산주의적(collectivist) 대안체제를 주장한 것이 이 한 세기 전 사회운동의 핵심내용이라 할 수 있다.[27]

대외정책에 있어서도 포퓰리스트적 민족주의세력이 근본적으로 비주류

---

26) Walter R. Mead, "The Jacksonian Tradition," *National Interest* 58-5 (Winter 1999).

27) 연동원, 「19세기 후반 미국 평원지대 농촌에 관한 연구: 인민주의 운동(Populist Movement)이 일어난 역사적 배경을 중심으로」, 『동국사학』 제30권 (1996).

적인 일련의 대전략들을 제시해 왔다는 점에 주목할 필요가 있다. 여타 지배적 조류로서 자유주의적, 예외주의적 전통들과 비교할 때, 잭슨주의자들의 대외정책 독트린은 미국외교정책사에 있어 하나의 이단적 흐름을 대표하며, 그만큼 로크적 미국이라는 헤게모니적 표상에 익숙한 외국인들에게는 매우 낯선 미국의 이미지로 평가될 수 있다. 포퓰리스트들의 외교정책은 무엇보다 '내부의' 선한 미국 민중공동체와 악한 '외부' 세계의 명확한 구분선에 기반을 두고 있다는 점에서 국제정치이론에 있어 현실주의 전통과 가장 친연성을 보이는 것으로 평가할 수 있다. 특히 외부의 위협을 '안보화 (securitization)'하는 형식을 주로 띤다는 점에서 보편주의적—예외주의적 주류전통과 뚜렷이 구분되는 특수주의적 성격을 강하게 나타낸다.[28] 따라서 잭슨주의자들은 가령, 국제법, 다자주의, 인도주의적 개입 등을 통해 세계를 개혁해나가야 한다는 식의 지구주의적 신념에 강한 의심을 지님으로써, 미국의 주류적인 자유국제주의에 뚜렷한 반대 입장을 취하고 있다. 특히 경제가 불황인 시기에는 무정부적 세계에 대한 포퓰리즘의 홉스적 이해방식이 '아마겟돈 전쟁'이나 '예수 재림' 등의 종말론적 사고와 결합되어 외부 타자들에 대한 편집증적 반응을 표출하곤 하는데, 카리스마적 지도자가 대중의 분노를 자극하는 방식으로 선동에 나설 때, 이런 반동적 흐름이 위험스러운 방향으로 이어질 수 있다. 냉전초기 매카시즘 열풍이 미국사회를 뒤흔들었던 상황이 한 가지 역사적 예라 할 수 있다.[29]

그럼에도 평시에 잭슨주의자들은 대개 고립주의적 성향을 강하게 띠며,

---

28) Michael Magcamit, "Explaining the three-way linkage between populism, securitization, and realist foreign policies: President Donald Trump and the pursuit of "America first" doctrine," *World Affairs* 180-3 (2018).

29) Anatol Lieven, *America Right or Wrong: An Anatomy of American Nationalism* (Oxford: Oxford University Press, 2004), pp.123-149.

대체로 국제문제에 무관심한 모습을 보인다. 또한 토착주의자(nativist)로서 포퓰리스트들은 미국 주류의 경제 자유주의-다문화주의에 반해 경제 민족주의(economic nationalism)를 주창하며, 反이민(특히 反유색인 이민)정책을 지지함으로써 미국(백인기독교)민중 공동체의 경제적 번영과 사회적 응집력을 유지하고자 노력한다.[30] 그리고 바로 이 점이 전임 트럼프 행정부의 이단적 외교 독트린이 우리에게 충격적으로 다가왔던 지점들이었다. 세계주의적, 보편지향적 패권국이 돌연 이기적이고 강압지향적인 고립주의 강대국으로 전환되는 듯했던 역사적 장면은 미국패권의 하강이라는 국제 체제적 요소와 함께 이러한 미국 내 역사, 사상적 맥락이 마주침으로서 등장했던 것이다.

2) 미국의 대중국 접근방식의 대전환

미국 국가정보위원회(National Intelligence Council, NIC)가 4~5년 주기로 발행하는 〈전지구적 트렌드(Global Trends)〉 시리즈는 미국 정부의 공식적인 미래예측 시나리오연구를 대표하는 것으로 주목할 필요가 있다. 미국외교 대전략과 관련해 흥미로운 것은 2008년 발간된 〈Global Trends 2025〉까지는 미국의 일극체제가 상당히 지속되는 것을 가정한 반면, 이후 발간된 〈Global Trends 2030〉과 〈Global Trends 2035〉는 이와 사뭇 다른 비관적 미래전망을 강조한다는 점이다. 특히 전임 트럼프 정부에서 발간된 2017년 판 〈Global Trends 2035〉는 "진보의 패러독스"라는 부제 아래 탈냉전기를 특징지어온 장밋빛 미래전망의 "붕괴"를 고지하고 있다.[31] 즉, 미국의 엘리트

---

30) Taesuh Cha (2016).

31) National Intelligence Council, *GLOBAL TRENDS PARADOX OF PROGRESS* (Jan, 2017),

간 합의, 나아가 미국사회 일반의 담론을 지배했던 지구화 및 역사진보의 승리주의가 퇴색되었음이 두드러지게 나타나는데, 본 보고서는 전후 지속된 미국패권과 자유국제질서가 쇠락할 것이며, 향후 강대국 간 세력권 경쟁의 세계인 다극체제가 도래할 것임을 예측하였다. 또한 사회경제적 차원에서도 양극화, 포퓰리즘, 민족주의 발호와 같은 불안요인이 증가될 것임이 강조되었다.

이와 같은 미래예측을 기반으로 2017년 발표된 〈국가안보전략보고서(National Security Strategy)〉[32]와 2018년에 나온 〈국방전략요강(National Defense Strategy)〉[33]에 표현된 트럼프 행정부의 對中전략의 핵심은 기성 대전략으로부터의 단절 선언이다. 즉, 과거 탈냉전기의 국가적 합의사항이었던 자유국제주의 전략(engagement & enlargement)이 실패한 것으로 결론짓고, 패권 하강기에 접어든 미국의 신전략으로서 현실주의적 전환을 수행하여 다극체제부상에 대비하고자 하였다. 이런 맥락에서 중국은 향후 미국의 전략적 경쟁자이자 미국의 가치-국익에 반하는 신세계질서를 추구하는 수정주의 국가로서 정의되었다. 중국은 현재 약화되고 있는 자유세계질서의 이득만 수취하면서 정작 그 세계의 창설자이자 수호자인 미국을 교묘하게 약화시키고 있다고 본 것이다. 이러한 인식 속에 중국 공략의 우선적 전선으로 선택된 것이 바로 무역정책이었다.

---

https://www.dni.gov/files/documents/nic/GT-Full-Report.pdf (검색일: 2021.03.03).

32) The White House, *National Security Strategy* (Dec, 2017). https://www.whitehouse.gov/wp-content/uploads/2017/12/NSS-Final-12-18-2017-0905.pdf (검색일: 2021.03.03).

33) Department of Defense, National Defense Strategy (2018), https://dod.defense.gov/Portals/1/Documents/pubs/2018-National-Defense-Strategy-Summary.pdf (검색일: 2021.03.03).

3) 트럼프 행정부 대중국 경제정책의 담론구조

대외경제정책에 있어 포퓰리즘은 기존의 자유무역체제에서 심각한 손해를 입고 실업과 미국쇠퇴의 우려를 갖게 된 백인 노동자 계급에게 反자유무역의 대항서사를 제공해주었다. 트럼프의 무역관련 내러티브는 포퓰리즘에서 흔히 나타나는 '타락한 엘리트 對 일반적 서민'이라는 수탈적 관계를 상정하는 것에서 출발한다. 반자유무역 서사에 포퓰리즘의 힘은 부분적으로 정서적 언어의 힘에서 유래하는데, 이는 특히 세계화에 의해 버림받고 중국과 같은 타자들에 의해 착취당하는 것으로 규정되는 노동자들의 결여를 강조했다. 여기서 포퓰리즘은 일종의 환상적 미래를 약속하는데, 자유무역체제에서 탈퇴하는 것과 같은 특정한 행동을 취하면, 밝은 미래가 찾아오고, 반대로 현재─과거의 상태를 유지하면 어두운 현실이 지속될 것이라는 이분법적 세계관을 제시했다.

가령, 트럼프는 대선경선기간 USA Today에 기고한 칼럼에서 반TPP 입장을 밝히며 다음과 같이 서술하였다.

> "위대한 미국의 중산계층이 사라지고 있다. 이러한 경제적 재앙을 불러온 요소들 중의 하나는 미국의 재앙적인 무역정책이다. … 미국의 정치인들은 오프쇼어링으로 이득을 얻고 있는 지구기업집단에 신세를 지고 있으면서 모든 상상가능한 방식으로 일자리들이 도둑질당하도록 만들었다. 그들은 대외무역사기를 용인하면서 기업들이 생산을 해외로 이전하도록 장려하는 무역협정들을 체결해 왔다."[34]

---

34) Donald J. Trump, "Disappearing middle class needs better deal on trade." *USA Today* (Mar 14, 2016). https://www.usatoday.com/story/opinion/2016/03/14/donald-trump-tpp-trade-american-manufacturing-jobs-workers-column/81728584 (검색일: 2021.03.03).

이러한 트럼프의 담론구조를 보다 구체적으로 살펴보면 다음과 같다.[35] 첫째, 트럼프는 중국을 위시한 해외 나라들이 미국 노동계급을 약탈하는 상황을 방조한 기업집단의 위반(transgression)을 강조했다. 트럼프의 포퓰리스트적 수사는 현재의 사회정치적 환경이 정치인들과 그들의 나쁜 무역협정에 의해 의도적으로 야기된 결여라고 단정하였다. 그는 강건한 산업주의적−생산주의적 경제체제 덕분에 경제가 번영했던 "과거"를 이상화시키면서, 오직 자신만이 재창조할 수 있는 "미국 우선(America First)"의 미래를 소환시켰다. 그리고 이런 길로 나아가기 위해서는 일종의 "희생양들(scapegoats)"로서 내외부의 타자를 공격해야만 하는데, 우선 지구화를 추동한 정치인과 금융 엘리트들이 내부의 타자를 이루고 중국이 외부의 타자로서 집중적인 비난의 대상으로 지목되었다. 특히 중국이라는 주체를 미국의 정체성에 반대되는 곳에 위치 지움으로써 트럼프는 미국 자아에 대한 절대적 타자를 구축할 수 있게 된다. 즉, 중국을 미국에 대항한 규칙위반자이자 사기꾼으로서 미국 가치의 안티테제로 정립하였다.

한편, 트럼프는 수사적인 면에 있어 재앙, 탐욕, 배신 같은 선동적 단어를 즐겨 사용함으로써, 청중의 정서에 반향을 일으키는데 능숙하였다. 또한 책임의 대상을 단순명쾌하게 지정하여 대중이 누구를 확실성과 안전성을 빼앗아간 위반적 타자로 지목하고 비난해야 하는지를 명확히 했다. 이러한 행위는 또한 반대로 광범위한 범위의 '우리' 집단을 구성해내어 안정적인 민중주의적 정체성을 형성하는데 성공적인 전략이었다.

"우리 노동자들의 충성심은 완전한 배신으로 보답받고 말았습니다. 우

---

35) Amy Skonieczny, "Emotions and Political Narratives: Populism, Trump, and Trade," *Politics and Governance* 6-4 (2018), pp.67-70.

리 정치인들은 공격적으로 지구화 정책을 추구하여 우리들의 일자리, 부, 공장들을 멕시코와 해외로 보내버렸습니다. 지구화는 정치인들에게 기부를 한 금융 엘리트들을 매우, 매우 부유하게 만들어 주었습니다.

환태평양 파트너십은 여전히 거대한 위협입니다. TPP라 알려진 이 협정은 미국 제조업에 치명적 타격이 될 것입니다… 이는 공격적인 환율 사기꾼들—그들은 사기꾼들입니다—에게 우리의 시장을 더욱 개방시켜주고 말 것입니다."[36]

둘째, 트럼프는 연설들을 통해 미국의 내륙과 노동계급을 근본적으로 변환시킨 과거의 무역협정들이 어떻게 현재 미국의 정치경제환경을 악화시켰는지를 평가하였다. 그에 따르면 지구화와 금융엘리트의 정책들은 수백만 노동자들이 빈곤과 고통에 처하도록 만들었으며 일자리는 사라지고 마을들은 대공황수준의 실업으로 빠져들었다.[37] 이에 민중주의적 서사를 통해 결여와 책임을 구성해 냈다.

"우리의 정치인들은 인민들로부터 생계부양 수단들을 빼앗아 버렸습니다. 숙련공들과 공장노동자들은 그들이 사랑한 일자리들이 수천 마일 밖으로 사라져버리는 것을 지켜봐 왔으며… 공동체들은 완전한 절망상태에 있습니다… 지구화가 우리의 중산층을 완전히 쓸어 버렸습니다."[38]

셋째, 트럼프의 포퓰리즘 수사에는 독특한 시간성(temporality)이 내재해 있었다. 우선 대략 전후시대에 토대를 두고 있는 듯한 먼 과거는 낭만적으

---

36) Donald J. Trump, "Remarks on trade," *Time* (Jun 28, 2016). http://time.com/4386335/donaldtrump-trade-speech-transcript (검색일: 2021.03.03).

37) *ibid.*

38) *ibid.*

로 묘사되었다. 1950~60년대는 백인 중산층이 두터웠고, 그들의 문화적-경제적 안보는 확고했던 이상적 시기로 상정된다. 그런데 최근 수십 년간 앞서 언급한 엘리트들의 지구주의 "음모"로 현재의 비극적 상황이 도래했다. 그러나 카리스마적 지도자를 따름으로써 민중이 먼 과거를 "회복"(Make America Great Again)할 수 있다면 미국의 장래는 다시 밝아지고 미국의 꿈 (the American Dream)이 실현될 수 있을 것이다. 이런 맥락에서 트럼프의 서사는 무역문제나 대중국관계 같은 복잡한 정치경제적 사안들을 매우 감정적이고 정념적인 언어, 즉, 인민에 대한 배신과 음모로 단순치환시켜 버렸다. 특수이익집단(special interests)과 중국의 합작으로 미국이 "강간"당했다는 식의 극언은 이런 담론적 배경에서 출현가능했다.

4) 미중 무역전쟁의 전개

대선캠페인 기간부터 트럼프 전 대통령은 반복적으로 중국의 경제정책을 거친 언어로 비판해왔고, 이후 트럼프 행정부에서 나온 여러 주요 정책 텍스트들은 중국과의 기술패권경쟁이 중대한 국가적 사무임을 지적해왔다. 특히 트럼프 백악관 내의 보호주의 세력을 이끌었던 피터 나바로(Peter Navarro)의 무역제조정책국(Office of Trade and Manufacturing Policy)이 2018년 6월 발간한 "중국의 경제적 공격이 미국과 세계의 기술과 지적재산권을 어떻게 위협하는가(How China's Economic Aggression Threatens the Technologies and Intellectual Property of the United States and the World)[39]"를 주목할 필

---

39) The White House, *How China's Economic Aggression Threatens the Technologies and Intellectual Property of the United States and the World* (Jun, 2018), https://trumpwhitehouse.archives.gov/briefings-statements/office-trade-manufacturing-policy-report-chinas-economic-aggression-threatens-technologies-intellectual-property-

요가 있는데, 여기서는 대중정책의 핵심목표가 단순히 무역적자 축소에 머무는 것이 아니라 기술패권경쟁에 있음을 명시적으로 밝혔다.

보다 구체적으로 2018년부터 진행된 무역협상에서 미국은 중국에게 미국 상품의 추가구매, 중국시장의 추가개방, 중국의 산업정책변화 등을 요구했는데 이 중 핵심은 단연 세 번째 사항으로 중국의 기술굴기를 무너뜨리기 위한 기술보호주의적 책략에 근거한다. 또한 협상장 바깥에서는 4차 산업혁명의 골간이자 "중국제조 2025"의 핵심인 5G기술과 관계된 화웨이, ZTE(中興) 등의 중국기업을 각종 법적 조치 등을 통해 타격했다.[40] 그런데 그간 양자협상에서 중국은 첫 번째, 두 번째 사항에 대해서는 점진적으로 개선하겠다고 약속하면서도 세 번째 산업정책 부분에서는 끝까지 저항하며 버티었다는 점이 눈에 띤다. 특히 2018년 8월 리커창 총리가 직접 담당하는 국가과학기술영도소조의 신설은 중국이 미국의 공세에도 불구하고 "중국제조 2025"를 계속 추진하겠다는 의지를 표명하였다. 그리고 이는 4차 산업혁명과 관련된 첨단기술영역이 미중패권경쟁의 핵심 분야를 이룬다는 점을 방증하는 것이다. 물론 워싱턴의 예봉을 피하려는 의도에서 베이징 정부가 "중국제조 2025" 전략을 직접적으로 언급하는 일이 점차 줄어들었고, 전국인민대표대회 보고에서도 처음으로 그 명칭이 빠지기는 했지만, "중국제조 2025" 계획과 관련된 과학기술예산이 2019년에도 3,500억 위안(약 59조 원)이나 책정되었다는 점도 함께 눈여겨볼 필요가 있다. 이는 2018년 대비 13.4% 증가한 금액으로 4차 산업혁명의 선도 기술과 표준을 장악해 글로벌 패권경쟁에서 승리하겠다는 중국의 궁극적 의도가 여전하다는 점을 잘 보

---

united-states-world/ (검색일: 2021.03.03).

40) 이민자, 「중국제조 2025와 미·중 기술패권 경쟁」, 『현대중국연구』 제20권 4호 (2019).

여주었다.[41] 나아가 2019년 6월 국무원에서 발간된 〈무역백서: 중미 무역협상에 관한 중국의 입장〉을 통해 중국은 "무역전쟁을 원하지 않지만 싸울 필요가 있다면 싸움을 두려워하지 않을 것"[42]이라는 결연한 입장을 표명하였다.

4. 포스트 트럼프 시대, 미국의 대중전략[43]

2008년 이후 전초전이 이미 시작된 미국과 중국의 전략경쟁 양상 역시 코로나 비상사태를 겪으며 전방위적인 신냉전의 형태로 진화하였다. 코로나 위기의 지속이 미중관계의 긴장을 반영했을 뿐 아니라 그 갈등을 증폭시키는 역할도 수행했기 때문이다. 대유행 초반부터 두 강대국은 과거 조류 인플루엔자 사태나 에볼라 팬데믹 사례 등과 달리 보건협력 대신 상호 책임 공방전에 몰두하였고, 지경학적 논리 혹은 경제의 안보화 논리에 따라 경제적 디커플링을 위한 노력이 바로 뒤따랐다.

코로나19 사태에 대한 트럼프의 초기대응은—국내 중산층의 경제위기에 대한 자신의 해법과 매우 유사하게—"중국 때리기(China bashing)"에 기반한 정치술책에 의존해 있었다. 자신의 무능 때문에 초래된 미국 내 대유행 상황의 책임을 외부타자에 전가하는 전형적인 포퓰리즘 전략이었다. "중국 바

---

41) 「中 '제조2025' 이름만 바꿔 진행하나, '지능+' 추진… 과학예산 13% 늘린다」, 『문화일보』 2019.03.06. http://www.munhwa.com/news/view.html?no=2019030601071103013001&mobile=false (검색일: 2021.03.03).

42) 중화인민공화국 국무원, 성균중국연구소 역, 『무역백서: 중미 무역협상에 관한 중국의 입장』 (서울: 커뮤니케이션북스, 2019), p.3.

43) 차태서, 「탈자유주의적 역사로의 가속화? 포스트-코로나, 포스트-트럼프 시대 미국외교와 세계질서 읽기」, 『국제지역연구』 제30권 1호 (2021).

이러스", "우한 바이러스", "쿵플루(Kungflu)" 같은 인종주의적 색채의 용어를 일관되게 사용하였고, 이런 식의 반윤리적 수사는 트럼프 자신의 고별연설에까지 줄곧 나타났다.[44]

하지만 더 근본적인 시각에서 주목할 것은 2020년 미중경쟁의 내용이 정치체제와 이데올로기에 대한 경쟁으로 질적 도약을 했다는 사실이다. 중국과의 전면적 "신냉전—대결정책" 방향으로 미국의 대중국 전략이 진화했던 것이다. 사실 정권 초반부에서부터 트럼프 정부의 브랜드 정책은 대중 강경접근법이었다. 그러나 『국가안보전략보고서(NSS)』나 마이크 펜스 부통령의 허드슨 연구소 연설에 이르기까지 초기 트럼프 정부의 대중국 담론은 그래도 현실주의의 언어에 기반해 있었다. 즉 중국을 기존 미국주도 국제질서에 불만을 지닌 수정주의 국가로 규정하고 미중 양국이 강대국간 세력 경쟁상태에 들어갔음을 인지하는 수준이었으며, 주요 전선도 무역과 기술표준이라고 하는 하드파워의 영역에 구축되어 있었다.

그러나 코로나 시대에 진입한 후인 2020년에 작성된 정부의 공식 문건이나 연설문들의 서사는 결이 전혀 달랐다. 이 시기부터는 교역이나 테크놀로지 분쟁의 수준을 넘어 전면적 체제대결—자유민주주의 대 권위주의 레짐—수준으로 미중경쟁이 격화하는 모습을 보였다. 미국의 수뇌부는 가령 중화인민공화국 정부가 아닌 중국공산당(CCP), 시진핑 국가주석(President) 대신 총서기(General Secretary)라는 명칭을 사용해 상대를 지칭하는 등 새로운 용어와 수사를 통원해 중국 체제의 전체주의적 속성자체를 비판하는 단계로 넘어갔다. 이젠 현실주의적—물질주의적 담론 대신 네오콘적 언어가

---

44) Trump, Donald J. "Farewell Address." *The White House*, (January 19, 2021). https://trumpwhitehouse.archives.gov/briefings-statements/remarks-president-trump-farewell-address-nation/ (검색일: 2021.03.03).

가미됨으로써, 상대가 죽어야 내가 사는 식의 이데올로기—레짐경쟁의 차원에서의 타자화(혹은 더 나아가 악마화) 작업이 본격화된 것이다. 2018년경 무역전쟁을 시작으로 악화된 미중관계는 코로나 사태가 일종의 결정타가 되어 "냉전 II"라고 부르기에 손색이 없는 수준으로 귀결되었다.[45]

이러한 전지구적 세력균형 변화상황에 대해 보다 본격적으로 대중국 강경책을 펴야 한다는 것은 이미 트럼프 행정부 시절부터 하나의 초당적 합의사항이 되었다. 가령, 2020년 여름 채택된 민주당의 강령에서 하나의 중국원칙이 삭제되었다든지, 중국의 불공정 무역행위와 소수민족탄압을 비판하는 내용들이 담겨 있었던 것이 하나의 예다.[46] 보다 핵심적으로 유념할 것은 대선 이전부터 현재 바이든 행정부의 외교 브레인을 구성하는 인사들이 트럼프 정부와 거의 동일한 대중국 인식 패러다임을 공유하기 시작했다는 사실이다. 예를 들어 신행정부에서 속칭 "아시아 차르"로 임명된 커트 캠벨 NSC 인도 · 태평양 조정관은 2018년 공저한 논문에서 탈냉전기 미국의 대중관여 정책의 기본 전제들이 무너졌다는 점을 강조하였다. 중국을 세계화에 편입시켜 경제와 정치의 자유화를 유도하고 궁극적으로 자유국제질서의 책임있는 이해상관자로 육성한다는 워싱턴의 기대를 베이징이 배신해 버렸다는 주장이다.[47] 같은 맥락에서 제이크 설리번 현 국가안보보좌관도 시진핑 시대의 중국은 완연히 초강대국화의 야심을 드러내고 있으며,

---

45) Ferguson, Niall, "From COVID War to Cold War: The New Three-Body Problem," In Hal Brands and Francis Gavin (eds.), *COVID-19 and World Order: The Future of Conflict, Competition, and Cooperation* (Baltimore: Johns Hopkins University Press, 2020).

46) US Democratic Party, "2020 Democratic Party Platform." *Democratic National Convention* (July 31, 2020). https://www.demconvention.com/wp-content/uploads/2020/08/2020-07-31-Democratic-Party-Platform-For-Distribution.pdf (검색일: 2021.03.03).

47) Campbell, Kurt M. and Ely Ratner, "The China Reckoning: How Beijing Defied American Expectations," *Foreign Affairs* 97(2) (2018), pp.60-70.

미국의 지구 리더십에 도전하려는 의사가 명백하다고 진단하였다.[48] 이러한 담론들은 기본적으로 자유국제주의적 합의에 기반한 과거 대중전략이 실패하였으며, 중국은 현 세계질서를 전복하려는 "수정주의 세력"이라는 트럼프 행정부의 내러티브와 정확히 일치하는 것이다. 바이든 대통령 자신을 비롯 대부분의 핵심 참모들이 오바마(심지어는 클린턴) 행정부 시절부터의 유력인사들이지만, 중국에 대한 근본적 해석방식에 있어서만큼은 커다란 동조화 과정이 발생한 셈이다.

2021년 취임 후의 논의들 역시 전반적으로 트럼프 행정부 시기의 기본방향과 크게 다르지 않아 보인다. 실제로 국무장관 임명청문회에서 토니 블링컨은 "트럼프 대통령이 중국에 강력한 접근법을 택한 것은 옳았다. 구체적인 방식들에 몇몇 이견은 있으나, 그의 기본원칙은 올바른 것이었다"고 답변하였다.[49] 유사한 맥락에서 젠 사키 백악관 대변인은 "우리는 중국과 심각한 경쟁상태에 있다. 중국과의 전략경쟁은 21세기의 결정적 특징이다 …… 베이징이 우리의 안보, 번영, 가치에 심각하게 도전하고 있으므로 새로운 미국의 접근법이 요구된다"고 언급하였다.[50] 따라서 바이든 독트린의 핵심 키워드 중의 하나인 "복원(restoration)"은 중국에 관여해 포섭, 수용하는 진정한 의미에서 보편적인 자유세계질서를 복구하는 시도가 아님이 분명하다. 트럼프 말기와 유사하게 바이든은 지속적으로 시진핑 체제의 비민

---

48) Sullivan, Jake and Hal Brands, "China Has Two Paths to Global Domination." *Foreign Policy* (May 22, 2020). https://foreignpolicy.com/2020/05/22/china-superpower-two-paths-global-domination-cold-war/ (검색일: 2021.03.03).

49) Phillips, Morgan, "Incoming Biden Secretary of State: Trump Right to Take 'Tougher Stance' on China," *Fox News* (January 19, 2021). https://www.foxnews.com/politics/blinken-china-greatest-threat-trump-right-tougher-stance (검색일: 2021.03.03).

50) Psaki, Jen, "Press Briefing by Press Secretary Jen Psaki," *The White House* (January 25, 2021). https://www.whitehouse.gov/briefing-room/press-briefings/2021/01/25/press-briefing-by-press-secretary-jen-psaki-january-25-2021/ (검색일: 2021.03.03).

주성과 인권문제를 부각시키면서, 민주주의 대 권위주의라고 하는 레짐대결의 전선을 강화하고 있다.[51] 즉 지난 행정부와 마찬가지로 이데올로기적인 구분선에 따라 대중국 봉쇄선의 구성, 세력권 형성의 과정이 진행될 공산이 크다. 대선 캠페인 시절부터 강조된 민주주의 정상회의 개최, G7을 보강할 D10 구상, Quad 확대론 등이 이런 전략노선의 실현태라고 여겨진다.

물론 트럼프 식의 거칠고 일방주의적인 대중정책실행이 지니는 부적절함을 넘어설 필요가 있다는 것도 새로운 초당적 합의사안의 일부이다. 가령, 바이든 대통령은 취임 직후, 중국에 대한 인종주의적 적대 같은 불필요한 노이즈는 제거하고자 "우한 바이러스" 등의 표현을 금지하는 행정명령에 서명하였다.[52] 또한 신냉전으로 치닫는 전면적 대결보다는 "협력적 경합", "재앙에 이르지 않는 경쟁"[53] 등과 같은 보다 실용적, 중도적 접근이 민주당 인사들의 차별적 기조라는 점은 유념할 필요가 있다. 이런 맥락에서 바이든은 미중 간의 전략경쟁과는 별도로 팬데믹이나 기후변화와 같은 초국적 문제들에 대한 양국의 공동대응을 강조해 왔다.[54]

---

51) Biden, Jr., Joseph R., "Remarks by President Biden at the 2021 Virtual Munich Security Conference," *The White House* (February 19, 2021). https://www.whitehouse.gov/briefing-room/speeches-remarks/2021/02/19/remarks-by-president-biden-at-the-2021-virtual-munich-security-conference/ (accessed 03 March 2021).

52) Memorandum Condemning and Combating Racism, Xenophobia, and Intolerance Against Asian Americans and Pacific Islanders in the United States. January 26. https://www.whitehouse.gov/briefing-room/presidential-actions/2021/01/26/memorandum-condemning-and-combating-racism-xenophobia-and-intolerance-against-asian-americans-and-pacific-islanders-in-the-united-states/ (검색일: 2021.03.03).

53) Campbell, Kurt M. and Jake Sullivan, "Competition Without Catastrophe: How America Can Both Challenge and Coexist With China," *Foreign Affairs* 98(5) (2019), pp.96-110.

54) Biden, Jr., Joseph R., "Why America Must Lead Again: Rescuing U.S. Foreign Policy After Trump." *Foreign Affairs* 99(2) (2020), pp.64-76.

6장

중국의 대미국 인식

김 현 주*

1. 미중 전략경쟁의 기저: 이데올로기

미중갈등의 기저에는 분명 냉전시기부터 쌓여왔던 오랜 이데올로기적 적개심이 자리 잡고 있다. 개혁개방 이후, 중국의 놀라운 고속 성장은 중국에게는 기쁨이었지만, 미국에게는 위협이었다. 그 이후 줄곧 서방 사회에서 중국위협론이 사라지지 않은 이유가 바로 거기에 있다. 중국은 아직도 더 성장해야 할 것이 많이 남아 있다고 생각하지만, 미국은 '이제 그만'을 외치고 싶은 것이다. 그 시작이 바로 무역 제재이다.

명분으로서 이념적 원인을 정치적 프로파간다로 크게 떠드는 미국과 달리 중국은 그것을 부각시키고 싶어 하지 않는다. 이념적 요인이 부각되면, 지금의 성장 분위기를 해치고 과거의 냉전시기로 복귀할 수 있기 때문이다.

---

* 원광대학교 한중관계연구원 교수.

그렇게 되면, 중국이 지금 야심차게 준비하고 있는 '두 개의 백년' 즉 공산당 100주년, 정부 수립 100주년을 맞이하여 강국몽(强國夢), 강군몽(强軍夢)을 실현하겠다는 목표를 이루기 어렵기 때문이다. 그런데 미국에게는 '중국몽'의 실현은 걱정스러운 일이다. 강한 중국은 미국은 물론, 미국이 공들여 만들어 놓은 자유주의적 세계질서를 해칠 수 있다는 우려를 하고 있다. 이제는 그러한 우려가 미국 안보를 위협하는 것으로 확실하게 규정되었다는 점은 주목할 만한 일이다.

그와 달리 중국은 미중갈등을 분석하면서 이념적 원인보다는 경제적, 정치적 원인을 중시하고, 공략 가능한 경제적 원인에 치중하는 경향을 보이고 있다. 중국의 현재 목표는 세계 경제 질서를 중국에 유리한 방향으로 재편하는 것이다. 그것을 위해 미국 중심의 세계 경제 질서가 얼마나 불평등하고 불공평한지를 집중적으로 공격한다. 그러한 경제적인 측면에서의 공격은 미중 무역갈등의 원인이 순전히 미국에게 있다는 점을 강조한다.

그러나 중국은 미중 무역갈등의 배후에 여러 가지 복합적 원인이 숨어 있다는 것을 부정하지는 않는다. 그것에는 이념적 원인, 경제적 원인, 정치적 원인 그리고 개인적 원인 등이 있다. 여러 가지 요인들 중에서 중국이 가장 강조하는 것은 경제적 원인이다. 여기서 우리는 중국의 향후 목표를 알아차릴 수 있다. 이 글에서는 중국 언론과 학계에서의 진단을 중심으로 중국의 입장에서 본 미중갈등의 원인을 분석하여, 중국의 향후 목표가 무엇인지 짐작할 수 있는 단서를 제공하고자 한다.

미국의 『국가안보전략(National Security Strategy, NSS) 2017』은 국제 질서와 관련하여 지역적 차원의 전략(The Strategy in a Regional Context)이라는 장을 별도로 만들어서 과거 어느 때보다 경제를 강조하였다. 보고서는 중국과 러시아가 미국의 파워, 영향력, 안보 그리고 번영에 도전하고 있다고 진단했다. 보고서에서 의미하는 미국의 국가 안보는 미국 국민, 국토 그리고 미국적 삶을 보호하는 것, 힘을 통해 평화를 유지하는 것, 미국의 영향력을 강화시키는 것뿐만 아니라 "미국의 번영을 증진시키는 것"[1]을 말한다. 안보에 대한 경제적 확대 해석을 바탕으로 미국의 노동자와 기업의 이익을 보장하기 위해 무역 불균형의 해소, 무역 장벽의 철폐, 수출 기회의 증대 등의 경제 문제가 국가 안보전략에 반영되었다. 그리고 "중국과 러시아가 미국의 가치와 이익에 정 반대되는 세계를 만들기 원한다(China and Russia want to shape a world antithetical to U.S. values and interests)"고 강조하며, 이들을 미국 주도의 자유주의적 세계질서에 대한 수정주의자(revisionist)로 규정하였다.[2] 그것은 경제, 정치, 사상, 안보가 복합적으로 결합되어 있음을 반증하는 것이고, "아메리카 우선주의"를 보여주는 것이다.

중국을 자유주의적 세계 질서에 대한 도전자로 규정한 미국의 입장과 중국의 태도는 확연히 구분된다. 중국은 명시적으로 무역갈등을 이념과 가치의 문제로 보기를 원하지 않는다. 그러나 내심 무역갈등의 실질이 바로 사상과 이념의 차이라고 느끼고 있다. 『북경주보(北京周報)』의 란신젼(蘭辛珍)은 솔직하게 미중 무역갈등이 사상과 이념이 충돌한 결과이며, 무엇보다도 아메리카 우선주의와 중국몽이 충돌한 결과라는 점을 인정하였다.[3] 즉 미

---

1) White House, National Security Strategy of the United States of America (2017), https://trumpwhitehouse.archives.gov/wp-content/uploads/2017/12/NSS-Final-12-18-2017-0905.pdf (검색일: 2019.06.14).

2) 최강·신범철, 「트럼프 행정부 『국가안보전략 2017』의 시사점과 한국의 대응」, 『아산정책연구원 이슈브리프』(December 27, 2017), http://www.asaninst.org/contents/%ED%8A%B8%EB%9F%BC%ED%94%84-%ED%96%89%EC%A0%95%EB%B6%80-%E3%80%8E%EA%B5%AD%EA%B0%80%EC%95%88%EB%B3%B4%EC%A0%84%EB%9E%B5-2017%E3%80%8F%EC%9D%98-%EC%8B%9C%EC%82%AC%EC%A0%90%EA%B3%BC-%ED%95%9C%EA%B5%AD/ (검색일: 2019.06.14).

3) 蘭辛珍, 「中美貿易摩擦實質是三對思想理念的碰撞」, 『北京周報』 http://www.beijingreview.com.cn/shishi/201905/t20190528_800169236.html (검색일: 2019.6.26); 첫째, 중국의 운명공동체와 트

국과 중국의 헤게모니 대결을 인정한 것이다.

서방의 신냉전에 대한 시각[4]에 의하면, 중국과 미국의 차이는 너무나 분명하다. 서방은 중국의 이데올로기를 권위주의(authoritarianism)라고 규정하고, 덩샤오핑 시기의 "soft" 권위주의가 시진핑 시기에는 "hard" 권위주의로 전환했다고 본다. 그것에 대해 "creep"이라고 표현하며 거부감을 드러낸다. 이런 시각은 중국식 체제에 대한 본연적인 거부를 적나라하게 보여준다. 그런 거부감을 모를 리 없었던 덩샤오핑은 자본주의와 사회주의를 결합시킨 중국식 사회주의를 탄생시켜 서방의 의심어린 눈초리를 조금은 누그러뜨릴 수 있었다. 그러나 중국의 급속한 경제 성장으로 인해 서방국가의 우려와 두려움이 다시 커지고 있다. 무역갈등은 그것에 대한 반영이다.

그것은 무역갈등의 저층에는 이데올로기의 문제가 있다는 점을 보여주는 것이지만, 중국은 그것을 표면화하고 싶어 하지 않는다. 일단 그것이 수면으로 올라오게 되어 쟁론화되면, 미국과 그 외의 서방 국가들이 하나의 세력으로 힘을 합쳐 중국에 대항하게 될 것이고, 그렇게 되면 중국이 추구하고자 하는 강국몽은 물거품이 될 가능성이 크기 때문이다. 그리고 가장 우려되는 것은 신냉전으로의 이행이다. 무역갈등이 전쟁으로 승격되고, 무역전이 다시 이념전으로 승격되면, 소위 문명의 충돌이 될 가능성이 크다.

과거 중국에서는 대만과의 관계나, 인도와의 관계를 설명할 때, "냉(冷)평화"라는 개념을 사용했다.[5] 그것은 냉전시대에서처럼 군사적으로 대치하지

럼프의 아메리카 우선주의의 충돌이다. 둘째, 중국의 다자무역주의와 트럼프의 일방적 보수주의의 충돌이다. 셋째, 중국 굴기에 대한 미국의 억제와 중국의 反억제 간의 충돌이다.

4) Robert D. Kaplan, "A New Cold War Has Begun," *foreign policy*, https://foreignpolicy.com/2019/01/07/a-new-cold-war-has-begun/ (검색일: 2019.06.14).

5) 馬淑靜, 「冷和平已經開始了？」, 『華夏經緯網』, http://www.huaxia.com/thpl/tdyh/msj/2015/11/4634528.html (검색일: 2019.07.23).

는 않지만 안전감이 결여된 평화 상태를 의미한다. 중국이 단시일 내에 아시아에서 미국을 쫓아내고자 하는 생각을 갖고 있지는 않지만, 아시아 국가들과 미국이 맺고 있는 동맹조약은 중국이 보기에는 냉전의 산물일 뿐이다. 그러나 미중 모두 아직까지는 공식적으로 정치적, 군사적 대결의지를 드러내고 있지 않고 있으므로, 그것을 "냉평화"시기라고 보는 이들도 있다.[6] 중국은 냉전으로 향하기보다는 "차갑기는 하지만" 평화로운 상태가 당분간 지속되기를 바란다. 그와 달리 미국은 이데올로기적 거부감을 점차 부각시키면서, 무역, 환율 등과 같은 경제적 수단이나 기타 수단을 통해 계속해서 중국에 대해 공세적인 자세를 취할 것이다.

2. 국내경제와 국제경제

1) 미국의 국내경제

중국이 보기에 미국이 무역마찰을 시작한 이유는 첫째, "무역적자+재정적자"로 이루어진 미국의 이중적자의 해소이다. 사실 미국의 무역 적자는 천문학적 수준이다. 2018년 미국의 무역적자는 6,210억 달러에 이르렀고, 그중에서 대중 무역적자는 4,000억 달러를 넘었다. 전체 무역적자의 3분의 2가 중국과의 무역에서 발생했다.[7] 게다가 대미 무역적자를 초래한 상품은

---

6) 鐵血網, 「中美關系進入冷和平狀態將會促使中東與歐洲」, https://zhidao.baidu.com/special/view?id=bfe15a24626975510200 (검색일: 2019.07.23).

7) 『매일경제』, 「美무역적자 9년만에 최대⋯트럼프, 낙제!」, https://www.mk.co.kr/news/world/view/2018/02/89610 (검색일: 2019.06.26).

자동차, 비행기, 선박과 관련된 운송설비, 의료, 외과용품 및 설비, 정밀기계 등 기술함량이 비교적 높은 상품이다. 중국은 기계, 전기설비 및 부품, 녹음기, TV 화면 등의 제품을 2017년 경우 1,986.98억 달러 어치를 수출하여, 흑자가 1,648.36억 달러로 1위[8])에 이르렀다. 사상 최대의 무역적자 해소가 미국의 최대 과제인 셈이다. 미국은 무역적자의 대부분의 책임을 중국에게 돌리고 있다. 그러므로 무역적자를 해소하기 위해서는 중국에게 책임을 물을 수밖에 없는 것이다.

[그림 1] 무역 적자폭 확대[9])

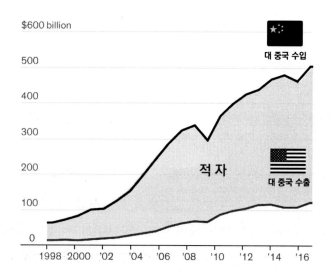

출처: United States International Trade Commission.

---

8) http://news.hexun.com/2019-06-03/154798072.html (검색일: 2019.06.14).

9) Avi Salzman and Evie Liu, "The Brewing U.S.-China Trade War, Explained in Charts," https://www.barrons.com/articles/the-brewing-u-s-china-trade-war-explained-in-charts-1523052689 (검색일: 2019.12.09).

[그림 2] 미중 무역 불균형[10]

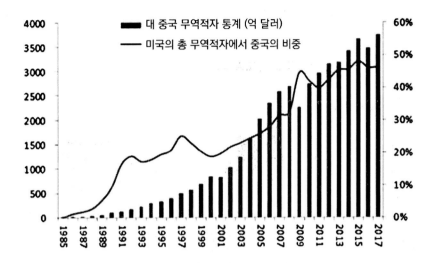

출처: 미국 경제분석국(BEA), 헝다(恆大)연구원.

미국의 적자는 무역뿐만이 아니라 재정 면에서도 상당한 정도이다. 미국의 "이중적자"는 2008년 금융위기 이후 미국경제의 "구조적 모순과 위험"으로 줄곧 지적되어왔다.[11] 특히 미국의 재정적자는 재정완화정책과 구제금융정책으로 심화되었고, IMF의 2019년 재정점검 보고서에 따르면, 2008년 이후 꾸준히 증가하여 2019년에는 8,970억 달러로 늘어났으며,[12] 22년에는 코로나 악재까지 겹쳐 1조 달러를 훌쩍 넘어설 것으로 추정된다. 그러한 이중적 적자는 분명 미국의 안전을 위협하는 중요한 요소임에 틀림없다. 그

---

10) 和訊網, 「詳解中美貿易失衡原因——比你以爲的更複雜」, http://news.hexun.com/2017-05-03/189048212.html (검색일: 2019.06.14).

11) 류주형, 「세계경제위기 전개 양상 분석과 전망」, 『사회운동』 통권 101호 (2011).

12) IMF, *World Economic Outlook Reports* (2019), ttps://www.imf.org/en/Publications/WEO/Issues/2019/03/28/world-economic-outlook-april-2019 (검색일: 2019.06.14).

러므로 중국에 대한 대폭적인 관세인상은 미국의 재정적자 해소를 위한 것이라는 것이 중국의 생각이다.[13)]

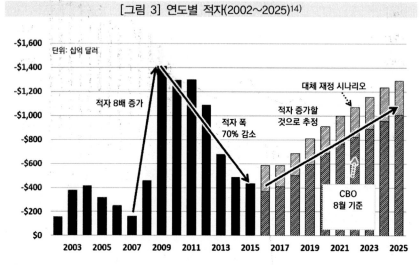

[그림 3] 연도별 적자(2002~2025)[14)]

출처: CBO, CRFB Calculations.

19세기부터 20세기까지 제조업을 선도해온 나라는 미국이었다. 임금상승과 규제 강화로 인해 미국의 제조업은 조금씩 해외로 이전하기 시작했고, 미국 국내의 경제적 주도권은 서비스업에 돌아갔다. 그 후 제조업이 GDP에서 차지하던 비중이 2009년에는 10% 초반까지 떨어지게 되었다. 무엇보다도 2008년 세계 금융위기가 큰 영향을 주었다. 그로 인해 미국의 제조업은 큰 타격을 받았고, 오바마 정부 시절부터 미국은 제조업 살리기에 안간힘

---

13) 搜狐網, 「美國5月財政赤字高達1468億美元，特朗普打關稅戰是否就爲了收稅？」，
   http://www.sohu.com/a/235586062_100130522; https://www.jiemian.com/article/3191382.html

14) 瞿東升, 「以貿易赤字之名解財政赤字之困，才是特朗普的真正動機」, http://www.mygovcost.org/
   2015/01/10/the-future-for-the-deficit-and-debt/ (검색일: 2019.10.31).

을 쓰고 있다.

[그림 4] 전 세계 제조업 생산에서 미국이 차지하는 비중(1970~2012)[15]

(단위 : 좌축 - 십억 달러, 우축 - %)

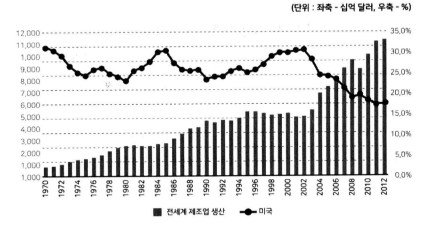

전세계 제조업 생산 ── 미국

출처: MFG 매거진.

세계적인 수준에서 보면 미국의 제조업 경쟁력은 중국에 이은 2위이다. 중국의 경쟁력은 단순히 비용경쟁력이 높기 때문이지만, 미국의 제조업 경쟁력은 혁신정책, 물적 기반, 법적 · 제도적 환경 등 여러 면에서 우세하다. 그럼에도 불구하고 미국은 중국을 제치고 제조업 분야에서 1위를 차지하고 싶어 한다. 한편으로는 미국의 첨단 산업 위주의 제조업을 육성하는 한편, 그에 대한 경쟁 상대인 중국의 제조업을 억제하고자 하는 포석이 깔려 있다.

2008년 금융위기 이후 세계 경기가 둔화되고 세계적으로 보호무역주의가 강화되는 추세를 보이고 있다. 그 추세의 최전선에 미국이 있다. 트럼프정

---

15) MFG, 「미국의 4차 산업혁명 ① : 미국 제조업의 위기와 부활」, http://www.mfgkr.com/archives/2397 (검색일: 2019.10.31).

부가 환태평양 경제동반자협정(TPP)을 탈퇴하고 자유무역협정에 대해 전면적 재검토를 하겠다고 하고, 환율조작과 불공정무역에 대해 규제하겠다는 입장을 밝힌 것은 미국 보호무역주의의 선전포고와 같은 것이라고 할 수 있다.

그것은 미국이 자유무역이라는 이름으로 너무 많은 희생을 해왔다는 생각에서 비롯된 것이다. 그런 배경으로 만들어진 미국의 종합무역법(The Omnibus Trade and Competitiveness Act of 1988), 그중에서도 슈퍼 301조는 불공정 무역국에 대해 보복관세를 부과할 수 있는 독소조항이 내포되었다. 그러한 독소조항을 만든 보호무역주의 정치세력은 바로 철강, 섬유, 전자, 자동차 등의 기업들이다. 그들 이익집단들의 요구가 거세짐으로써 미중 무역마찰이 심화되었다.

2) 중국의 국내경제

미중 간에 무역마찰이 발생한 이유는 중국 측에도 있다고 중국은 분석한다. 구체적으로 미중 간에 무역관계가 성립한 이후 계속된 대미 무역흑자의 증가, 둘째, 그 과정에서 형성된 미국에 대한 지나치게 높은 의존도, 셋째, 미국의 의존으로부터 벗어나기 위해 핵심기술 발전을 무리하게 추구한 점, 넷째, 중국의 기술 경쟁력이 약하다는 점 등등이다.

세계의 공장으로서 중국은 개혁개방 이후 계속해서 무역흑자를 보이고 있다. 중국의 무역흑자가 급속도로 증가한 배경에는 첫째, 경제 세계화, 둘째, 중국의 강한 공급능력, 셋째, 중국 상품에 대한 수요 증가, 넷째, 저렴한 생산 원가, 다섯째, 세계 경제의 성장이 있다.

중국의 무역흑자는 1990년부터 시작되었는데, 1990-2005년까지 누적 흑자가 3,977.5억 달러에 이르렀다. 무역갈등이 시작되기 전인 2017년 중국의 미국에 대한 무역흑자는 2,758억 달러였다. 중국의 무역구조는 동아시아국가들로부터 기계나 전자 등의 중간재를 수입한 후 조립 또는 가공하여 완제품을 만들어 선진국에 수출하는 구조로 되어 있다. 그러므로 중간재를 수입해 오는 한국, 일본, 대만 등에 대해서는 적자를 보이는 반면, 미국과 유럽연합과 같이 완제품을 수출하는 국가에 대해서는 흑자를 보이고 있다. 그리하여 미국과 유럽연합 등의 국가에 대해 무역불균형 문제가 불거지고 무역분쟁을 야기하는 주요 원인이라고 자주 언급되어 왔다.

[그림 5] 중국의 미국에 대한 무역흑자[6) [그림 6] 미국의 중국에 대한 무역적자[7)

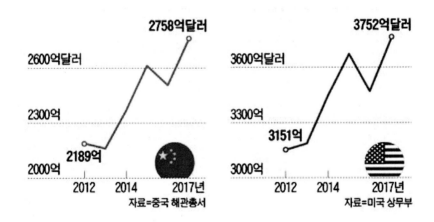

2017년 중국 전체 무역흑자에서 미국이 차지한 비중이 75.6%에 이를 정도로 미국에 대한 의존율이 지나치게 높았다. 주로 컴퓨터 주변기기와 휴

---

16) 『조선일보』, 「中, 1~5월 對美 무역흑자 12.8% 증가… 미중 협상 험로」, https://news.chosun.com/site/data/html_dir/2018/06/08/2018060802360.html (검색일: 2019.12.09).

17) 위의 자료.

대폰이 그렇다. 스티븐 로치는 그것을 "상호의존성의 함정"이라는 말로 표현하였다.[18] 생산자로서의 중국과 소비자로서의 미국의 관계는 불균형의 함정을 내포하고 있다. 미국 정부는 중국의 최대의 소비시장을 제공해주었고, 경제 위기로 생활이 어려워진 미국의 중산층은 중국의 값싼 상품을 대량으로 소비해주었다. 양국의 무역관계의 불균형은 미국 국내의 경제적 불균형과 상호작용하여 결국 위기를 심화시키고 말았고, 만성적 경기침체를 초래했다. 그에 따라 미국 정부는 그 위기의 화살을 중국에 돌릴 수밖에 없게 된 것이다.

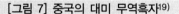

[그림 7] 중국의 대미 무역흑자[19]

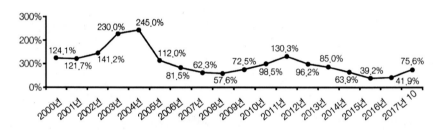

중미 간에 불균형한 무역구조가 형성된 것은 또한 중국의 핵심 기술이 발전하지 못했기 때문이라는 것이 중국의 생각이다. 그런 이유로 "중국제조 2025"를 통해 기술 산업을 발전시키고자 했다. 사회가 발전함에 따라 하이테크 상품에 대한 시장의 요구가 강화될 것이고, 중국이 자체적으로 그런 상품을 만들 수 없다면, 그것은 선진국에서 사와야 한다. 그런데 하이테크

18) 스티븐 로치, 이은주 역, 『G2 불균형』 (생각정원, 2015).

19) 『데일리안』, 「중국 전체 무역흑자 중 대미 흑자가 75.6% 차지」, http://www.dailian.co.kr/news/view/630077 (검색일: 2019.12.09).

상품을 제조할 때 필요한 반도체 및 운영체제(OS) 등이 대부분 선진국 기술에 의존하고 있는 것이 현실이다. 기술의 자립만이 살 길이라고 생각한 중국이 무리하게 해외기업에 기술이전을 강요하거나 타국 기업의 지적재산권을 침해하는 등 공격적인 정책을 편 것이 중국에 대한 반감을 산 것이다.

첨단 산업과 기술 분야에 있어서 중국은 아직도 미국에 훨씬 미치지 못하는 수준이다. 특히 인공지능(AI)분야에 있어서 미국에 비해 경쟁력이 없다. 4차 산업혁명을 선도하는 국가 중의 하나로서 중국은 여전히 지나치게 열세에 처해 있다. 10억 명의 스마트폰 사용자, 7억 5천의 인터넷 이용자를 바탕으로 한 '데이터 접근성'을 제외하고는 하드웨어, 연구개발 역량, 알고리즘 등 대부분의 첨단 영역에서 미국에 뒤쳐져 있다. 다시 말하면, 그런 분야에 있어서는 아직도 중국이 미국에 의존해야 한다는 것이다. 그것은 또한 미국에게 아직도 중국을 공격할 여분의 탄환이 장전되어 있음을 말해주는 것이기도 하다. 그러므로 중국은 기술자립을 하지 않는 한, 계속해서 미국이 무역을 수단으로 중국을 괴롭힐 것이라고 보고 있다.

[표 1] 국내 경제적 요인

중국	미국
▶ 저부가가치상품 수출로 인한 무역흑자 ▶ 미국에 대한 과도한 의존 ▶ 국내 핵심기술의 결여 ▶ 국내 기술의 경쟁력 저하	▶ 무역적자 해소 ▶ 재정적자 해소 ▶ 제조업의 위기 ▶ 보호무역주의의 대두

3) 국제적 요인

냉전 이후 급속도로 세계 경제의 세계화가 진행되었고, 그 과정에서 세계 무역이 현재와 같이 구조화되었다. 미국은 주로 금융 및 첨단 기술 산업을 위주로 경제구조가 서비스화, 정보화되었고, 미국의 산업은 자본, 기술, 정보 집약형으로 구성되었던 반면, 중국은 주로 제조업을 중심으로 경제구조가 구성되었다.

그런 구조에서 미국은 고부가가치의 첨단 기술과 서비스를 해외에 수출하고, 중국은 값싼 제조업 상품과 완성품을 수출하게 되어, 결국은 지금의 무역불균형이 초래된 것이다. 미국의 첨단 산업은 기술에 대한 연구개발비가 많이 소요되고, 중국은 선진국 상품의 최종 가공무역지이다. 결과적으로 중국이 많은 이익을 얻는 것 같지만, 사실은 그렇지 않다. 중국은 비싼 기술비와 특허비를 지불하고 완제품을 만드는 데 필요한 값싼 노동력에 대한 비용만을 수익으로 얻는 구조이기 때문이다. 그런데 세계 무역구조에서의 수출입 정산 과정에서는 모든 수익이 중국으로 잡히게 된다. 실제 중국의 수출품 중에서 가공 무역이 차지하는 비율은 50%가 넘는다. 중국의 흑자는 명목상의 흑자일 뿐 실질적인 흑자는 다국적 회사의 모국, 즉 선진국이 갖게 된다.

그런 불합리를 해소하기 위해 중국은 세계 분업구조의 상층부로 도약하고자 한다. 그리하여 기술굴기를 추진하는 것이다. 그러한 시도는 어느 정도의 성과를 보였다. 몇몇 핵심기술 분야에서 중국의 도약이 두드러졌다. 그로 인해 세계 분업구조가 빠르게 변화하고 있다. 과거 노동 집약형 산업에 치중해 있었던 중국의 산업이 빠르게 기술 집약형 산업으로 전환하고 있다. 그것은 세계 분업구조의 가장 상층부를 차지하고 있는 미국을 위협하고 있다. 그것이 바로 미중 무역갈등의 주요한 원인 중의 하나이기도 하다.

미국의 우려는 사실로서, 중국은 2000년대부터 R&D에 많은 투자를 해오고 있고 투자액에 있어서 무섭게 미국을 따라잡고 있다.([그림 8] 참고) 그것은 중국 기술의 급성장을 가져왔고, 결과적으로 세계 가치사슬의 분업 구조를 크게 흔들어 놓았다.

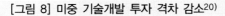

[그림 8] 미중 기술개발 투자 격차 감소[20)]

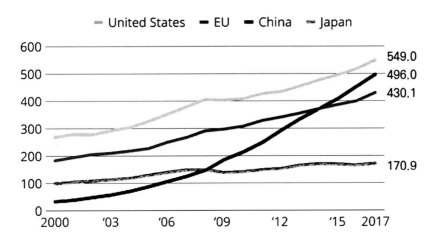

구매력 평가(PPP) 기준 기술개발지출
(십억 달러)

ppp=purchasing power parity.
출처: National Science Foundation.

현재 미중 분업관계에 있어서, 미국은 기술 인력과 자본의 우세로 연구 개발, 생산, 마케팅에 이르는 부가가치 곡선인 "스마일 곡선"의 양 끝에 위 치하며, 기술 계발, 핵심 부품과 핵심재료 생산 등 고품질 단계에 있지만, 중국은 염가의 생산 비용과 완전한 공업 시스템으로 스마일 곡선의 중간에

---

20) Niall McCarthy, "China Is Closing The Gap With The U.S. In R&D Expenditure," https://www.forbes.com/sites/niallmccarthy/2020/01/20/china-is-closing-the-gap-with-the-us-in-rd-expenditure-infographic/?sh=15e120755832 (검색일: 2021.2.15).

위치, 가공 산업, 일반 재료와 부품 생산 등을 맡고 있는 중간 단계를 차지하고 있다.

[그림 9] 글로벌 가치사슬의 스마일 곡선[21)

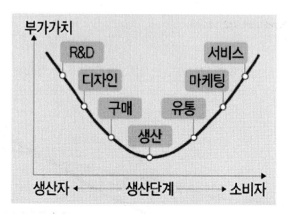

출처: Stan Shih(1992).

중국은 미국이 무역마찰을 통해 중국의 하이테크 산업발전 추세를 억제하고자 한다고 본다. "무역불균형"이란 미국의 변명에 불과하고, 중국의 하이테크 산업이 미국을 추월하는 것을 방지하는 것이야말로 무역갈등의 진정한 이유라는 것이다.[22) 그것은 미국이 중국에 대해 관세를 부과한 품목과 중국이 미국에 대해 관세를 부과한 품목을 비교해보면 분명하게 드러난다.

---

21) 『문화일보』, 「21C 세계경제 이끈 정교한 'GVC'… 거친 보호무역에 '위기'」, http://www.munhwa.com/news/view.html?no=2018120501032503000001 (검색일: 2019. 11.22).

22) 魔靈書星座網, 「中美經貿衝突之源 : 技術追趕 ; 中美經貿關系新」, https://www.molingshu.com/ 73/58168.html (검색일: 2019.06.26).

[그림 10] 미중 상호 관세부과 품목 비교

미국우선 정책은 한편으로는 미국의 하이테크 영역의 지적 재산권을 보호하여, "스마일 곡선"의 양 끝에서의 미국의 우세를 다지고, 다른 한편으로 대규모의 감세와 보호관세와 무역정책을 통해, 일반 제조업이 미국으로 돌아오도록 하여, 스마일 곡선의 중간위치도 차지하고자 하는 것이다. 중국의 전략은 중국기업의 세계 가치사슬 분업에서의 위치를 격상시켜, 참여자에서 조직자로 역할을 전환하려는 것이지만, 중간위치를 포기하지 않고 중국 제조품의 질을 향상시키려는 것이다. 즉 중국 무역정책의 핵심은 스마일 곡선의 중간을 안전하게 확보하면서 양끝을 공략하는 전략이다.

세계 가치사슬에서의 분업구조의 전환을 시도하는 "중국제조 2025" 즉 중국 제조업의 승급전략은 분명 미국의 전략과 충돌한다. 그런 충돌 속에서 중국은 세계화를, 미국은 역(逆)세계화를 통해 자국의 산업을 보호하고 성장시키려는 전략을 취하고 있다. 화웨이보다 먼저 제재를 받은 다국적 전기 통신 및 시스템 기업인 종싱(中興)은 업계에서 세계 4위를 차지했고, 렌잉(聯影) 헬스케어, 마이뤼(邁瑞) 의료기기 등은 GE나 필립스의 수준에 육박하고 있다.

중국 전자 산업의 전반적 발전은 세계 분업구조에 영향을 주었고, 세계의 공장이었던 중국이 이제는 세계 분업구조의 상층부로 진출하고 있는 것이다. 그것은 화웨이 문제에서 더욱 명시적으로 드러났고, 미국은 그것을 "미국의 번영에 대한 위협"으로 느꼈다. 중국이 보기에 그런 이유로 미국은 중국의 굴기를 억제하고자 한다. 그러므로 중국은 미중 무역갈등은 단순한 무역문제가 아니라, 국제 무역질서에 거대한 변화의 시작[23]이라고 보는 것이다.

무역갈등은 달러의 약화를 보여주는 증거이기도 하다. 전후 70년간 달러는 기축통화로써 세계를 지배해왔으나, 최근 들어 달러체제의 약화가 미국 패권의 약화와 함께 가시화되고 있다. 지금의 금리인상, 무역전쟁, 경제제재는 바로 미국의 패권과 달러체제를 지키기 위한 것이라는 것이 중국의 생각이다.

달러가 기축통화가 된 것은 1944년 브레튼우즈회담에서 달러를 기축통화로 인정한 것에서 비롯되었다. 그 후 브레튼우즈체제는 붕괴되었지만, 미국은 달러를 이용해 초강대국으로서의 입지를 지킬 수 있었다. 그러한 달러체제가 2008년 금융위기로 위기를 맞게 되었다. 그러나 그렇다고 해서 달러의 위상이 떨어진 것은 아니다. 그것은 달러가 아직까지 안전한 자산으로 인식되고 있기 때문이다.

그렇다고 안심할 수 있는 것은 절대 아니다. 달러에 대한 도전자가 나타났기 때문이다. 바로 위안화이다. 최대 원자재 수요국인 중국은 러시아, 사우디아라비아 등과 협상을 통해 원유를 구매할 때 달러가 아닌 위안화로

---

23) 中國社會科學院經濟研究所, 「中美貿易摩擦改變了什麼?」, 『專題走勢』 第63期 (2018), http://ie.cass.cn/academics/economic_trends/201809/t20180925_4569246.html (검색일: 2019.06.14).

192 궐위의 시대: 미국과 중국이 사는 법

할 수 있는 협상을 하였다. 그러한 시도는 달러 패권에 대한 도전으로 인식된다. 칼 와인버그(Carl Weinberg)는 그것을 페트로 달러가 가고 페트로 위안의 시기가 온다고 표현하였다.[24]

달러의 지위 약화는 곧 위안화의 지위 강화와 연계되어 있다. 중국의 위안화는 일대일로 협력국가를 중심으로 점차 확대되고 있다. 즉 상하이협력기구(SCO)를 중심으로 한 에너지 협력과 그에 대한 위안화 사용, 러시아, 대만, 홍콩, 아세안, 싱가포르 등과 위안화 결제시스템 협력 추진을 통해 역내에서 역내 기축통화로서 점차 부각되고 있다. 물론 위안화가 기축통화가 되기에는 다소 시간이 걸리겠지만, 미국이 그렇다고 그것을 의식하고 있지 않은 것은 아니다.

위안화뿐만 아니라 달러체제를 위협하고 있는 것은 가상화폐이다. 중국 및 러시아와 같은 달러패권 도전국가들은 자국 통화뿐만 아니라 비트코인과 같은 가상화폐로써 달러에 도전하면서, 그와 동시에 미국의 경제제재에 대응한다. 그런 이유로 다음은 무역전이 아니라 통화전이 일어날 수 있다.

3. 정치적 원인

1) 세계적 포퓰리즘의 부상

영국의 브렉시트, 트럼프의 당선, 이탈리아 우파 포퓰리즘 정당의 집정

---

24) Foundation for Law and International Affairs, "The End of the Petrodollar's Half Century Reign?" (November, 2017), https://flia.org/end-petrodollars-half-century-reign/ (검색일: 2020.04.27).

등이 보여주는 것은 포퓰리즘이 서구사회에 대해 강력한 충격을 주고 있으며, 또한 세계정치 발전에도 영향을 주고 있다는 점이다. 2008년 금융위기 이후, 서구 사회의 빈부격차가 격화되자, 민중의 불만이 증가하였는데, 난민이 대량 유입되면서 그러한 불만은 분노로 변하였다. 인종, 빈부, 지역, 민중과 엘리트를 둘러싼 사회의 분화와 대립이 심화되고 있는 것이다.

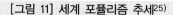

[그림 11] 세계 포퓰리즘 추세[25]

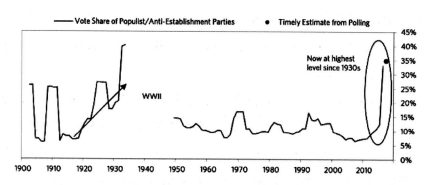

　　서구사회에서 유행하고 있는 극우 포퓰리즘은 역세계화, 보호무역주의와 연계되어 있다. 극우 포퓰리즘을 표방하는 정당들은 반세계화, 반이민, 신고립주의 등을 내세우기 때문이다. 결국은 그런 경향이 무역전쟁을 유발하게 될 것이고, 글로벌 경제를 파탄으로 이끌고 갈 것이라는 경고도 있다.[26] 중국은 그것을 가장 잘 정책화한 이가 바로 트럼프이고, 그것이 구체적으

25) Ray Dalio, "The Developed World Populism Index," http://time-price-research-astrofin.blogspot.com/2017/03/the-developed-world-populism-index-ray.html (검색일: 2021.02.16).

26) 『매일경제』, 「세계경제 최대위협은 '포퓰리즘'」, https://www.mk.co.kr/news/economy/view/2017/01/46682/; 『연합뉴스』, 「메르켈, 트럼프發 '포퓰리즘·고립주의·보호무역' 경계」, https://www.yna.co.kr/view/AKR20161123172300082. (검색일: 2021.02.15).

로 표출된 것이 바로 미중 무역갈등이라고 이해하고 있다.

2) 국내적 요인: 미국 정치생태계의 변화

2018년 무역갈등이 불거지자 중국 내에서 미국의 중간 선거가 무역갈등의 원인의 하나라는 분석이 나왔다. 2018년 11월 미국의 중간 선거에서 민주당과 공화당이 경합하는 주들에서의 승패에 대한 정치적 고려가 미중 패권다툼 및 무역갈등에 영향을 미쳤다는 것이다. 즉 무역갈등의 원인을 미국의 선거 정치의 필요라고 본 것이다. 보통선거제 국가에서는 유권자들의 국제무역에서의 이익과 손해가 관건이 되기 때문이다.[27] 대통령으로 당선되기 위해 트럼프가 내세웠던 공약이 제조업을 미국으로 돌아오도록 하겠다는 것인 만큼 경합주인 전통적 제조업 지역에서의 표를 획득하기 위해 미중 무역갈등을 이용했다는 것이다. 물론 미국은 정기적으로 선거를 치러야 하는 국가이고, 그런 점에서 선거에서의 득표는 언제나 중요한 요소임에 틀림없지만, 근본적인 이유라고 할 수는 없다.

선거라는 일시적인 원인보다는 베이징대학 국제관계학원장인 자칭궈(賈慶國)의 설명[28]처럼, 미국 정치생태의 변화가 무역갈등에 영향을 주었다는 주장이 더 설득력 있다. 그에 의하면, 미국 내에는 봉쇄전략(containment strategy)을 지지하는 부류와 개입전략(engagement strategy)을 지지하는 부류가 대결하고 있다. 전자는 중국의 굴기가 미국의 지위에 도전을 하고, 미국의 이익에 손해를 끼치므로 억제해야 한다는 입장이고, 후자는 미중관계를

---

27) http://www.jiaoshilw.com/hongguanjingji/289993.html (검색일: 2019.06.26).

28) 搜狐網, 「觀點 | 關注中美貿易戰背後美國政治生態的變化」, https://www.sohu.com/a/246887492_774205 (검색일: 2019.06.14).

제로섬게임으로 보지 않고, 갈등을 회피하고 협력할 수 있다고 보는 입장이다. 개입파는 "이익개입파"와 "가치개입파"로 나뉘는데, 전자는 미중 무역 관계에서 직접적인 이익을 보고 있는 쪽은 미국기업이라고 보고, 후자는 정치적으로 미중 간의 경제협력은 중국의 법치, 자유화, 민주화에 유리하다고 보는 입장이다. 과거 오바마 정부에서는 개입파가 강하게 작용했던 반면, 트럼프 정부에 와서는 개입파보다는 봉쇄파가 더 우세한 입장이다.

자칭궈에 의하면, 미국의 정치생태계가 변한 주요한 원인은 네 가지이다.[29] 첫째, 미국 중심의 단극체제에서 중국의 굴기로 인한 국제체제 구도의 변화이다. 둘째, 중국의 대외적 세력 확장에 대한 미국의 봉쇄파의 해석이 변했기 때문이다. 셋째, 개혁개방 이후 중국의 경제성장이 중국의 법치화, 자유화, 민주화에 유리하게 작용할 것이라고 보았던 가치개입파의 실망이다. 결과는 그들이 예상하던 것에 미치지 못했기 때문이다. 넷째, 중국 경제 환경에 대한 이익개입파의 생각의 변화이다. 그것은 극단적 민족주의의 영향으로 지적 재산권, 복지, 인터넷 해킹 등에 있어서 중국 기업이 미국의 기술 시장을 위협한다고 보았으며, 동시에 중국이 해외기업이 중국에 투자할 수 있는 기회를 제한하고 있다는 점에 대한 반발이다. 그런 여러 가지 정치적 원인이 작용하여 미 행정부의 대중국 정책이 완성된 것이다.

사실 정치적 원인에 대해서는 중국이 적극적으로 개입하거나 대처할 수 있는 여지가 적기 때문에 그에 대한 지적은 많지 않다. 그에 비해 경제적인 방면에서의 대처가 오히려 분명하고 쉽다. 게다가 중국은 이전부터 자국은 물론이고 타국의 정치에 간섭하는 것에 대해 부정적인 입장이었다. 그런 점에서 정치적 원인은 중국에게는 그다지 중요한 위치를 차지하지도 결정

---

29) 위의 자료.

적 영향을 주지 않는다. 그것은 바이든 행정부에서도 마찬가지이다.

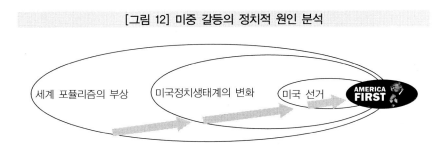

[그림 12] 미중 갈등의 정치적 원인 분석

4. 리더십

미중 무역마찰의 원인을 분석할 때 많은 중국 전문가들이 트럼프 개인의 정책적 판단과 정치적 동기라고 보는 경우가 많았다. 예를 들면 트럼프 대통령이 트위터에서 "나는 중국에 매우 실망했다. 우리 어리석은 과거의 지도자들은 그들이 무역으로 수천억 달러를 벌도록 했다.(I am very disappointed in China. Our foolish past leaders have allowed them to make hundreds of billions dollars a year in trade…)"라고 메시지를 남겼던 것처럼 중국에 대한 부정적 인식을 갖게 된 것은 나바로 교수가 쓴 『*Death by China*』[30]를 읽었기 때문이라는 얘기도 있다. 트럼프 대통령은 2016년 그 책에 대해 논점이 분명한 책이라는 평가를 한 바 있고, 결국 피터 나바로는 2016년 12월 21일 백악관의 무역정책 자문기구 국가무역위원회(NTC)의 초대위원장이 되었기 때문이다.

---

30) Peter Navarro, *Death by China* (Pearson Prentice Hall, 2011).

그러나 미중 무역갈등의 원인을 트럼프 대통령 개인에게서 찾는 가장 큰 이유는 트럼프 행정부의 정책이 기존의 "예상할 수 있었던" 미국의 정책 경향과 너무나 달랐기 때문이며, 또한 "상식과 논리"에 맞지 않았기 때문이다. 중국에 대한 미국의 추가적인 관세는 2018년 4월 5일 갑자기 이뤄졌다. 트럼프는 백악관의 누구와도 논의를 하지 않고 자기 멋대로 관세를 결정했다는 미국 매체인 Axios의 보도나 홉킨스 대학의 칼더(Kent Calder)의 트럼프의 모험을 즐기는 성향에 대한 얘기[31]들은 트럼프 개인의 성향이 무역갈등을 초래했다는 근거로 제시된다. 그런 얘기는 언론이 매우 좋아하는 얘기들이다. 따라서 "트럼프의 무역전쟁"과 미중 간의 무역전쟁은 별개의 문제로 받아들여진다.[32] 트럼프 개인의 성격, 경험, 상인으로서의 마인드 등이 반영된 것이 전자라면, 후자는 국가와 국가 간의 교류와 정책적 차원의 것으로 보호주의, 일방주의, 신자유주의 등 보다 거시적 담론에서 얘기되는 것이다.

만일 무역갈등이 트럼프 개인의 문제에서 출발한 것이라면 해결하기는 무척 쉽다. 미국의 정치시스템에서는 트럼프가 영원히 집권할 수 없기 때문이다. 그러나 문제는 그렇게 간단하지 않다는 것이 대부분의 중국 전문가들의 공통된 의견이다. 그것은 그 심층에 이념과 사상이 전제되어 있기 때문이며, 그에 대해 중국 쪽에서 전개하는 담론들은 전혀 "중국적"이지 않다는 점이 참으로 흥미롭다.

---

31) 鳳凰網, 「對中美貿易忽軟忽硬, 特朗普在演什麼戲？」, http://news.ifeng.com/a/20180412/ 57495785_0.shtml (검색일: 2019.06.26).

32) 中國評論新聞網, 「特朗普"要橫" 搬起石頭砸自己的腳」, http://hk.crntt.com/doc/1052/0/8/5/ 105208506_2.html?coluid=137&kindid=11250&docid=105208506&mdate=1007000012 (검색일: 2019.06.26).

5. 전략경쟁의 진화

미중 무역갈등이 심화되자 일각에서는 미국식 민주주의와 소련식 공산주의가 대결하였던 냉전을 떠올렸다. 중국은 소련의 전철을 밟아 사회주의를 포기하기를 원하지 않는다. 냉전시기 이데올로기의 대립에서 승자는 미국이었다. 그러나 중국은 소련과 다르다고 말한다. 이유는 첫째, 미소 간에는 관계가 소원했지만, 미중 간에는 1970년 이래 총체적인 협력관계였다는 것이다. 둘째, 냉전시기 유럽보다 지금의 아시아가 더 안정적이라는 것이다. 셋째, 냉전시기에는 미소만이 대결하였으나, 지금은 다극체제라는 것이다. 넷째, 이데올로기의 작용이 과거보다 크지 않다는 것이다. 신냉전의 발생을 막으려는 중국 정부는 무역갈등을 계기로 미국을 비롯한 서방 국가의 요구를 어느 정도는 들어주려고 노력하고 있다. 대표적인 예가 외상투자법이다. 서방에서는 그러한 뜨뜻미지근한 정책의 효과에 대해 회의적이지만, 중국 내 좌파의 우려를 무시하고 과감한 시장개방 정책을 추진하기는 어려운 것도 현실이다.

중국이 개혁개방을 막 시작하였을 때 덜레스의 제국주의적 '평화적 이행론'(Peaceful Evolution)을 조심해야 한다는 우려가 반영된 것이 바로 "성자성사(姓資姓社)"논쟁이었다. "성자성자"논쟁은 중국의 성(姓)이 자본주의인가, 사회주의인가 하는 정체성에 대한 논쟁이었다. 당시 덩샤오핑은 계획과 시장을 경제수단으로 못 박아 중요한 것은 수단이 아니라 바로 사회주의로 이행할 수 있는 기초를 마련하고 인민을 배고픔에서 구출하는 것이라고 설득하였지만, 미중 간 무역갈등이 가속화되고 있는 지금, 덜레스의 평화적 이행론을 조심해야 한다는 목소리가 다시금 나오고 있다. 중국 공산당 내의 좌파는 사회주의에서 자본주의로 체제가 전환될 수 있다는 우려를 갖고 있기 때문이다.

　중국이 이데올로기 문제에 대해 "시이불견(視而不見)", 즉 보고도 못 본 척 하는 이유는 과거의 소련처럼 "평화적" 이행을 하지 않으려면 이데올로기의 작용이 부각되어서는 안 된다는 인식이 반영된 것이다. 그러나 자본주의와 사회주의 모두 "확장적", "동화적", "지배적" 성격이라는 공통성을 갖고 있다는 점에서 이데올로기의 충돌은 피할 수 없다는 것을 예측할 수 있다. 그것은 결국 시기의 문제일 뿐 언젠가 두 이데올로기의 대결은 반드시 올 것이라는 것을 말해준다. 코로나19 사태의 책임이 전적으로 중국에 있다고 비난하는 서방 국가와 국민들의 목소리는 정치적·경제적 원인에서 기인한 것이지만, 중국과 서구 선진국 간의 이데올로기의 차이로 인한 오래된 불편함이 언제든지 격화될 수 있는 가능성을 보여준다.

　게다가 2021년 바이든 행정부의 출범은 그 가능성을 여실히 보여주었다. 트럼프 행정부가 경제적으로 중국을 공격하는 전략을 구사하였다면, 바이든 행정부는 정치적으로 중국을 공격하는 전략을 출범 초기부터 선언하고 나섰기 때문이다. 중국에 대해 민주주의의 '민'도 모르는 나라로 몰아세우면서, 자유주의 세계질서의 옹호를 위해 힘쓸 것임을 내비치고 있으며, 그와 더불어 "민주주의를 위한 정상회의"를 중국을 제외하고 추진함으로써 그러한 의도를 명확히 드러내었다. 이것은 이후 미국과 중국의 갈등이 새로운 양상으로 전환되어 진행될 것이라는 것을 암시한다. 결국은 중국이 원하지는 않았지만, 자유주의 vs. 사회주의, 민주주의 vs. 권위주의의 구도로 미중 대결구도가 형성될 가능성이 커진 것이다.

제3부
미중관계의
게임 체인저(Game Changer)

7장

데이터 플랫폼의 대경쟁*

최 필 수**

1. 데이터 플랫폼의 산업화

데이터 플랫폼이란 현실에서 발생하는 빅데이터를 인공지능이 처리하여 솔루션을 제공하도록 하는 물리적·기술적 토대를 말한다. 최근 회자되는 제4차 산업혁명의 실체라고 봐도 좋다. 점점 더 영역을 넓혀가는 빅데이터 처리 기술, 좁은 업무를 수행하는 ANI(Artificial Narrow Intelligence)에서 일반적 업무를 수행하는 AGI(General)로 진화하고 있는 인공지능 기술, 4G에서 5G로, 다시 6G로 진화하고 있는 통신기술이 데이터 플랫폼의 3대 핵심 기술이다. 이 분야는 최근 10년 새롭게 부상하고 있는 만큼 기존 과학기술 선진국들의 우위가 분명하지 않고, 중국이 빠른 속도로 기술을 축적하며

---

* 이 글은 최필수·이희옥·이현태, 「데이터 플랫폼에서의 중국의 경쟁력과 미중 갈등」, 『중국과 중국학』 Vol. 39 (2020)의 일부를 바탕으로 재정리한 것입니다.
** 세종대학교 중국통상학과 교수.

추격하고 있다. 중국은 통신설비 분야에서 화웨이라는 압도적인 경쟁자를 보유하고 있을 뿐 아니라 데이터의 생성과 축적이라는 면에서 다른 나라에 비해 크게 유리하다. 과연 중국은 데이터 플랫폼 분야에서 미국을 제치고 선두에 설 수 있을까?

리카이푸(李開復)는 인공지능을 중심으로 한 오늘날 4차 산업혁명을 20세기 초 전기의 산업화에 비유하면서 4가지 구성요소를 제시했다.[1] 화석연료, 엔지니어, 기업가, 정부가 그것이다. 첫째로 전기를 인위적으로 인간의 통제 하에 발생시킬 수 있는 화석연료의 채굴과 공급이 필요하다. 당시 석유의 발견이 큰 역할을 했음은 물론이다. 둘째로 과학자의 발견을 열·빛·신호 등으로 전환시킬 수 있는 엔지니어가 필요하다. 에디슨도 이러한 계열의 엔지니어 중 하나이다. 세 번째로 제품과 비즈니스를 기획하고 자금을 조달하여 실현시키는 기업가가 필요하다. 이 기업가들은 치열하게 경쟁하고 개척하면서 세상을 바꾸는 주역이다. 네 번째로 전력 인프라를 깔고 관련 규제를 제정 혹은 철폐하는 정부의 역할이 중요하다.

데이터 플랫폼을 산업화하는데도 전기 산업화와 같은 네 가지 요소가 필요하다. 과학자의 발견에 이은 4차 산업혁명 시대의 4가지 요소는 다음과 같다. 데이터 플랫폼의 연료는 데이터이다. 이것을 바탕으로 인공지능이 학습하고 예측하고 움직인다. 엔지니어들은 더 많은 데이터를 효과적으로 다루고 더 좋은 솔루션을 제공할 수 있도록 기술적 돌파구를 마련한다. 기업가들은 관련 비즈니스를 개척하고 상업적 가치를 위해 더 나은 기술을 구상한다. 정부는 비즈니스 환경을 개선하고 데이터가 구축되기 좋은 인프라를 건설한다.

---

1) 리카이푸, 박세정·조성숙 역, 『AI 수퍼파워』 (이콘, 2018).

2. 중국의 경쟁력

이상의 네 가지에 있어 중국의 경쟁력을 정리해보자.

[표 1] 데이터 플랫폼에서의 중국의 경쟁력

데이터	① 엄청난 투입량 ② 전체주의 사회의 데이터 수집과 적용
엔지니어	③ 발견(discovery) 역량은 부족하지만, 구현(Implementation) 능력은 풍부 ④ 국유 단위의 연구능력
기업가	⑤ 높은 산업집중도 ⑥ 시장 규모 ⑦ 활발한 창업과 기회주의적 자본 ⑧ 대기업의 벤처 육성
정부	⑨ 정부의 비효율적(not efficient)이지만 효과적인(but effective) 지원 ⑩ 과감한 규제완화

1) 엄청난 투입량

중국의 데이터 플랫폼에 주목하는 이유는 여기서 중국이 미국을 추월할 수 있기 때문이다. 인공지능과 빅데이터 등 데이터 플랫폼은 새로운 분야이기 때문에 그 어느 국가도 압도적인 축적량(stock)을 가지고 있지 못하다. 컴퓨터의 개발은 수십 년 전에 이뤄졌지만 심화학습(deep learning)은 최근 10년 사이의 이슈이다. 2006년에 제프리 힌튼(Geoffrey Hinton)이 심화학습(deep learning)의 원리를 구축한 것이다. 모바일 통신 기술은 거의 10년마다 한 번씩 세대가 바뀌고 있는데 3세대에서 우리나라가 선두에 선 바 있듯이 5G, 6G에서도 어느 나라가 자원을 집중 투자하면 선도적인 기술을 성취할 가능성이 크다. 양자(Quantum) 응용 기술처럼 그야말로 최신 분야에서는 중국과 미국이 각자의 분야에서 앞서가고 있다. 이런 상황에서는 투입량(flow)의 크기에 따라 경쟁력이 판가름이 날 수 있다.

특히 시행착오(Trial and error)에 의해 축적되는 심화학습에서는 데이터의 양(量)이 관건이 된다. 인간이 알고리즘을 개발하여 과제를 해결하는 기계학습(Machine Learning)에서는 축적된 알고리즘의 경험과 인사이트가 중요하고, 이런 분야에서 미국은 타의 추종을 불허하는 경쟁력을 지니고 있다. 그러나 알고리즘 개발 자체를 프로그램 스스로 학습하게 하는 심화학습에서는 얼마나 많은 양의 학습을 기계가 할 수 있느냐가 관건이며, 심화학습이 기계학습을 추월하는 것은 시간문제이다. 실제로 딥마인드가 2020년 말 공개한 뮤제로(MuZero)는 어떠한 사전 정보나 규칙 입력 없이 자체학습만으로 바둑, 체스 등의 게임을 마스터했다.

이런 면에서 빅데이터는 중국의 기술발전의 대상·목표이자 그것을 추동시키는 가장 강력한 힘이라고 할 수 있다. 세계에서 가장 많은 인구를 보유하고 그들이 생산하는 데이터를 효과적으로 포착할 수 있는 중국이 빅데이터 축적 경쟁에서 유리한 면이 있다는 것이다.

2) 데이터 수집과 적용

중국의 데이터가 양만 많은 것이 아니라 질적으로도 우수할 수 있다. 그것은 전체주의 사회가 제공하는 특징이다. 개인정보보호가 느슨한 중국에서는 정부가 상대적으로 손쉽게 데이터를 축적하고 다룰 수 있다. 홍콩 SCMP는 중국의 안면인식 기술 기업인 센스네츠(SenseNets)가 자사의 기술을 이용하여 신장 위구르족 250만 명의 개인정보를 확보했으며 이를 정부와 공유하고 있다고 보도한 바 있다.[2] 250만 명의 데이터를 우호적으로 획득한다는 것은 다른 나라에서라면 불가능한 일이다. 반면 유럽의 GDPR과 같은 개인정보보호법은 AI 산업발전의 완충 작용을 하게 된다.[3] 자율주행 차나 인공지능의료 등 안전사고에 민감한 분야도 여론 수렴을 거쳐야 하는 민주주의 국가에 비해 중국의 실험·도입이 더 과감히 이뤄질 수 있다.

3) 풍부한 구현(Implementation) 능력

중국은 세계 최고의 인구 대국답게 엔지니어들이 많다. 2017년 세계 인공지능협회 총회는 날짜가 중국의 춘절(春節)과 겹쳤던 바람에 한 주 연기되어야 했다. 협회원의 절반 가까이가 중국인이었기 때문이다. 인공지능 등 첨단 분야에서 중국의 논문과 특허 수가 이미 미국에 육박하거나 앞질렀다.

이렇듯 양적으로 풍부한 중국의 엔지니어들은 아직 질적으로 최고의 수준은 아니다. 인공지능 분야 상위 1%의 연구자 중 9%만이 중국인이다. 즉 관건적이고 새로운 발견(Discovery)을 할 사람은 부족하다. 그러나 그 발견을 바탕으로 기술의 구현(Implementation)을 추동할 수 있는 중간 레벨 엔지니어는 매우 풍부하다. 이것이 중국의 강점이다.

최상위 연구자의 부재라는 약점도 나름대로 커버된다. 최고 연구자들의 성과일수록 과학자들이 자기들의 연구 성과를 거의 실시간으로 자랑하는 "arxiv.org"와 같은 공개 플랫폼에 빠르게 소개되기 때문이다.

더구나 심화학습의 발견과 같은 10년에 한 번 나오는 발견의 성과가 최근에 있었고 앞으로 10년은 "발견의 시대(Age of Discovery)"가 아닌 "구현의

---

2) SCMP, "How an exposed Chinese database gave a glimpse of real-time monitoring in Xinjiang" (2019.2.19).

3) 추형석, 「미중 기술패권 경쟁 – 인공지능과 슈퍼컴퓨팅을 중심으로」, 중국의 AI와 미래변화 세미나 발표자료 (2019).

시대(Age of Implementation)"가 될 것이다. 이와 동시에 심화학습의 귀결에 따라 "전문가의 시대(Age of Expertise)"에서 "데이터의 시대(Age of Data)"로 패러다임이 바뀌고 있다. 즉 실리콘 밸리에서 새로운 아이디어와 통찰이 탄생한다면 항저우에서는 도시 단위의 엄청난 데이터를 다루고 쌓으면서 실험실에서 상상만 하던 기술들이 구현되고 있는 것이다.

이러한 시대를 여는데 가장 큰 기여를 한 것은 아이러니하게도 구글과 같은 미국 기업이다. 구글이 운영하는 AUTOML(auto machine learning)은 누구나 접근하여 데이터만 입력하면 최적의 인공지능 학습 솔루션을 제공하는 열린 플랫폼이다. 즉 우수한 알고리즘을 공짜로 제공하기 때문에 데이터의 질과 양이 관건이 되는 것이다.

4) 국유 단위의 연구능력

중국의 기초과학 연구 수준은 생각보다 높은 편이다. 연구개발(Research and Development)이라고 할 때 '연구'는 기초과학 분야를, '개발'은 그것을 응용한 제품화 분야를 지칭한다. 공산권 국가들은 체제 경쟁 차원에서 기초과학을 열심히 연구했던 반면 그것을 제품화하는 데는 특별한 동기가 없었다. 이러한 관행 때문에 러시아와 중국은 모두 개발 역량에 비해 우수한 연구 능력을 가지고 있다. 중국의 경우 '국가과학원' 같은 기관이 이러한 국가급 연구역량이 집결된 곳이다.

공산권 국가들이 특히 힘을 쏟은 연구 분야는 군사무기와 밀접한 관련이 있는 항공·우주 분야이다. 중국도 러시아도 모두 이 분야에서 상당한 경쟁력을 지니고 있다. 2016년 양자 통신을 성공시킨 인공위성 묵자(墨子), 2019년 달 뒷면에 착륙한 창어 4호 등이 이 분야에서 중국 국가급 연구의 경쟁력을 보여준다.

5) 높은 산업집중도

중국의 데이터 플랫폼 업계는 산업집중도가 높아서 균일한 데이터가 축적된다. 이른바 "Big Nine"[4]에서 미국 기업이 6개이고 중국 기업이 3개인 것에서 드러나듯 중국의 업계는 분야별로 특정 기업이 장악하고 있다. SNS의 텐센트, 전자상거래의 알리바바, 포털사이트의 바이두는 타의 추종을 불허하는 점유율을 가지고 매유 균일한 데이터를 축적할 수 있다. 텐센트의 위챗은 하루 사용자가 10억에 달하며 금융·문자·음성 등 폭넓은 개인 데이터를 축적하고 있다. 알리바바는 2018년 광군제(11월 11일) 하루에 35조 원의 매출을 관리할 정도로 방대한 데이터를 축적한다.[5] 바이두는 전 세계 접속자 수가 4위지만(1~3위는 구글, 유투브, 페이스북) 중국 검색 시장에서는 70% 이상의 점유율을 보유하고 있다.

이러한 높은 산업집중도가 정부의 통제와 육성 때문이라는 주장은 맞기도 하고 틀리기도 하다. 검색엔진 시장에서 중국 정부가 구글을 막았기 때문에 바이두가 성장했다는 것은 맞지만 소후(sohu)에 비해 바이두가 더 우월한 것은 치열한 경쟁의 결과이기 때문이다. 물론 최근 들어 바이두는 인공지능 분야에서 정부의 중점 육성기업이 되면서 소후 같은 경쟁 기업들을 멀찌감치 따돌리고 있다.

산업집중도가 높은 것이 산업발전에 좋은가에 대해서는 학계의 정설이

---

4) GMAFIA(구글, MS, 아마존, 페이스북, IBM, 애플) + BAT(바이두, 알리바바, 텐센트).

5) 한편 중국 전자상거래 분야에서 징동(JD.com)이라는 경쟁자가 있고 알리바바보다 좀 더 고급화된 상품 구성으로 차별화하고 있다. 징동의 축제일은 6월 18일로 2018년에 27조 원의 매출을 기록했다.

없다. 업계의 경쟁이 산업의 발전을 촉진시키는 면도 있지만 경쟁력을 가진 기업이 규모의 경제까지 갖추면서 발생하는 긍정적 효과도 있기 때문이다. 현재 중국 정부는 우위에 선 기업을 더 키우는 전략을 구사하고 있는데 이것이 해당 기업의 국제 경쟁력을 키우는데 단기적으로 기여하고 있는 것으로 보인다.

[표 2] Alexa.com에서 집계[6]한 세계 20대 웹사이트

1	Google	U.S.	11	Twitter	U.S.
2	Youtube	U.S.	12	Sohu	China
3	Facebook	U.S.	13	Live	U.S.
4	Baidu	China	14	Vk	Russia
5	Wikipidia	U.S.	15	JD	China
6	QQ	China	16	Instagram	U.S.
7	Tmall	China	17	Sina	China
8	Taobao	China	18	weibo	China
9	Yahoo	U.S.	19	yandex	Russia
10	Amazon	U.S.	20	360.cn	China

출처: https://www.alexa.com/topsites (2019년 4월 20일).

6) 시장의 규모

중국이 지닌 근본적인 무기 중 하나가 중국의 시장임은 새삼스럽지 않다. 전 세계 경제총량의 15%, 전 세계 경제성장의 30%를 차지하는 중국은 가장 크고 가장 빨리 성장하는 시장이다. 기업 입장에서는 놓칠 수 없고, 뺏길 수 없는 시장이다. 테슬라와 GM이 미국 정부의 반대에도 불구하고 중

---

6) 접속자수, 접속시간, 검색수 등을 종합적으로 고려하여 집계함.

국에 공장을 증설하는 이유가 여기 있고 미중 갈등이 심해질수록 애플의 주가가 떨어지는 이유도 여기 있다. 고속철도, 원자력 발전, 민간 항공기 등의 분야에서 시장으로 기술을 사겠다(以市場換技術)는 중국의 전략은 여전히 작동하고 있다.

단순히 소비 규모가 크다는 것에 그치지 않고 중국은 첨단 기술의 테스트 베드(test bed)라는 특징도 지닌다. 시제품을 가장 짧은 시간에 만들어 테스트해볼 수 있는 환경을 지니고 있다는 뜻이다. 선전(深圳)의 화창베이나 베이징(北京)의 중관춘 같은 곳이 실리콘 밸리와 긴밀히 연결된 테스트 베드이다.

7) 활발한 창업과 기회주의적 자본

중국에서는 웬만한 자본주의 국가들보다 더 활발한 창업이 이뤄지고 있다. 벤처기업에 대한 투자 비중(2017년 전 세계 48%)으로 봐도, 벤처창업 건수(2017년 607만)로 봐도, 중국의 창업 열풍은 매우 뜨겁다.[7] 2018년에는 세계 유니콘 기업의 36%가 중국에서 탄생했다.[8] 2017년 말 기준 벤처캐피탈 등으로부터 투자를 받은 AI 기반 스타트업은 185개로 추산되며 그중 55.7%가 2015년 이후 창업된 것이다.[9] 그 결과 중국은 잘 알려진 BAT와 화웨이 외에도 각 분야의 유니콘 기업들을 다수 보유하게 된다. 젠그라인과 홀즈면(Zenglein and Holzmann)이 정리한 신세대 정보통신 분야의 대표적인 중

---

7) 이왕휘, 「중국의 AI 굴기: 미국의 평가와 대응」, 『성균차이나브리프』 vol. 51 (2019).

8) https://www.cnbc.com/2018/04/09/trumps-war-on-immigration-causing-silicon-valley-brain-drain.html

9) 오종혁, 「중국 인공지능(AI) 산업 현황 및 발전전망」, KIEP 북경사무소 브리핑 (2018).

국 기업들은 [표 3]에 나타나 있다. 이 중 ZTE와 YMTC를 제외한 14개 기업이 민간기업이다. 물론 화웨이를 민간기업으로 간주해야 하는가에 대해서는 이견이 있을 수 있다.

[표 3] 신세대 정보통신 분야 대표적인 중국의 기업

기업	소유	업종
HUAWEI	민영	네트워크 장비, 소비가전, 스마트폰
ZTE	국유	네트워크 장비
Alibaba	민영	전자상거래 및 AI 관련 종합 분야
Tencent	민영	온라인메신져 및 AI 관련 종합 분야
Baidu	민영	검색엔진 및 AI 관련 종합 분야
Bytendance	민영	인터넷 미디어, 스마트폰 app, AI 연구
Sense Time	민영	안면인식, AI 심화학습
CloudWalk	민영	안면인식, AI 연구
Yitu Technology	민영	헬스케어, 금융, AI 연구
iFlytek	민영	음성인식, AI 번역
Megvil Face++	민영	안면 및 생체인식
Cambricon	민영	집적회로, AI Chip, 반도체
YMTC	국유	집적회로, microchip
Horizon Robotics	민영	집적회로, microchip
HiSilicon Techology	민영	집적회로
Jiangsu Changliang Electronics Technology	민영	집적회로 packaging and testing

자료: Zenglein and Holzmann(2019)[10]을 보완하여 저자 작성.

8) 대기업의 벤처육성

중국 첨단분야 대기업들은 사내외에서 활발한 벤처육성을 도모하고 있

---

10) Zenglein and Holzmann, "Evolving Made in China 2025 – China's industrial policy in the quest for global tech leadership," *Merics Papers on China* (2019).

다. 알리바바는 창업가(촹커, 創客) 프로젝트를 발표하고 100억 위안의 창업 자금 지원 플랫폼을 구축하여 11개 유니콘 기업에 투자했다. 텐센트는 총 100억 위안을 100개 스타트업에 투자한다는 쌍백(雙百) 프로젝트를 진행하여 시가총액 1억 위안이 넘는 40개 기업을 인큐베이팅했고 2016년부터는 매년 텐센트 글로벌 스타트업 대회를 개최하고 있다. 바이두 역시 주요 도시에 창업혁신센터를 운영하며 현지의 스타트업 기업들을 지원하고 있다.[11]

이른바 BAT로 불리는 이들 세 기업이 공적인 기능에 가까운 이러한 창업 지원 사업을 하는 이유는 새로운 기술을 흡수할 수 있기 때문이다. 창업지원 사업을 통해 발굴된 스타트업은 투자자와 지분관계를 맺고 기술적으로 협업하게 된다.

9) 정부의 비효율적이지만 효과적인 지원

중국 정부는 상당히 노골적인 산업정책을 구사하고 있다. 그 대표적인 것이 "중국제조 2025"였고, 인공지능 분야에서는 "차세대 인공지능 발전계획"이었다. 중국의 최고 지도부는 2018년 10월 인공지능 인공지능을 주제로 집체학습을 벌였다. 이는 중앙정부가 인공지능을 육성할 것이라는 강력한 신호로 작용하여 민간과 지방의 투자를 촉진시킨다.

중국의 사회주의 금융 시스템은 너그러운 자본(patient capital)의 행태를 보이기 때문에 미국에 비해 장기적인 호흡에서 기업을 지원할 수 있다. 즉 국유은행이 정부가 목적하는 곳에 저금리로 자금을 투입할 수 있다는 것이다. 이 과정에서 공정성이나 효율성은 둘째 문제가 되고 정부의 전략적 판

---

11) 정상은, 「중국의 창업 광풍, 계속될까?」, 『성균차이나브리프』 vol.47 (2018).

단이 중요하다.

에이미 웹(Amy Webb)은 세계 인공지능의 발전을 미국은 기업이, 중국은 정부가 주도하고 있다고 본다.[12] 그녀는 미국의 단점이 기업들이 분기별로 실적을 내야한다는 것이라고 지적한다. 이는 매우 일리가 있는 지적이다. 중국의 기업들이 단기적 압박에서 벗어나 장기적인 프로젝트에 집중할 수 있다면 그것이 곧 중국의 강점이 된다. 오바마 대통령은 정부 육성 리스트에 오른 한 태양광 기업이 실패하자, 정치적 책임을 졌어야 했다. 중국 지도부는 이런 염려 없이 상대적으로 수월하게 기업과 산업을 지원할 수 있다.

정부의 지원은 곧 간섭이 되기 쉽고 이는 부작용을 낳는다. 귀양(貴陽)에 빅데이터 센터를 설립하는 것과 같은 정치적 지역 안배나 각 지방정부 차원에서 행해지는 중복·과잉투자 문제가 있는 것이다. 즉 중국 정부의 투자는 비효율(non-efficient)의 소지가 분명 있다. 그러나 수많은 투입을 통해서 어느 지역 어느 기업에선가 세계 시장에서 먹히는 제품과 플랫폼이 탄생한다는 것을 고려하면 중국 정부의 지원은 매우 효과적(effective)이다.

중국은 최상위 단위인 국무원에서 정책을 발표하고 나면 각 관련 부처들이 일사불란하게 하위 정책들을 발표한다. 젠그라인과 홀즈먼은 이렇게 주요 정책이 출현하고 후속 정책이 체계적으로 잇따르는 양상을 "1+X"라고 명명하고 체계적으로 분석하고 있다.[13] 시진핑 지도부의 대표적인 산업정책인 〈중국제조 2025〉도 그렇다. 2015년 국무원이 발표한 이 계획은 2016년에 3개, 2017년에 4개의 부처별 정책들로 이어졌다. 실제로 중국이 〈중국제조 2025〉에 본격 돌입한 이후 2018년 중국 기업의 매출액 대비 연구개발 투자

---

12) Amy Webb, "The big nine," *Public Affairs* (2019).

13) Zenglein and Holzmann (2019).

비용(연구개발 집약도·2.51%)은 한국(2.42%)을 넘어섰다.[14] 인공지능과 5G에서도 정부의 집중적인 정책 지원이 있었음은 앞에서 살펴본 바와 같다.

10) 과감한 규제 완화

중국의 현실은 정부의 통제와 과감한 규제완화가 공존하는 복잡한 상태다. 창업을 촉진하기 위해서는 과감하게 규제를 완화한다. 2014년 회사법을 개정하여 등록자본금 최소 요건을 "1위안"으로 낮췄던 것이 대표적인 예이다. 이에 따라 중국은 소득대비 창업비용(0.7%)이 가장 낮은 나라가 됐다. 이와 함께 창업과정에 거쳐야 하는 166개의 행정절차를 74개로 간소화했고 사업자등록증·법인등기증·세무등기증을 하나의 증서로 통합하는 "삼증합일(三證合一)" 제도도 구축했다.[15]

이보다 더 근본적인 것이 새로운 비즈니스 모델을 과감하게 허용한다는 것이다. 개혁개방 초기부터 민영기업의 새로운 비즈니스에 대해 가진 태도이기도 했다. 일단 허용하고 문제가 생기면 단속하는 된다는 것이다. 알리바바나 텐센트의 금융 계열 회사들이 이러한 관용적 정책의 수혜를 입고 탄생했다. 물론 최근 이러한 민영 금융기업의 존재감과 영향력을 억제하기 위해 중국 정부가 디지털 위안화(DCEP)를 도입하기도 했다. 아마도 세계에서 가장 먼저 도입될 것으로 보이는 중앙은행의 디지털 화폐를 중국이 발행하게 된 것은 규제완화를 통한 민간 부문의 실험이 선행됐기 때문일 것이다.

---

14) 중앙일보, 「'자율차는 한국 추월' 중국 전기버스는 서울·제주서 달린다」, https://news.joins.com/article/23434349 (검색일: 2019.05.02).

15) 정상은 (2018).

3. 중국의 약점

1) 축적(stock) 부족

이러한 중국의 잠재력과 가능성에도 불구하고 몇 가지 면에서 중국의 한계도 존재한다. 우선 단기적인 연구개발 양의 증가가 아직 충분히 축적되지 않았기에 질적인 격차가 여전히 존재한다. 특허의 양과 연구개발비 지출에서는 미국을 추월하거나 육박하고 있지만, 논문 인용지수와 특허권 사용료에서는 아직도 격차가 큰 것이다.[16] 이것이 축적이 더 필요한 시간문제이긴 하지만 시간이 얼마나 걸릴지 예측하기 어려운 경우도 많다. 5G와 같이 미국이 주의를 미처 기울이지 못한 부문에서는 중국이 집중적인 투자로 선두에 설 수 있다. 인공지능 같이 미국이 정부의 개입을 꺼리고 기업들에게 맡겨 놓은 부문에서 중국이 정부의 집중적인 육성으로 어떤 성과를 낼 수도 있다. 그러나 미국이 각성을 해서 정부 차원에서 중국의 이니셔티브에 대응한다거나 미국의 기업들이 매우 효과적인 투자를 하는 경우 중국이 미국을 추월하기는 어렵다.

2) 모방하기 힘든 미국의 효율적인 R&D 및 창업 시스템

창업을 추동하는 사회적 혁신 시스템도 아직 미국의 실리콘 밸리를 따라가지 못한다. 중국 정부가 창업을 강조하고 기회주의적 자본이 활발히 움직이고 있다고 전술한 바 있지만 CB Insight가 2019년 2월 집계한 100대 스타트업 기업 중 미국 78개, 영국 · 이스라엘 각 6개, 중국 5개, 일본 · 독일 ·

---

16) 이왕휘 (2019).

캐나다·인도 각 1개로 여전히 미국이 압도적이다. 창업을 지원하고 실패해도 개인파산을 막아주는 시스템은 아직까지 독특한 미국의 자산이다.

미국 기업들 중 단기적 실적에 연연하지 않고 모든 수익을 재투자하는 기업이 있다. 아마존이 그러한데, 미국의 투자자들은 배당수익을 누릴 수 없음에도 불구하고 여전히 아마존의 주식을 사고 있으며 시가총액이 가장 높은 기업이 됐다. 이윤을 포기한 아마존의 경영방식에 사회적 양해가 주어진 셈이다. 이렇게 절박한 연구개발을 하는 기업이라면 정부가 퍼주는 중국 기업보다 연구개발 성과가 더 좋을 수 있다.

3) 하드웨어 구현의 병목

중국이 도약하는 분야가 데이터 플랫폼인데 이것을 물질적으로 구현할 하드웨어 제조 기술과 반도체 등 소재산업의 경쟁력은 아직 약하다.[17] 이것은 중국의 약점인 동시에 데이터 플랫폼 자체의 약점이기도 하다. 알파고가 놀라운 바둑 실력을 선보였지만 바둑돌을 집어서 바둑판에 놓는 단순한 동작을 수행할 수 있는 기계가 아직 없다는 것은 하나의 아이러니이다. 이족보행을 하는 로봇이 등장하긴 했지만 사람처럼 다양한 지형에서 효과적으로 움직이지는 못한다. 즉 데이터 플랫폼이라는 것이 놀랍게 발달하고 있지만 그것의 물질적 구현체는 아직 그에 못미치는 것이 보편적 현실이다. 그리고 이 보편적 현실은 데이터 플랫폼에서 특히 앞서 가고 있는 중국에서 더 두드러져 나타난다.

중국이 빅데이터에서 음성과 영상을 포착하는 알고리즘은 갖추고 있지

---

17) Zenglein and Holzmann (2019).

만 물질적 현실을 포착하여 데이터화 하는 광학과 음성 센서 기술의 자급도는 아직 낮다.[18] 중국제조 2025의 핵심 중 하나인 로봇 분야에서 중국의 시장은 무섭게 팽창하고 있지만 핵심 부품은 여전히 일본 등에 의존하고 있다.[19] 중앙일보는 "기술 굴기 중국이 넘지 못한 기술 4가지"로 스마트폰 칩셋, 반도체 제조용 마스크 얼라이너, 고급 CNC 선반, 내연기관엔진을 꼽았다.[20] 소프트웨어에서의 비약적인 발전과 달리 이런 하드웨어 분야에서 중국은 당분간 기술 의존 상태에 머물러 있을 것이다.

4) 낮은 문화수준과 좁은 체험수준

중국의 문화적 삶의 질이 아직 낮고 정부의 봉쇄 정책으로 체험수준이 좁다는 것도 중국의 발전을 제약하는 요인이다. 높은 수준의 삶이 무엇인지 모른다면 높은 수준의 사람들이 무얼 좋아하고 무얼 불편해 하는지 알지 못한다. 주어진 것을 만드는 것은 잘 할지 모르지만 소비를 선도하고 취향을 개척하는 혁신적인 개념 디자인이나 서비스는 중국에서 탄생하기 어렵다. 또한 구글·유투브·페이스북의 통제로 세계적 문화·사상 트렌드에서 한 발짝 비켜 있는 중국은 세계인들의 마음에 호소하는 경쟁력있는 문화 컨텐츠를 창조하기 힘들다. 사회적 통제가 강화된 시진핑 집권 이후 주요 국제 영화제에서 수상하는 중국 작품이 거의 사라졌다는 것이 우연은 아닐 것이다.

18) elec4, 「2018 로보월드, 로봇을 통한 4차산업혁명의 방향 제시」, https://www.elec4.co.kr/article/articleView.asp?idx=20869 (검색일: 2018.06.26).

19) KOTRA, 「中 5G를 넘어 6G를 바라보다」, 『KOTRA 해외시장뉴스』 (2018.11).

20) 중앙일보, 「'기술 굴기' 중국이 아직 넘지 못한 기술 4가지」, https://news.joins.com/article/23484869 (검색일: 2019.06.02).

5) 과잉투자 거품소멸 가능성

한편 중국이 현재 창업투자 과열 상태이므로 장차 거품이 빠지는 기간을 거칠 수도 있다. 최근 홍콩 사우스차이나모닝포스트(SCMP)는 리서치기업인 제로투아이피오를 인용해 "지난 1월 중국 벤처 투자 거래 규모는 43억 달러 (약 4조9,000억 원)로 지난해 동기와 비교해 무려 70% 하락했다"고 보도했다.[21] 일례로 가상현실(VR) 부문 기업이 2016년 200개에서 2017년 2,000개로 급증했지만 그 결과 90%의 스타트업이 도산했다.[22] 아직 2000년 미국 닷컴버블의 전조였던 과도한 기술주 폭등 현상은 나타나고 있지 않지만 2019년 새로 개장한 "커촹반(科創板)"에 검증되지 않은 벤처기업들이 상장된다면 향후 위기로 번질 수도 있다. 이미 2009년부터 창업반(創業板)이 개장돼 있었다는 것을 생각하면 기술기업을 육성해야 한다는 중국 정부의 정책은 다소 조급하다. 근본적으로 중국 젊은이들이 창업에 과도하게 몰리는 이유는 취업이 쉽지 않고 임금이 낮은 원인도 있기 때문에 진정한 혁신적 창업의 비중이 낮을 수도 있는 것이다.

6) 균일 데이터의 명암

중국이 빅데이터의 수집이 용이하고 그 질도 균일하다는 장점이 있는 반면 그것이 전 세계와 격절된 갈라파고스형 기술과 데이터의 가능성도 있다. 전 세계에서 데이터를 수집하는 구글과 중국 내에서만 데이터를 수집하는

---

21) 중앙일보, 「벌써 거품 꺼졌나…위기 놓인 중국 스타트업」, https://news.joins.com/article/23434413 (검색일: 2019.04.15).

22) 정상은 (2018).

바이두를 비교하면, 데이터의 균질성 면에서는 바이두가 앞서겠지만 전 세계적 적용성이란 면에서는 구글이 앞선다. 알리바바와 아마존을 비교해도 마찬가지의 함의가 도출된다. 구글과 아마존, 페이스북은 중국 내부 시장에 집중해 있는 중국 기술 기업들보다 비균질적 데이터를 수집하고 적용하는 노하우에서 앞서게 된다. 즉 중국의 데이터가 양이 많고 균질하긴 하지만 그것이 도리어 데이터 처리 기술의 제약으로 작용할 수도 있는 것이다.

4. 한국에 대한 함의

1) 스마트 제조

먼저 우리가 미국과 중국보다 더 우수한 인공지능을 개발할 수 없다는 것을 직시해야 한다. 우리뿐만이 아니라 대부분의 나라들이 두 대국의 발전 속도를 따라잡기 힘들다. 그렇다고 우리가 영국·캐나다처럼 알고리즘에 강점이 있는 것도 아니다. 우리나라가 인공지능을 육성하다고 하면 자칫 이미 있는 걸 한 번 더 발명하는("reinvent the wheel") 어리석은 연구개발의 굴레에 빠질 수 있다.

단기적으로는 아직 우리의 공간이 남아 있다. 인공지능이 ANI[23] 단계에 머물러 있고, 그것이 비교역재(non-tradable goods)의 특징이 있기 때문이다. 가령 대표적인 것이 한국어 인식 인공지능인데 이것은 한국 아닌 다른 누군가가 개발해줄 리가 없다.

그러나 AGI[24] 단계에 들어서면 전 세계의 지역 인공지능(Local AI)들은

---

23) Artificial Narrow Intelligence. 즉 좁은 의미의 인공지능으로, 주어진 업무만을 수행한다.

경쟁력을 잃고 말 것이다. 일례로 과연 자율주행 시스템을 우리나라 자체 개발한 것을 쓰게 될까? 그것이 바람직하긴 할까? 더 많은 데이터로 검증되고 더 우수한 알고리즘을 확보한 자율주행 시스템이 안전과 효율 면에서 압도적일 것이 뻔한데 우리가 따로 그런 인공지능을 개발하고 있을 이유는 없다. 한국 지형과 신호의 특색을 별도로 학습시키기만 하고 전 세계 최고 수준의 자율주행 시스템을 차용해서 사용하는 것이 가장 효율적이고 안전한 대안이 될 것이다.

그렇다면 인공지능 시대의 우리나라의 대안은 어디에 있을까? 결국 우리가 가장 잘하는 것, 즉 제조업에서 답을 찾아야 한다. 세계적으로 효율적인 제조 설비와 노하우를 갖추고 있다는 점이 우리나라의 궁극적인 경쟁력이다. 여기에 인공지능의 성과를 적용하여 더욱 효율적인 제조업을 갖추는 것이 산업적 차원에서 우리가 추구해야 할 목표가 될 것이다. 세계에서 가장 우수한 스마트 팩토리 자동차 공장을 구축하는 것이 자율주행 시스템을 개발하는 것보다 현실적인 목표이다.

2) 플랫폼 선택의 기로

장차 AGI 단계에 돌입하여 우리가 미국이나 중국의 플랫폼 중 하나를 택해야 한다면 어떻게 할 것인가? 이때 ① 좀 더 글로벌하고 열린 미국의 플랫폼과 ② 중국 및 중국의 영향력 아래 있는 개도국 시장에 접근하기 위한 중국의 플랫폼 사이에서 고민하게 될 것이다. 지금 우리는 Windows와 Android, iOS와 같은 미국 플랫폼을 사용하는 것을 자연스럽게 받아들인다.

---

24) Artificial General Intelligence. 보편적인 판단을 하고 폭넓은 업무를 수행할 수 있는 인공지능. 바둑도 두고 자율주행도 하고 인간과 대화도 하는 준(準)인격적 존재.

그러나 만약 중국·동남아·중앙아시아·아프리카 등 중국의 영향력이 크고 더 빨리 성장하는 지역에서 화웨이의 홍멍[25]을 쓴다면? 그리고 그 지역의 시장 잠재력이 더 크다면?

선진적인 기술·문화로의 접근이나 국제적 위상 등을 고려할 때 미국의 플랫폼을 사용하는 이점이 분명히 있을 것이다. 그러나 시장접근이란 측면에서는 중국 플랫폼을 배제해서는 안 된다. 최소한 우리나라의 수출 제품에 중국 플랫폼을 탑재하는 유연성을 발휘해야 할 것이고, 그것을 염두에 둔 호환성 있는 제품의 개발이 이뤄져야 할 것이다.

한편 이 과정에서 우리나라는 중국 플랫폼의 가장 큰 약점인 "APP 생태계 형성"에 기여할 수 있다. 화웨이가 OS는 개발할 수 있어도 수많은 앱이 있어야만 그 OS가 활성화된다. 화웨이는 하드웨어 전문 업체로서 앱 개발과 같은 소프트웨어 개발에는 약하다. 이미 성공적인 앱을 개발하여 국제적으로 통용시키고 있는 우리나라가 중국 플랫폼에 기여할 여지가 있다. 단순히 중국 OS를 채용하는 것을 넘어서 그것을 이용하여 우리의 입지를 넓힐 수 있는 것이다.

여기서 우리가 짚고 넘어갈 것은, 미국과 중국의 경쟁이 우리에게 도리어 이익이라는 것이다. 만약 미국과 중국이 협력하여 AGI에 도달한다면 우리나라의 입지가 더 좁을 수 있다. 구글이냐 화웨이냐와 같은 선택지가 있는 것이 오히려 다행이고, 구글과 화웨이가 담합을 한다면 우리에겐 가장 큰 불행이다. 미국과 중국이 공통으로 사용하는 글로벌 APP이 등장한다면 우리나라의 공간은 더 좁아지게 되는 것이다. 마치 과거 미국이 웹 패권을 장악한 상태에서 페이스북(facebook)이 싸이월드를 대체했듯이, 어느 한 편

---

25) 화웨이의 홍멍(鴻蒙): 안드로이드와 같은 터치 기반에서 벗어나 음성인식, 홀로그램 등 어디에서나 구동 가능한 수퍼 OS. 구글도 같은 문제의식을 가지고 Fuchsia라는 이름의 OS를 개발 중이다.

의 인공지능 패권 장악은 우리에게 더 불리하다.

그리고 플랫폼 선택에 있어 우리가 과도한 압력을 느낄 필요가 없을 수도 있다. 왜냐하면 어떤 플랫폼을 선택하느냐는 기업 차원에서 결정하는 것이지 국가가 하는 것이 아니기 때문이다. 즉 우리나라의 A기업은 중국 플랫폼을, B기업은 미국 플랫폼을 선택하는 식으로 자연스런 리스크 헷징이 이뤄질 수 있다. 다행히 우리나라엔 데이터 플랫폼 응용기술을 구현할 기업이 여러 개가 있다.

3) 통신기술

5G에서 6G로 진화하는 통신기술에서는 하드웨어에 강한 우리나라가 영향력을 넓힐 여지가 있다. 5G 기술에서도 상대적으로 저렴하고 쉬운 중간 대역인 3.5GHz에서는 화웨이가 독보적이지만 좀 더 난이도가 있고 더 빠른 고주파대역인 28GHz에서는 삼성전자의 활약이 돋보인다. 특히 미중 경제 전쟁 이후(2018.10~2019. 3) 5G 통신장비 세계시장 점유율에서 삼성(37%)이 화웨이(28%)에 앞선 것으로 나타나기도 했다.[26]

인공지능 분야는 "데이터의 양과 질"이라는 극복할 수 없는 요인 때문에 우리나라가 우위에 서기 어렵지만, 통신기술 분야는 "집중적인 연구개발과 전략적인 자리매김"이 여전히 통한다고 볼 수 있다. 여기에서 우리나라 대기업의 경쟁력이 발휘된다.

6G가 어떤 표준으로 어떻게 진행될지 아직 알 수 없지만 우리나라가 기여하거나 선도할 영역이 분명히 있을 것이다. 일부에서는 기지국 기반 기

---

26) 중앙일보, 「삼성 5G 장비로 도쿄올림픽…2조3500억 일본 수출 따냈다」, https://news.joins.com/article/23591510 (검색일: 2019.10.03).

술이 5G에서 한계에 도달했다고 보고 6G는 인공위성을 통해 구현되리라고 기대한다.[27] 실제로 테슬라의 엘론 머스크는 1만 2천 개의 위성을 띄워서 전 지구를 인터넷으로 연결한다는 계획을 추진 중이다.[28] 이것이 유력한 방안으로 보이기는 하지만 아직 확립된 것은 아니다. 가령 주파수 방식이 아닌 가시광선(visible light)에 정보를 실을 수 있다면 광섬유 케이블을 무선으로 대체하는 혁명적 변화가 일어날 수도 있다.

6G 구현을 위해서는 다음과 같은 기술들이 해결돼야 한다. 혹은 6G 기술이 이러한 기술 발전을 촉진시킨다. 즉 고용량 주파수를 감당할 수 있는 강한 전력, 더 많은 전력 소모를 감당할 수 있는 획기적인 배터리 기술, 무선충전 혹은 "battery-free"와 같은 혁명적 변화, 데이터를 더 효과적으로 제어하는 획기적인 인공지능, 홀로그램의 빠진 부분을 의미론적(semantic)으로 해석해 채워넣는 인공지능, 육해공을 모두 아우르는 입체적인 전파 송수신기, 블록체인과 같이 분산된 보안 시스템, C4[29]를 통합관리 할 수 있는 데이터와 연산이 결합된 통합 최적화(Joint Optimization) 기술 등이 그것이다.

이런 분야는 데이터 플랫폼과 같이 규모가 중요한 분야가 아니라 집중적인 연구개발을 통한 경쟁력 확보가 중요하다. 이미 선도적으로 6G 개발에 착수한 우리나라는 이러한 기술 중 어떤 영역을 확보하여 지속적인 영향력을 행사할 수 있을 것이다. 이 역시 미중 갈등보다 미중 협력을 더 경계해야 한다. 만약 미국의 인공위성과 중국의 기지국 기술이 제휴한다면 다른 나라들은 6G 시장을 넘볼 여지가 없을 것이다.

---

27) Arockia Panimalar.S, Monica.J, Amala.S, Chinmaya.V, "6G Technology," *International Research Journal of Engineering and Technology (IRJET)* 4-9 (Sep. 2017)

28) 동아사이언스, 「머스크의 꿈이 현실로⋯ 1만2000개 위성 띄워 '우주 인터넷' 시대 연다」, http://dongascience.donga.com/news.php?idx=29186 (검색일: 2019.06.15).

29) Communication, Computing, Catching, Control.

8장

데이터 플랫폼의 구동축: 전력*

양 철** · 우 완 영***

바이든 대통령은 취임 첫날 파리기후협약에 재가입하는 행정명령에 서명하며 기후변화 대응의 성공적인 이행을 위해 모든 외교적 수단을 동원하겠다고 공언했다. 바이든 행정부는 기후변화 대응과 청정에너지 체계 구축을 위해 2조 달러를 투자해 2050년까지 탄소 중립을 실현하고 최대 1,000만 개의 일자리를 창출하겠다는 구상을 밝혔다. 이와 함께 동맹국과 연대 및 공조가 핵심임을 강조하며 애브릴 헤인스(Avril Haines) 국가정보국장에게 외교·안보적 관점에서 기후변화 대응을 파악하도록 지시했다.[1] 이를 통해 미국의 기후변화 대응 정책이 탄소 배출 감축 목표와 청정에너지 확대를 연계한 경제·일자리 정책이라는 사실과 기후변화를 국가안보에 대한 위협

---

* 이 글은 양철·우완영·이희옥, 「비대면경제와 중국의 에너지·전력믹스의 전환」, 『중국지식네트워크』 특집호 (2020)에 게재된 논문을 수정·보완한 것임.
** 강원연구원 통일·북방연구센터 책임연구원.
*** 베이징대학교 지역연구원 연구원.

1) IISS, "Biden, climate change and defence: coming in from the cold", https://www.iiss.org/blogs/military-balance/2021/02/biden-climate-change-defence (검색일: 2021.02.15).

으로 간주하며 기후변화 대응과 연계한 대외정책을 추진할 것이라는 사실을 확인할 수 있다.

[표 1] 바이든 행정부의 기후변화 대응 주요 목표

부문	주요 내용
종합	• 2050년까지 온실가스 배출 제로(Net-zero) 및 '청정에너지경제' 실현
발전	• 2035년까지 발전부문 탄소배출량 0 실현 • 발전부문 청정에너지 혁명을 통한 일자리 창출 • 전기 및 전력망 사업자 대상 에너지 효율 및 청정전력 기준 설정
건물	• 2035년까지 탄소배출량 50% 저감 • 2024년까지 400만 개 건물과 200만 호 주택을 친환경으로 전환 • 2030년까지 모든 상업용 건물에 넷제로 의무화 추진 • 기기 전기화/효율화 및 자가 청정발전을 결합한 심층 개조(deep retrofit)에 대해 인센티브 제공
수송	• 자동차연비규제(CARE) 재강화 • 2030년까지 전기차 충전소 50만 개 설치, 모든 버스를 무탄소 전기버스로 생산 • 제2의 철도혁명 추진(전기화) • 자동차 산업 경쟁력 강화를 위한 대중국 수단 지원
청정에너지	• 10년 동안 4천억 달러 투자(청정에너지, 친환경수송 및 재료 R&D) • 셰일가스 개질보다 생산단가가 낮은 신재생에너지 수소 생산 및 활용 • 농업을 활용한 대기 중 이산화탄소 제거 및 포집
환경 정의	• 청정에너지 투자 혜택의 40%를 여건이 불리한 지역사회로 환원 • 법무부에 기후 및 '환경 정의(environmental justice)' 전담부서 설치 • 석탄·발전소 근로자와 지역사회를 위한 TF 구성

출처: buildbackbetter.gov(2020).

기후변화 대응을 실현하기 위해서는 에너지 전환[2]이 불가피하며, 에너지 전환에는 전력수급구조의 개편이 동반된다. 특히 4차 산업혁명 시대에 들어서며 첨단기술을 활용한 새로운 산업의 발전을 추진하기 위해서는 이

---

2) 발전믹스의 변화를 넘어, 전체 에너지믹스 최적화와 저효율 소비구조 개선, 에너지산업 육성 등을 포괄하는 에너지 전반의 혁신을 의미함. 대한민국정책브리핑, 「에너지전환 정책(2020)」, https://www.korea.kr/special/policyCurationView.do?newsId=148864795 (검색일: 2020.03.15).

를 구동하기 위한 충분한 전력이 뒷받침되어야 한다. 미중 무역 갈등이 새로운 기술, 산업과 규범을 둘러싼 패권 경쟁이라는 주장이 보편화된 상황에서 급증할 전력 수요를 충당하기 위한 새로운 에너지원 확보가 필수이기 때문에 에너지 패권 경쟁의 서막이 올랐다는 주장이 제기된 이유이기도 하다. 바이든 행정부의 기후변화 대응 정책 기조가 국제 에너지 질서에서 우위를 차지하기 위한 중국과 마찰을 촉진할 것이라는 전망도 이와 맥을 같이 한다. 탄소중립을 실현하기 위해 신재생에너지는 물론, 수소에너지와 전력망 등의 표준과 규범을 선점하기 위한 경쟁이 불가피하기 때문이다.

미중 무역 갈등이 고조되자 미국은 '5G 보안을 위한 국가전략'(National Strategy to Secure 5G)과 '2020년 5G와 그 이후의 보안 법안'(Secure 5G and Beyond Act of 2020)에 서명했다. 이러한 사례에 비춰보면, 에너지 분야, 기존의 신재생에너지는 물론 수소에너지와 핵융합에너지, 그리고 이를 통한 전력 생산 및 전력 네트워크 구축에서 우위를 확고히 점하기 위해 미국은 동맹국과의 공조, 관련 분야의 밸류체인 장악 등을 추진할 수 있다. 따라서 바이든 행정부의 기후변화 대응 중시는 미중 에너지 패권 경쟁의 가능성을 배제할 수 없는 근거가 된다. 이에 이번 장에서는 중국의 전력 수급 현황, 에너지 정책과 문제점을 살펴봄으로써 에너지와 전력이 미중관계의 결정 요인이 될 수 있을지에 대한 타당성을 검토해보고자 한다.

1. 중국의 전력화(electrification)

4차 산업혁명으로 인해 산업 구조가 변화되고, 파생되는 산업이 증가함에 따라 전력 수요가 증가할 것이라는 우려가 크다. 미국에너지정보청(EIA)

은 전력 수요를 추동하는 경제활동을 반영한 결과, 2040년까지 GDP 대비 전력 수요가 완만하게 증가할 것이라고 예상했다.[3] 물론 이에 대한 반론도 존재한다.[4] 에너지경제연구원은 4차 산업혁명이 국가의 전력 수요에 어느 정도 영향을 미쳤는지 판단하기 어렵지만 4차 산업혁명에 대한 국가적 지원과 투자가 활발한 미국, 일본, 독일 등 OECD 주요국의 전력소비량이 감소하는 추세가 나타나고 있다는 결과를 제시했다.[5]

이러한 세계적인 추세와 반대로, 중국의 전력 수요는 지속적으로 증가하고 있다. 2019년 중국은 전 세계에서 가장 많은 6,510TWh의 전력을 소비했다. 특히 2009~2018년 중국의 전력소비량은 연평균 7.6%의 증가율을 기록했다. 물론 코로나 19 발생 이후 주요 산업의 생산라인이 중단되며 2020년 1/4분기 전력소비량은 1,569.8TWh로, 전년 동기 대비 6.5% 하락했다.[6] 이는 2008년 글로벌 금융위기 당시와 같은 수치이자 최근 10년 동안 가장 낮은 증가율이다. 그러나 중국 내 코로나 19 확산 추세가 완화되며 2/4분기 이후 전력소비량이 증가했고, 최종적으로 1차 산업, 2차 산업, 3차 산업의 전력 소비가 2019년 대비 각각 10.2%, 2.5%, 1.9% 증대하며 회복하는 모습이 나타났다. 중국의 전력소비량은 2025년과 2030년에 각각 연평균 4.0%와 2.3% 증가하며 8,500TWh와 9,500TWh까지 증가할 것으로 전망되고,[7] 2050년에는

---

3) EIA, *International Energy Outlook 2017* (Sep. 2017).

4) 세계경제포럼(WEF)과 베인앤컴패니(Bain & Company, 2017)는 전력화(electrification), 분산화(decentralization), 디지털화(digitialization)를 통해 전력체계가 혁신적으로 전환하며 전력 생산 비용이 감축할 것으로 예상한다. 딜로이트도 4차 산업혁명으로 인한 신규 디바이스의 출현으로 단위 전력 소비는 증가하지만, 소비 최적화와 자급 생태계로의 전환에 따라 전반적인 소비는 감소할 것으로 전망했다. 로렌스버클리연구소(LBNL, 2016)도 데이터센터 등으로 전력 수요가 증가하겠지만 효율 개선 등을 통해 대부분 상쇄될 것으로 예상했다.

5) 김현제, 『4차 산업혁명과 전력산업의 변화 전망』, 에너지경제연구원 기본연구보고서 18-14 (2018).

6) 中國能源局, 「國家能源局發布3月份全社會用電量」, http://www.gov.cn/xinwen/2020-04/18/content_5503799.htm (검색일: 2020.04.20).

연평균 1.7%의 증가율을 나타내며 10,000TWh를 초과할 것으로 전망된다.[8]

[그림 1] 2000-2017 중국의 전력소비량 증가 추이

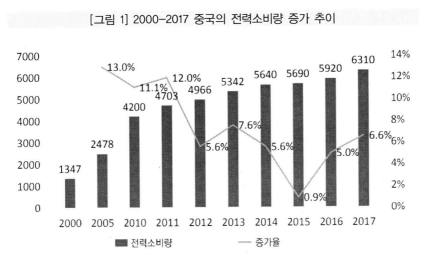

출처: EPPEI, "Outlook on Power Interconnection in North East Asia (2018)," https://www.unescap.org/

이러한 수요를 충당하기 위해 중국은 전력 생산에 집중하고 있다. 2019년 중국의 전력 생산량은 7,482TWh로, 전 세계 전력 생산량의 27.7%를 차지했다. 지금까지 중국은 화력과 수력에 의존해 전력을 생산해왔지만 이러한 전원믹스의 구조에 변화가 발생하고 있다. 2010년 화력발전과 수력발전의 비중은 각각 73.43%와 22.36%로, 이 두 부문의 비중이 95.6%에 이르렀지만 2016년에는 비중이 84.2%로 10%p 이상 감소했고, 두 부문의 비중이 97%에 이르던 발전량도 91.3%로 약 5.6%p 감소했다. 이러한 추세는 더욱 가속화될 것으로 전망된다. 전원믹스에서 신재생에너지원의 설비용량이 빠르게

7) EPPEI, "Outlook on Power Interconnection in North East Asia (2018)," https://www.unescap.org/
8) 中國石油經濟技術研究院, 『2050年世界与中国能源展望』 (2016).

증가하며 화력발전의 설비 비중이 2020년과 2030년에 각각 57.8%와 42.4%까지 감소하는 반면, 신재생에너지의 발전량은 2014년 25%(수력 포함)에서 2030년에 44%까지 증가할 것으로 예상된다. 특히 수력, 풍력, 태양광, 원전 등 4개 발전원의 총발전량은 '13·5계획(2016~2020년)', '14·5계획(2021~2025년)', '15·5계획(2026~2030년)' 기간 각각 연평균 8.4%, 5.5%, 10.1%의 증가율을 보이며 빠르게 발전할 것으로 전망되고 있다.[9]

[표 2] 2010-2016 중국 유형별 발전설비용량 비율

단위: %, 만kW

	2016	2015	2014	2013	2012	2011	2010
수력	20.18	21.00	22.11	22.30	21.75	21.93	22.36
화력	64.0	65.77	67.61	69.18	71.48	72.31	73.43
원자력	2.04	1.79	1.46	1.17	1.10	1.18	1.12
풍력	9.03	8.63	7.00	6.08	5.36	4.35	3.06
태양광	4.70	2.80	1.80	1.26	0.30	0.20	0.03
총설비용량	164,575	152,121	137,887	125,768	114,676	106,253	96,641

출처: 中國報告網(2018).

세부적으로 보면, 중국은 2017년 12월까지 누적 발전설비 용량과 신규 증가한 설비용량에서 각각 전 세계 35%와 37%를 차지하며 1위를 유지하고 있다. 2017년 전 세계 풍력발전소의 증가율은 연평균 21.9%, 발전량은 1,122.7TWh를 기록한 가운데, 중국은 미국을 제치고 가장 많은 증가율을 나타냈고, 발전량에서도 전 세계의 25.5%를 차지했다. 풍력터빈 분야에서도 서유럽의 강세에도 불구하고 중국 기업들이 전 세계 21.2%를 차지하고 있다. 태양광 분야에서도 중국은 2015년 이후 미국을 제치고 전 세계에서 가장 많은 발전

9) 中國能源研究會, 『中國能源展望2030』 (2016).

량을 기록하며 성장이 가장 빠른 국가로 부상했다.

앞서 언급한 바와 같이, 중국은 전 세계에서 전력소비량이 가장 많은 국가이다. 더욱이 중국에서 4차 산업혁명 시대가 본격화되고 스마트도시로의 전환을 추진함에 따라 중국의 전력 수급에 대한 우려는 항상 존재해 왔다. 그러나 중국은 소비도 많이 하지만 그만큼 필요한 전력을 생산하는 국가이자 전력 수입보다 수출이 더 많은 국가라는 사실을 인지할 필요가 있다. [그림 2]와 같이 중국의 발전량은 2022년에 2025년 전력소비량 예상치인 8,500TWh을 넘어서며 생산이 소비보다 많은 상황을 지속할 것으로 전망된다.

[그림 2] 2016-2023 중국 발전량 현황 및 전망(억kW)

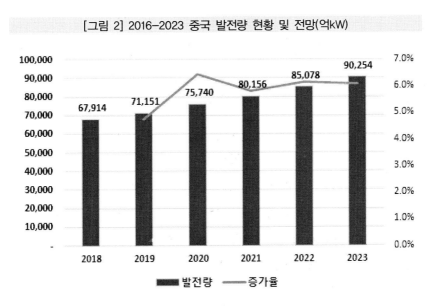

출처: 機電之家(2019).

중국 해관의 통계에 따르면, 2014~2017년 중국은 연평균 688만 톤의 전력을 수입했으며 연평균 복합증가율은 7.49%였다. 이에 반해 수출량은 약 1,879만 톤이며 연평균 복합증가율은 2.35%을 기록했다. 수출이 수입보다 연평균 약 2.76배 높은 상황을 유지해왔다. 최근 4년 동안 전력의 수입총액은 3.26억 달러인 데 반해, 수출총액은 13.88억 달러로, 수출총액이 수입총액보다 약 4.26배 많았다.

이러한 상황을 유지할 수 있었던 이유는 전력 수요 안정화에 대한 중국 정부의 강력한 의지가 뒷받침되었기 때문이다. 중국은 2016년 처음으로 "전력발전 13·5 계획"을 발표하며 수력발전의 적극적인 개발 및 송전 역량 강화, 신에너지 개발 국면의 최적화, 다원화된 에너지원 이용 장려 및 현지에 적합한 시범사업 운용, 안전한 원전 발전 및 연해 지역의 원전 건설, 분산형 천연가스 발전소 건설, 석탄화력발전의 전환 및 고도화, 전력망 구조의 최적화, 인터넷+와 연계된 스마트그리드 구축, 전기차 분야의 발전과 충전 인프라 확대 가속화, 일대일로를 통한 전력 부문의 국제협력 강화, 전력체제 개혁 및 시장 조성 등을 중점 추진하겠다는 계획을 표명했다.

또 다른 이유로는 기풍률과 기광률의 감소를 들 수 있다.[10] 2015년 중국의 평균 기풍률은 15%대였으며 기풍률이 높은 3대 지역인 간쑤(甘肅), 신장(新疆), 지린(吉林)의 기풍률은 각각 39%, 32%, 32%에 이르며 심각한 전력 손실을 초래했다. 이로 인해 2010~2015년 기풍으로 인한 경제손실 규모가 530억 위안을 초과한 것으로 나타났다.[11] 그러나 2016년 기풍률이 17%로 최고점에 도달한 이후 감소하는 추세로 전환되어 2018년 1/4분기에는 8.5%

---

10) 기풍(棄風)과 기광(棄光)이란 송전망 접속능력 부족, 전력공급의 불안정 등으로 기구축된 풍력 및 태양광 발전설비가 가동되지 못하거나 생산된 전력이 유휴되는 현상을 의미.

11) 中國能源網, 「風電行業啟動首例集體法律維權」, https://www.china5e.com/news/news-939133-1.html (檢索日期 : 2016.04.20).

대까지 하락했다. 한편 기광률은 2015년 평균 12.6%를 기록했다. 특히 입지 조건과 일조량이 풍부해 태양광 발전설비를 대대적으로 건설한 간쑤와 신쟝의 기광률은 30.7%와 26%에 이르렀다.[12] 또한 2016년에 들어 태양광 발전설비가 급증함에 따라 기광률이 13.9%까지 증가했지만 이후 점차 완화되며 2018년 1/4분기에는 4.3%까지 하락되었다.[13] 기풍률과 기광률의 감소를 통해 중국은 생산한 전력을 보다 효율적으로 활용할 수 있는 기반을 마련했다.

2. 중국의 에너지 전환

전력 수요의 안정화를 위해 중국은 강력한 에너지 전환을 모색하고 있다. 특히 에너지믹스와 전원믹스의 최적화를 실현하기 위해 대내적으로 에너지 부문 전반에 대한 혁신을 추진하고 있다. 그러나 이러한 대내적인 혁신만으로 실현하기 어려운 부분을 대외적으로 글로벌 에너지 시장에서의 영향력을 확대함으로써 보완하고자 한다.

먼저, 중국은 미국을 제치고 전 세계 최대 원유 수입국이 되었다. 2010~2015년까지 전 세계 석유 수요 증가량의 50% 이상을 중국이 차지했다.[14] 2020년까지 소비량과 수입량의 연평균 증가율을 감축할 계획이지만 2030년대까지 소비량은 지속적으로 증가할 것으로 전망된다.[15] 이에 중국은 국제

---

12) 能源局網站, 「能源局公布2015年光伏發電相關統計數據」, http://www.gov.cn/xinwen/2016-02/05/content_5039508.htm (檢索日期 : 2016.02.10).

13) 新華社, 「一季度我國可再生能源'三棄'率大幅下降」, http://www.gov.cn/xinwen/2018-04/24/content_5285515.htm (2018.04.26).

14) EIA, *International Energy Outlook 2016* (Apr. 2016).

유가의 결정권에서 일정한 지분을 확보하고자 한다. 원유 수요가 증대되는 상황에서 국제유가의 변동에 따라 수급 안정은 물론 에너지안보에 영향을 받는 상황을 타개하겠다는 목적이다. 이에 중국은 상하이 국제에너지거래소(INE)를 통해 위안화를 사용한 원유선물거래를 시작하고 원유의 위안화 결제를 허가하는 국가에서의 수입을 확대한다는 방침을 제시했다. 미국발 셰일혁명으로 나타난 공급과잉 현상은 석유시장에서의 교섭권을 판매자가 아닌 구매자 주도로 전환시킬 가능성을 야기했다. 러시아, 이란 등 주요 판매국들과 긴밀한 협력 관계를 유지하고 있는 상황에서 중국은 미국산 원유 도입도 검토하고 있다. 중국의 구매력 확대와 구매 노선의 다각화, 위안화를 통한 원유 결제 조치 등은 중국이 국제유가를 결정하는 스윙 프로듀서로 부상할 수 있는 기반이 된다.

천연가스 분야에서도 중국의 역할이 증대되고 있다. 중국은 '천연가스 13 · 5 계획'을 통해 2020년까지 에너지믹스에서 천연가스 비중을 8.3~10% 수준까지 제고한다는 목표를 수립했다. 이를 위해 수송관 확충, LNG 터미널 건설, 유통설비 증대 등 사업을 진행했다. 장기적인 관점에서 보면, 중국의 영향력은 더욱 확대될 전망이다. 전 세계 최대 셰일가스 매장국인 중국은 2015년 말 미국에 이어 두 번째로 셰일가스 상용화에 성공하였다.[16] 2016년 공포된 "셰일가스 발전규획(2016~2020년)"에는 2020년까지 셰일가스의 연간 생산량은 300억㎥(2015년 44.71억㎥)까지 확대하기 위해 2020년까

---

15) IEA, *World Energy Outlook 2017*, https://www.iea.org/reports/world-energy-outlook-2017; 中國石油經濟技術研究院, 『2050年世界与中國能源展望』(2017).

16) 상용화에 성공한 충칭(重慶)의 푸링(涪陵) 셰일가스전은 미국 이외 지역에서 개발된 셰일가스전 중 최대 규모로, 총매장량은 3,806억㎥이며 연간 생산량은 약 50억㎥, 생산 규모는 1일 평균 1,500만㎥로, 약 3,000만 가구의 1일 가스 수요를 충당할 수 있는 규모로 추산됨. 新華網, 「我國首個頁岩氣田建成年産 50億立方米産能」(2015.12.29).

지 국가급 셰일가스 시범기지를 육성하는 동시에, 신규 대형 셰일가스전을 발굴하여 2030년까지 연간 생산량을 800억~1,000억㎥까지 증대한다는 구상을 명시했다.[17] 물론 중국은 2012년 이후 셰일가스 부문의 투자를 확대하며 생산량이 꾸준히 증가하고 있으나 계획에 명시된 목표를 달성하지 못했다. 그러나 2021년 5월부터 중국 정부가 신정부 수립 이후 최초로 순자산 3억 위안이 넘는 외국기업에 중국 내 에너지자원을 탐사 및 생산할 수 있도록 결정했다. 이로 인해 셰일가스 생산량 증가는 물론 메이저기업의 중국 진출 러쉬가 중국의 영향력을 더욱 증대시키는 계기가 될 것으로 전망된다.

[그림 3] 주요국 셰일가스 매장량 및 일평균 생산량

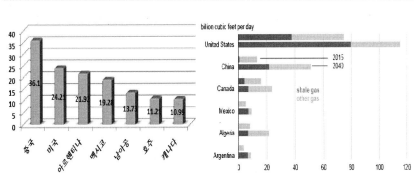

주: 매장량 단위는 조㎥, 일평균 생산량 단위는 억ft³
출처: EIA(2016).

한편, 중국은 신재생에너지 분야의 가장 중요한 플레이어로 성장하였다. 중국은 신재생에너지 분야의 총투자액은 물론 수력, 태양광, 풍력, 태양열

17) 중국은 셰일가스 분야의 발전을 위해 개발업체에 대한 무상 채굴권 부여, 채굴 관련 설비 수입에 대한 관세 면제, 외자기업의 셰일가스 개발 사업 참여 허가(중국기업과의 합작), 지속적인 보조금 지원 등의 정책을 시행함. 國家能源局, 「國家能源局關於印發頁岩氣發展規劃(2016-2020年)的通知」, http://www.gov.cn/xinwen/2016-09/30/content_5114313.htm (檢索日期 : 2016.09.30).

발전에서 가장 많은 투자를 하고 있으며, 발전설비 총량에서도 1위를 차지하고 있다.[18]

태양광 분야에서 중국은 모듈, 실리콘칩, 박막 태양광, 태양광 EPC, 지지대 부문에서 전 세계를 선도하고 있으며, 이러한 발전 추세는 지속될 것으로 전망된다.[19] 특히 중국은 발전설비 인근에서 에너지 소모가 가능하여 낭비를 감축하며 용량 및 지역 선택이 편리한 분산식 발전을 중시하고 있다. 이와 함께 부유식 수상태양광발전단지의 조성에도 노력을 기울이고 있다. 중국은 2017년 6월 안후이(安徽)성 화이난(淮南)에 40mW 규모의 세계 최대 수상 발전단지를 가동하기 시작했으며 향후 10여 개의 발전단지를 조성할 계획이다.[20]

풍력발전 분야에서 중국은 2012년 이후 세계 최대 발전량을 기록하고 있다. 2016년까지 5년 동안 8,758만kW가 증가하며 석탄과 수력에 이어 세 번째로 규모가 큰 전력 공급원으로 부상했다. 중국은 심각한 기풍 문제를 해결하기 위해 분산형 발전을 추진하고 있지만, 장기적으로는 해상풍력 발전에 중점을 두고 있다. 2030년 전 세계 해상풍력 발전설비 용량은 2019년(29.1GW) 대비 약 10배 증가한 234GW까지 증가할 것이고, 특히 중국은 향후 20년 동안 연평균 25배 성장하며 영국을 제치고 전 세계 최대 해상풍력 발전설비를 보유할 것으로 전망된다.[21] 중국 푸젠(福建)성의 경우, 풍력자원의 연간 이용시간이 4,000시간(네이멍구 육상풍력의 연간 이용시간은

---

18) REN21, *Renewables 2020 Global Status Report*, https://www.ren21.net/gsr-2020/.

19) 누적설비용량이 2016년 6.4GW에서 2022년에 14.1GW까지 증가할 것으로 전망됨.

20) 중국의 태양광 발전소는 대부분 사막 지역에 건설되어 눈이나 먼지 등으로 인해 노후화가 빨리 진행되면서 수명이 20~30년에 불과함. 또한, 폐기되는 패널의 재활용 기술을 확보하고 있지 못하면서 이를 대체할 공간을 수상과 해상으로 보고 있음. 參考消息, 「中國建成全球最大漂浮光伏電站」, 2017년6월12일.

21) GWEC, *Global Wind Report 2018*, https://gwec.net/global-wind-report-2019/.

2,000시간)에 이르는 것으로 조사됨에 따라 2016년 말부터 싱화(興化)만 일대에 18억 위안을 투자하여 최대공률(工率)의 해상풍력발전단지를 조성했고, 2017년 9월에 계통연계되며 전력을 공급하고 있다.[22] 해상풍력 발전이 가능한 지역이 주로 전력 수요가 높은 동부 연해에 집중되어 있다는 점 역시 중국이 해상풍력 발전을 중시하는 이유 중 하나이다.

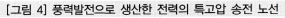

[그림 4] 풍력발전으로 생산한 전력의 특고압 송전 노선

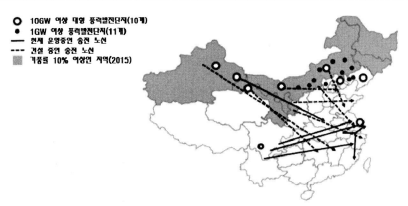

출처: 興業證券(2017).

2021년 전 세계에서 운영 중인 원전(444기) 중 약 11%에 이르는 49기가 중국에서 운영 중이다.[23] 특히 전 세계에서 건설 중인 53기의 원전 중 30.2%인 15기가 중국에서 건설되고 있다.[24] 원전산업에 대해 "중국과 나머

22) 搜狐網, 「福清興化灣海上風電場本月並網發電」, https://www.sohu.com/a/191136046_114890 (檢索日期: 2017.09.15).

23) 中國核能行業協會, 『中國核能發展報告2021』, http://www.china-nea.cn/site/content/39353.html.

24) WNA, *World Nuclear Performance Report2020*, https://www.world-nuclear.org/our-association/publications/global-trends-reports/world-nuclear-performance-report.aspx

지 전 세계 국가들로 분류할 수 있다"는 마이클 슈나이더의 표현은 과언이 아니다. 이렇게 중국의 원전산업이 급격하게 성장할 수 있었던 이유는 중국 정부의 장기적인 목표가 있었기 때문이다. 중국은 2011년 후쿠시마 원전 사고 발생 직후에도 "원자력 안전과 방사능 오염 방지 12·5계획"과 "2020년 장기목표"를 수립했고, "13·5계획(2016~2020)"을 통해 매년 6~8기의 원전을 지속적으로 건설함으로써 2020년에는 미국에 이은 세계 2위의 원전대국이 되고, 2030년에는 110기를 초과해 세계 최대의 원전대국으로 부상하겠다는 목표를 수립했다. 2018년에는 "원자력발전 표준화 사업 강화에 관한 지도의견(이하 '지도의견')"을 공포하며 2027년까지 원자력발전 표준화 강국의 대열에 진입해 국제 원자력발전 표준화 분야를 선도하겠다는 목표를 밝혔다. 중국이 오랫동안 준비한 '지도의견'을 통해 물량을 넘어 표준까지 전 세계를 선도하겠다는 중국의 의지를 엿볼 수 있다.

이는 원전산업의 가치사슬(value chain)을 선점하여 원전산업의 규범을 선도하겠다는 원전굴기의 더욱 거시적인 전략 목표와 맥을 같이 한다. 세계원자력협회(WNA)는 2030년까지 전 세계 44개국에서 266기의 원전을 신설하기 위해 1조 2,000억 달러가 투자되고 이 중 아시아에서 50%가 넘는 7,810억 달러가 투자될 것으로 예측했다. 그러나 유럽과 북미에서 신규 원전 발주가 감축되며 공급체인이 약화된 반면, 시설요건은 강화되고 있다. 이에 중국은 새롭게 열린 원전산업의 가치사슬에서 빈 곳을 적극적으로 파고들고 있다.

특히 시진핑 집권 이후 "일대일로(一帶一路)"를 통한 원전의 '해외 진출(走出去)' 전략이 가속화되고 있다. 시진핑 주석은 2015년 1월, 중국 핵기술 개발 60주년을 맞아 "원자력공업은 첨단기술 전략산업으로, 국가안보의 중요한 초석이다. 원전 설비의 해외진출을 추진하여 원전강국이 되도록 노력할 것"이라고 천명했다. 같은 해 6월 리커창 총리도 중국핵공업그룹(CNNC)이 독자 개발한 '화룽(華龍) 1호'를 참관하는 자리에서 "중국의 발전을 위한 '근육과 뼈'를 강화하는 사업"이라고 강조하며 원전 설비의 해외 진출을 적극적으로 지원하겠다는 정책의지를 피력했다.

2016년 4월 개최된 중국국제원전공업박람회에서 중국광동원전그룹(CGN) 장웨이칭(張煒淸) 부이사장의 "65개의 '일대일로' 연선국 중 28개 국가에서 126기의 원전을 신설할 계획이며, 이를 통해 약 2조 5천억 위안의 투자 공간이 창출될 것"이라고 전망했다. 이 시장을 선점하기 위한 노력 끝에 중국은 원자로 설계부터 플랜트 건설에 이르는 전 부문에서 자체적인 기술을 확보했고, 이를 기반으로 화룽 1호, CAP 1400 등 수출형 원자로 모형을 개발했다. 나아가 4세대 기술을 개발 중이다.

중국 원전의 해외 진출이 가속화된 또 다른 이유는 저렴한 비용이다. '원자력발전의 경제학과 사업 구조(Nuclear Power Economics and Project Structuring)'에 따르면 중국의 원전 설비는 원전 강국인 프랑스, 미국, 일본 등과 비교해 비용 측면에서 50~70% 수준에 불과하다.[25] 이러한 비교우위를 통해 파키스탄, 카자흐스탄, 이란, 이집트, 터키 등 '일대일로' 연선국가들은 물론이고 아르헨티나, 케냐, 남아공 등 20여 개 국가와 원전 협력을 진행하고 있으며 영국 힝클리포인트(Hinkley Point) C 원전 프로젝트 등 선진국시장에도 진출했다. 중국 국무원 국유자산감독관리위원회는 원전 1기의 경제효과는 중국이 30만 대의 자동차를 수출하는 것과 같은 약 1,000억 위안의 경제효과가 창출된다고 분석하며 원전산업 해외 진출의 중요성과 당위성을 뒷받침했다.

---

25) WNA, *Nuclear Power Economics and Project Structuring2017*, https://world-nuclear.org/getmedia/84082691-786c-414f-8178-a26be866d8da/REPORT_Economics_Report_2017.pdf.aspx

3. 중국이 직면한 고민

중국이 안정적으로 전력 수요를 뒷받침하고 있고, 그에 부합하는 에너지 및 전력 정책을 추진하고 있음에도 외부요인을 통해 에너지 전환을 모색하는 이유는 고질적인 내부 문제를 해결하지 못하고 있기 때문이다.

첫째, 기존의 정책 방향과 달리 최근 중국에서 석탄을 이용한 화력발전이 증가하고 있다는 점이다. 중국은 2020년 전 세계 화력발전의 53% 이상을 차지하며 G20 국가 중 유일하게 석탄화력발전이 증가했다.[26] 중국은 이미 2000~2018년까지 864GW의 신규 석탄발전소를 증설했다.[27] 특히 2014년 후반에서 2016년 초까지 지방에 발전소 건설 권한을 이양하면서 지방정부가 이전보다 3배 정도 증가한 245GW의 건설을 승인했고, 이에 석탄발전 설비 과잉 상태에 직면하자 중앙정부는 2016년 3월에 신규 석탄발전소 허가 및 건설을 규제하기 시작했다. 2017년, 중국은 건설 중이거나 허가 계획이었던 170GW 규모의 발전소 사업을 연기하거나 지연했지만 2018년 말 170GW의 절반(78GW, 46%)에 가까운 발전소가 개발을 진행 중인 것으로 확인되었다.

또한 중국전력기업연합회(China Electricity Council)는 2019년 석탄발전 상한을 2030년에 1,300GW로 설정할 것을 제안했다. 엔드콜은 "이는 중앙정부가 중단된 발전소의 건설을 재개뿐만 아니라 신규발전소를 지을 수도 있다는 신호이며 이 경우 중국은 미국 전체 석탄발전용량(259GW)의 3배보다 많은 최대 290GW의 설비용량을 추가로 건설할 수 있다"고 분석했다. 중국전

---

26) Ember, *Global Electricity Review2021*, https://ember-climate.org/wp-content/uploads/2021/03/Global-Electricity-Review-2021.pdf

27) End Coal, *Boom and Bust2019*, https://endcoal.org/wp-content/uploads/2019/03/BoomAndBust_2019_r6.pdf

[그림 5] 중국의 운영 중인 석탄 화력발전소 현황

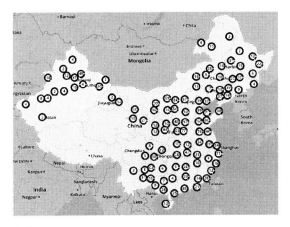

출처: endcoal(2019).

[그림 6] 중국의 허가(예정)인 석탄 화력발전소 현황

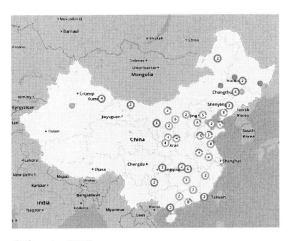

출처: endcoal(2019).

력기업연합회의 요구가 수용되면 중국은 향후 12년 동안 매달 2기씩 대형 석탄화력발전소를 건설하는 것이며 이는 섭씨 2도 이하의 증가로 제한하려는 파리 협약의 목표와 충돌된다.[28) 석탄을 이용한 화력발전 이외에도 4차 산업혁명이나 스마트시티 조성으로 인한 전력 증대가 아닌 지구온난화로 인한 전력 수요 증가분에 대한 고민도 추가로 고려할 필요가 있다.

두 번째로 석탄발전소의 증가와 연계되어 중국의 천연가스 발전소 확대가 지연되고 있다는 점이다. 중국은 "전력발전 13·5계획"을 통해 천연가스 활용의 효율성을 제고하고, 천연가스 발전의 발전을 질서 있게 추진함으로써 2020년까지 가스 발전설비 규모를 1.1억kW 이상, 전체 발전설비용량에서 가스발전의 비중을 5% 이상으로 확충한다는 계획을 제시했다. 중국의 가스발전 비중은 전 세계적으로 낮은 수준이다. 미국, 영국 일본 등 주요 선진국이 30%대 이상이고 EU 전체로도 19.9%인데 반해 중국의 비중은 3%에 불과하기 때문이다. 이러한 정책에 따라 가스발전설비용량이 원만하게 증가하고 있다. 2013~2018년까지 가스발전설비용량은 연평균 17.28% 증가하였으나 2019년 들어서며 2010년 이후 처음으로 한 자릿수 증가율(8.68%)로 감소했고, 2020년에는 5%대까지 낮아질 것으로 전망된다.

이와 함께 천연가스의 발전단가 문제도 고려할 필요가 있다. 2015년을 기준으로 균등화발전원가(LCOE)를 비교해보면, 중국의 가스발전 원가가 풍력발전 원가보다 높은 수준이었다. 또한, 일반적으로 신재생에너지의 발전단가가 화석에너지와 같아지는 균형점인 제너레이션패리티(generation parity)가 2025년이면 도래할 것으로 예상되는 상황에서 중국이 이 시기까지 신재생에너지보다 발전단가가 높고 공급 리스크가 존재하는 가스를 발전용으로 지속할지는 확실하지 않다.

---

28) Greenpeace, 「전 세계 석탄발전 하락 속 중국, 해외 신규 석탄발전소 최대 투자자로 부상」, greenpeace.org/korea/press/5822/presslease-china-the-largest-investor-in-overseas-coal-power-plants/

[그림 7] 중국 가스발전용량 현황 및 전망   [그림 8] 주요국의 발전원별 LCOE 비교

국가	석탄 발전	가스 발전	원자력 발전	풍력 발전
중국	82	95	49-64	72-82
미국	104	71	102	52-79
한국	86-89	122-130	51	179

출처: 前瞻産業硏究院(2019).   출처: OECD NEA, IEA(2015).

　세 번째는 전력 수요의 확대를 충당할 수 있을 것인지에 대한 고민이다. 전 세계적으로 4차 산업혁명 시대에 진입하며 미국과 유럽 등에서는 신규 IT 기기(new IT device)[29]의 증대가 주거용 전력 소비의 증대로 이어지고 있다. 중국도 급격한 경제성장과 생활수준의 향상으로 신규 IT 기기의 수요가 증가했다. PC의 판매량은 2013년 6,500만 대 이상에서 2019년 5,000만 대 초반까지 점차 감소하고 있지만, 핸드폰 판매량은 지속적으로 증가한 이후 연평균 4.5억 대로 일정한 판매 수준을 유지하고 있다. 반면 태블릿PC, 노트북, 스마트TV, LCD 등의 수요는 증가하고 있다. 태블릿PC는 2012년 4,100만 대에서 2018년 5,600만 대가 팔린 것으로 추정되며 스마트TV도 2012년 5,200만 대가 팔린 것으로 추정된다. 이 두 기기의 보급률이 93%에 이른다. 여기에 다른 국가와 달리 중국에서는 전동자전거 보유량이 2017년에 3억 대를 돌파했으며 저속(低速) 전동차도 연평균 20%대의 증가율을 보이며 2020년까지 300만 대 이상이 판매(2014년 30만 대)될 것으로 전망된다.

　이러한 신규 IT 기기의 수요 증가로 인해 전체 전력 소비에서 상업용과

---

29) TV, 컴퓨터, 휴대폰, 소규모 가전기기 등.

가정용의 비중이 지속적으로 증대될 것이라는 점을 예상할 수 있다. 다만 미국의 경우 산업용, 상업용, 주거용의 비중이 2016년 기준으로 각각 26 : 37.6 : 36.4로 비교적 균형적인 데 반해, 중국의 경우 2020년 기준으로 각각 69 : 16 : 15로 여전히 산업용 수요가 현저히 높다는 차이가 있다.[30] 결과적으로 중국의 신규 IT 기기의 증대로 주거용 전력의 비중이 높아지며 전체적인 수요가 증가하겠지만 신규 IT 기기의 증가율이 감소하고 있고 주거용 전력의 비중도 완만하게 증가하고 있는바, 중국에서 4차 산업혁명으로 인해 전력 수요가 폭발적으로 증가할 가능성은 크지 않다.

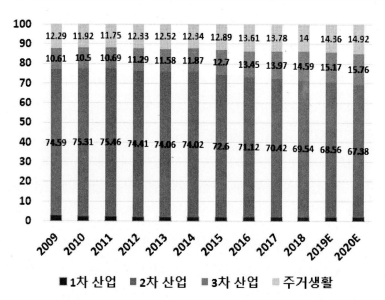

[그림 9] 2009-2020 중국 각 부문별 전력소비 비중 현황 및 전망(%)

출처: 中國産業信息(2018).

30) 일반적으로 부문별 전력 소비를 산업용(industrial), 주거용(residential), 상업용(commercial)으로 분류하는데 반해, 중국에서는 이를 1차, 2차, 3차, 주거생활용으로 분류하고 있음. 이에 산업용은 1,2차 산업, 상업용은 3차 산업, 주거용은 주거생활용으로 각각 비교할 수 있음.

그러나 주목할 만한 사실은 상업용 전력의 수요가 다른 수요에 비해 증가폭이 크다는 점이다. 중국의 산업 구조가 점차 서비스업 중심으로 전환되고 있다는 이유도 있지만 4차 산업혁명 시대에 들어서며 데이터센터의 증가와도 무관하지 않다.

소위 빅데이터 시대에 들어서며 주목받고 있는 하이퍼스케일(Hyperscale) 데이터센터[31]가 2018년 기준으로 430여 개에 이르고 현재 건설 중인 데이터센터를 합치면 560여 개에 이를 것으로 전망된다. 특히 중국의 도시화가 진전되고 스마트시티 조성을 위한 과정에서 빅데이터의 수요가 증대되고 있다. 2016년 10월에 개최된 중앙정치국 제36차 집체학습에서 시진핑 주석은 국가 관리와 사회 거버넌스에서 인터넷의 역할을 심도 있게 인식하고, 전자정부 시스템의 추진과 신형 스마트시티 조성에 착수하며, 데이터집중(data concentration)과 공유를 방법으로 전국의 일체화된 국가빅데이터센터를 설립함으로써 계층, 지역, 시스템, 부문, 업무를 뛰어넘는 협동 관리와 서비스를 실현해야 한다고 지적했다. 동년 9월 전국 사이버안전과 정보화 업무회의에서 정보화를 통해 국가 거버넌스 시스템과 거버넌스 역량의 현대화를 추진하고 전자정부 시스템에 대한 전면적인 계획을 수립하며 일체화된 온라인 서비스 플랫폼을 구축하고 등급별로 분류된 신형 스마트시티의 조성을 추진해야 한다고 언급하기도 했다.

이러한 중국 지도부의 인식에 따라 중국에서 데이터센터 시장이 급격하게 성장하고 있다. 2012년 162억 달러에 불과한 데이터센터 시장 수입은 연

---

31) 기존의 전통적인 데이터센터보다 훨씬 규모가 크고 유기적인 구조를 가진 데이터센터를 의미. 일반적으로는 최소 10만 대 수준의 서버를 운영하고 22,500㎡ 이상의 규모를 갖추고 있으며, 시스템, 메모리, 네트워크, 스토리지 등을 유동적으로 확장할 수 있는 능력을 갖춘 데이터센터를 지칭함. 2018년 말을 기준으로 하이퍼스케일 데이터센터의 비중은 미국이 40%로 가장 높았고 중국, 일본, 호주와 독일이 각각 8%, 6%, 5%, 5%를 차지하고 있음.

평균 32% 성장하며 2017년 650억 달러에 이르렀다. 시장 규모 역시 2012~ 2016년 연평균 15.7% 증가하며 2018년에 2000억 위안을 넘어섰고, 2020년에는 2700억 위안을 돌파할 것으로 전망된다.

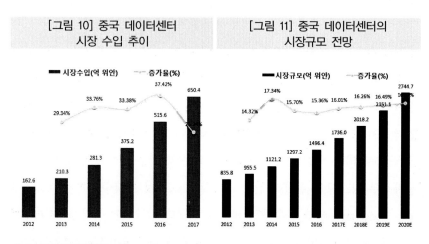

[그림 10] 중국 데이터센터 시장 수입 추이	[그림 11] 중국 데이터센터의 시장규모 전망

출처: 前瞻產業研究院(2018).

물론 중국에 설립된 데이터센터의 전력사용효율(PUE)[32]은 비교적 높은 편이다. 2017년 중국에 설립된 하이퍼스케일 데이터센터의 평균 PUE는 1.63으로 비교적 효율적이며, 설립 중인 센터의 PUE는 1.41로 효율성이 점점 증대하고 있다. 특히 바이두클라우드컴퓨팅센터와 알리바바 첸다오후 (千島湖) 데이터센터의 PUE는 각각 1.23과 1.28로 효율적으로 운영되고 있다. 이와 함께, 중국 체제의 특성상 외국기업의 중국 내 데이터센터 설립 비중이 크게 증가하지 않을 것으로 예상된다. 일반적인 정치체제와 달리

---

32) PUE는 전체 데이터센터의 소모 전력 가운데 실제 IT 인프라 가동에만 사용되는 전력 비율로, 1에 가까울수록 에너지 효율이 높으며, 1.5가 효율적, 2.0이 평균을 의미함.

중국은 2017년 공포된 사이버보안법에 의거, 외국기업들이 주요 사업 정보를 보안기관에 제공해야 하고 영업 활동의 일환으로 수집한 상업 데이터의 해외반출을 허가받아야 한다. 이러한 상황으로 인해 외국기업이 데이터센터를 중국에 설립할 가능성은 높지 않다. 그럼에도 불구하고 중국은 빅데이터 시장과 데이터센터 시장이 가파르게 성장하고 있으며 전 세계 데이터센터 점유율도 8%에 불과하기 때문에 자국 내 데이터센터 설립에 더욱 박차를 가할 것이고, 이로 인해 증대되는 전력 수요를 어떻게 충당할 것인지가 관건이다.

마지막으로 계통연계의 효율성 문제이다. 중국은 전력을 생산하기 위한 에너지원이 대부분 북서부(석탄)와 남부(수자원)에 위치한다. 이로 인해 전력설비도 이러한 지역에 비교적 많이 분포되었다. 물론 전력 사용량이 많은 동부와 남부 해안에도 전력설비의 분포가 집중되어 있지만, 여전히 북서부와 남부에서 생산한 전력을 남동부로 송전하고 있다. 기풍률과 기광률이 하락하고 있지만, 수요가 인접한 지역에서 생산하는 것에 비하면 여전히 효율성은 떨어진다. 이에 중국은 장쑤, 광둥, 푸젠 등 남동부 해안을 중심으로 해상풍력단지를 조성해 수요의 인접성과 송전의 효율성 제고를 모색하고 있다. 중국은 2025년까지 누적설비용량을 40.34GW까지 증대할 계획으로, 이는 2018년(3.63GW) 대비 10배 이상 증가한 수치이다. 이와 함께 중국은 2021년부터 산둥 해안에 부유식 해상원전을 건설하고 2030년까지 남중국해에 20기를 추가로 건설할 계획이다. 기존 계통연계가 아닌 새로운 전력설비의 원만한 계통연계 및 발전 여부에 따라 중국의 전력 수급 안정성이 실현될 수 있다.

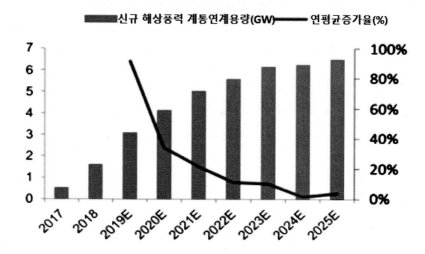

[그림 12] 신규 해상풍력 계통연계용량 추이 전망

출처: 中國産業信息(2019).

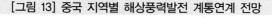

[그림 13] 중국 지역별 해상풍력발전 계통연계 전망

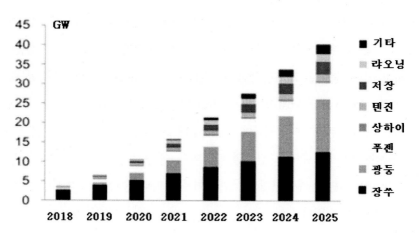

출처: 中國産業信息(2019).

4. 에너지 패러다임의 전환

에너지 패권 경쟁은 에너지 패러다임의 전환과 맞물려 전개되었다. 석탄의 시대에는 영국이, 석유의 시대에는 미국이 각각 에너지 패권을 가지고 있었다. 그렇다면 지금 새로운 에너지의 시대를 맞이했다고 말할 수 있을까? 다시 말해 수요가 증대되고 있는 천연가스의 시대로 넘어왔는지, 아니면 화석에너지를 대체할 신재생에너지의 시대, 나아가 수소 시대로 넘어가는 과도기인지를 생각해 볼 필요가 있다. 그 이유는 천연가스 시대나 신재생에너지 시대로 규정하기에는 여전히 미국 주도의 에너지 질서가 변동되지 않았기 때문이다. 신재생에너지 분야에서 중국의 위상과 영향력이 높아졌지만 에너지 질서가 전환되었다거나 에너지 패권이 중국으로 넘어가고 있다고 보기에도 무리가 있기도 하다.

셰일혁명을 통해 미국은 국제 에너지시장의 주도권을 가진 스윙 프로듀서(swing producer)가 되었다. 물론 과거에도 미국은 메이저기업이 기술을 지배하고 해군이 해상물류를 장악하는 체계를 기반으로 국제 에너지시장을 선도해왔지만, 이제는 직접 생산할 수 있는 자원까지 확보하며 자원, 기술, 물류가 일체화된 에너지체계를 구축하게 된 것이다. 그 배경에는 혁신을 통해 살아남은 기업들이 있었다. 고유가의 직격탄을 맞은 2014년을 기점으로 수많은 셰일개발업체의 줄도산이 이어졌다. 이에 개발업체들은 석유와 가스의 분리 생산, 수압파쇄법의 최적화 등 기술 혁신을 통해 생존을 모색했다. 에너지시장의 주도권을 되찾으려는 석유수출국기구(OPEC)는 감산전략을 통해 이들을 고사시키려고 했다. 그러나 이들은 빅데이터와 인공지능을 활용한 DOF(Digital Oil Field) 기술이나 스윗스팟(sweet spot) 추적 기술 등의 재혁신을 통해 OPEC에 맞서며 새로운 에너지 시대에 적응하고 있다.

OPEC 국가들도 여전히 석유 중심의 노선을 걷고 있지만 새로운 에너지 시대를 준비하고 있다. 1970년대의 낡은 사고방식에 갇혀서는 미래를 대비하지 못한다는 생각에 새로운 길, 다시 말해 에너지 패러다임의 근본적인 변화가 반영된 새로운 에너지 시대를 대비하는 길로 나아가고 있다. 이러한 변화의 배경에는 과거 석탄과 같이 석유도 언젠가 에너지 시장의 흐름에서 도태될 것이라는 인식이 자리 잡고 있다. 석탄은 고갈되지 않았지만, 시장의 수요가 점차 감소하고 있다. 한때 '오일피크'라 불리며 석유의 고갈이 예견되었지만, 석유 매장량은 오히려 증가해왔다. 기술적 한계를 극복하며 비전통석유를 포함한 가채매장량이 증가하고 있기 때문이다. 그런데도 석유의 수요는 점차 감소하고 있다. "석기시대가 돌이 부족해서 끝난 것이 아니다. 석유의 시대도 종말을 고하겠지만, 석유가 부족해서 끝나지는 않는다."는 셰이크 야마니(Ahmed Zaki Yamani)의 표현처럼 인류는 석유의 시대와 고별을 준비하며 천연가스와 신재생에너지로의 전환을 모색하고 있다.

　현재는 천연가스가 석유를 대체하는 역할을 하고 있다. 향후 50년은 이러한 추세가 변하지 않을 것이라는 전망이 우세하다. 미국에너지정보청(EIA)은 2017년을 기점으로 석탄과 원자력을 이용한 발전량이 하락세를 보이는 반면, 천연가스를 이용한 발전량은 증가세가 지속될 것으로 전망했다. 실제로 미국의 2018년 연간 발전량 가운데 천연가스로 생산한 비중은 34%로 가장 높지만, 석탄으로 생산한 비중은 사상 최초로 20%대(28%)로 하락했다. 수송 부문에서도 LNG차량이 수소차, 전기차 등과 비교해 경제성과 기술성에서 우위를 보이며 보급이 확대되고 있다. 중국에서는 2019년에만 LNG트럭 판매량이 전년 동기 대비 570% 증가했다. 유럽에너지규제위원회(CEER)는 2025년까지 대형트럭의 20%가 LNG 차량으로 대체될 것으로 전망했다.

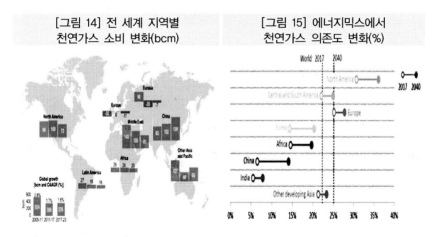

[그림 14] 전 세계 지역별
천연가스 소비 변화(bcm)

[그림 15] 에너지믹스에서
천연가스 의존도 변화(%)

출처: IEA(2018).

천연가스의 부상과 함께 국제 에너지시장에서는 또 다른 움직임이 병행되고 있다. 바로 신재생에너지의 발전이다. 물론 이는 석유 시대의 종말을 대비하고 환경오염 문제를 해결하기 위한 대안으로 꾸준하게 진행되었다. 그러나 과연 지금도 그런지는 되짚어볼 필요가 있다. 2017년 IMF의 "Riding the Energy Transition: Oil Beyond 2040" 제하 보고서는 100년 전 미국 에너지 소비의 80%를 차지한 석탄이 에너지시장에서 지배력을 잃는데 걸린 시간은 20여 년에 불과했고, 석유는 더 빠른 속도로 지배력을 잃을 수 있다고 전망했다. 그 변화의 중심에는 에너지와 운송수단의 기술 혁명이 있다.

그렇다면 이제야 비로소 부상한 천연가스는 더 빠른 속도로 지배력을 잃을 수 있다는 의미가 될 수도 있고, 어쩌면 지금이 천연가스의 시대를 맞이하기도 전에 석유의 시대에서 다른 에너지, 즉 신재생에너지의 시대로 넘어가는 과도기에 지나지 않는다는 의미가 될 수도 있다. 야마니가 2000년에 "30년 후에도 엄청난 양의 석유가 있겠지만, 구매자는 없을 것"이라고 단언한 예상도, 2030년에 모든 자동차가 전기차로 바뀌고 화석에너지가 신재생에너지로 대체되는 "혁명(Clean Disruption)"의 시대를 맞이할 것이라는 토니 세바(Tony Seba)의 주장도 이와 맥을 같이 한다.

물론 향후 수십 년 동안은 여전히 석유나 천연가스와 같은 화석에너지가 방대한 에너지 수요를 충족시킬 것이라는 전망이 우세하다. 그럼에도 불구하고 신재생에너지 분야의 발전에 이목이 집중되는 이유는 경제성장과 밀접하게 연계된 전력 부문에서의 비중 확대가 지속될 것으로 전망되기 때문이다.

국제에너지기구(IEA)의 "세계 에너지 투자(world energy investment 2018)"에 따르면, 전 세계적으로 에너지 투자가 감소하고 있지만, 교통과 난방 분야의 급격한 전력화(electrification) 전환으로 인한 각국의 전력화 정책 지속, 전력 네트워크 구축, 재생에너지 발전 등에 힘입어 전력 부문의 투자는 증가세가 나타났다. 기술발전, 경쟁 입찰 확대, 대규모 국제 개발사업자 출현 등으로 인해 조만간 태양광이나 풍력의 발전단가가 화석연료보다 낮아지며 경제성을 확보할 것이라는 국제재생에너지기구(IRENA)의 분석에 신재생에너지를 사용한 전력 생산이 더욱 가속화될 전망이다.

실제로, 재생에너지 정책네트워크(REN21)는 2017년 전 세계 전력 생산량에서 재생에너지가 차지한 비중이 26.5%에 이르렀고, 발전설비 증가량의 70%가 재생에너지를 통해 이루어졌다는 결과를 발표했다. IEA 역시 전체 발전설비 가운데 신재생에너지가 차지하는 비중이 2016년의 32.2%에서 연평균 4.4%의 증가율을 보이며 2040년에 50.0%에 이를 것으로 전망했다. 블룸버그에서도 신재생에너지에 대한 투자가 석유나 원자력보다 많은 추세가 지속되며 2050년에 이르면 발전설비 투자의 73%가 신재생에너지에 집중될 것으로 전망했다. 이로 인해 전체 전력 생산량에서 신재생에너지가 차지하는 비중이 64%까지 증가하는 반면, 원자력은 10% 이하로 감소할 것으로 예상했다.

5. 미중관계 결정요인으로서 에너지

미중관계에 영향을 미칠 수 있는 요인은 다양하다. 첫 번째로 셰일가스가 있다. 기술 혁신을 통해 셰일혁명이 성공하며 미국은 국제 에너지시장의 주도권을 더욱 공고하게 확보했다. 반면 중국은 전 세계에서 가장 많은 셰일가스 매장을 보유하고 있지만, 기술적 한계로 셰일혁명에 동참하지 못했다. 2017년에 미국, 캐나다에 이어 3대 셰일가스 생산국으로 부상했지만, 미국과의 격차는 여전히 크다. 중국은 '셰일가스 13·5 발전계획'을 통해 2020년과 2030년까지 각각 300억㎥와 800~1000억㎥의 생산량을 실현한다는 목표를 제시했지만 2017년 생산량이 90억㎥에 불과하다. 이는 2017년 미국의 생산량인 4,200억㎥에 비하면 약 1/46 수준이며, 2020년 생산 목표에 도달하기 위해서는 연간 생산량이 170억㎥ 수준까지 제고해야 하지만 물리적으로 불가능하다.[33]

중국의 셰일가스 매장층이 주로 지하 4~6km로 미국(지하 2~6km)보다 깊고, 지질 구조도 다양해 채굴이 미국보다 어렵다는 지형적인 문제 이외에도 중국은 수자원에 대한 압박이 비교적 심각하다. 중국의 셰일가스 주요 매장지는 수자원이 부족한 지역에 있을 뿐만 아니라 이들 지역의 수자원 압박이 24%가 넘으며 셰일가스 개발에 현실적인 문제가 되고 있다.

---

33) Wood Mackenzie, *The Oil and Gas Industry in 2017*, woodmac.com/reports/upstream-oil-and-gas-the-oil-and-gas-industry-in-2017-44563362.

[그림 16] 중국 셰일가스 주요 분포지와 수자원 부족 현황

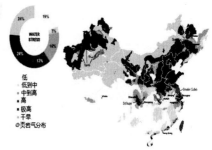

주: 가장 진한 부분이 셰일가스 매장지역,
　　다음으로 진한 부분이 수자원 부족 지역
출처: James A. baker(2016).

주: 색이 진할수록 수자원에 대한 압박이 높은
　　지역
출처: 一覽(2014).

　이외에도 셰일가스 관련 기술이 여전히 미국에 뒤처져 있다. 중국 업체
들은 시추, 채굴, 측정 등에 필요한 핵심장비의 국산화에 성공하며 개발비
용을 절감해 왔다. 중국에 세계 최대의 셰일가스가 매장되어 있기 때문에,
중국에 들어온 메이저기업의 선진기술을 습득하며 자체적인 기술의 업그
레이드와 중국의 지질조건에 부합하는 개발 시스템을 구축함으로써 유정
(油井)당 개발비용이 1억 위안에서 2017년 5천만 위안까지 절감되었다. 미
국과의 격차도 상당히 감소했다. 미국의 일반적인 셰일가스전에서는 1m³당
1.5위안의 비용이 소모되는 반면, 중국 쓰촨지역의 셰일가스전에서는 개발
초기 1m³당 4.5위안에서 2.5위안으로 절감되었다.[34]

　또한, 미국의 1일 생산량은 370억ft³로 5ft³에 불과한 중국보다 75배 많다.
기술격차 완화로 인해 2040년에 미국의 1일 생산량이 790ft³로 2배 증가하는

---

34) 摩貝網, 「頁巖氣 : 美國的今天, 不一定是中國的明天──中國頁巖氣行業現狀解析」,
　　https://zixun.molbase.cn/shiye/218.

반면, 중국은 200ft³로 약 40배 증가하며 캐나다를 제치고 세계 2대 생산국으로 부상할 것으로 예상된다.[35] 그럼에도 불구하고 여전히 기술격차가 상당하다는 것이 일반적인 인식이다. 자원평가는 물론 개발기술에서도 여전히 격차가 존재하고, 공장화 기술에서는 한참 뒤처져 있다.

[표 3] 미국과 중국의 셰일가스 기술개발 현황 비교

	기술항목	미국	중국
자원평가기술	개발 메커니즘 분석연구	★★★★	★★
	실험측정과 분석	★★★★	★★
	가스함유 특성과 시뮬레이션	★★★	★★
	지역선별과 평가	★★★★	★★
	생산량 분석 및 예측	★★★★	★★★
개발기술	다단계(Multi-Stage) 수압파쇄	★★★★	★★★
	경사(waterfrac/riverfrac)수압파쇄	★★★★	★★
	초고압(hydraulic jetting)파쇄	★★★	★★★
	재수압(refracture) 파쇄	★★★★	★★
	동시(simultaneous) 수압파쇄	★★★★	★★
	질소거품파쇄	★★★★★	★★★
	대형(massive) 수압파쇄	★★★★★	★★★
	파쇄유체(fracturing fluid)	★★★★	★★
	시추위치 측정	★★★★	★★
	수직시추 및 가스정 완결	★★★★★	★★★
	수평시추 및 가스정 완결	★★★★	★★
공장화 기술		★★★★	★

출처: MOLBASE(2016).

주목할 만한 점은 중국의 셰일가스 개발이 진행될수록 언제든 미중 갈등을 촉발할 수 있는 잠재요인으로 작용할 수 있다는 사실이다. 지금은 미국

35) EIA, *International Energy Outlook 2018* (Jul. 2018).

의 셰일자원 개발기술이 압도적인 우위에 있지만, 중국의 기술력이 향상되어 미국과 셰일가스 가격 경쟁이 가능해질 때 셰일자원 기술 패권을 둘러싼 미중 간 갈등이 재점화될 가능성이 있다. 미국은 2035년 세계 LNG 생산의 30% 이상을 차지하며 최대 LNG 수출국으로 부상할 것이고[36] 중국은 향후 천연가스 수입의 50% 수준을 LNG로 충당할 것으로 전망된다. 중국의 셰일가스 개발이 본격화될수록 수입(가격, 물량)이나 스윙 프로듀서 지위 확보 등을 둘러싼 갈등이 나타날 가능성이 잠재한다. 2019년 4월, BP가 쓰촨 셰일가스 프로젝트에서 철수할 계획을 밝혔다. 2012년 중국에 진출한 코노코필립스(Conoco Phillips)가 2015년 셰일가스 개발 사업을 중단한 데 이어, 셸(Shell)도 2016년 쓰촨 셰일가스 개발 사업을 잠정 중단한다고 밝혔다. 메이저기업의 중국 셰일가스 사업 철수가 단순히 이윤 확보의 문제인지, 아니면 다른 이유가 있는지도 고민할 필요가 있다. 예를 들어 고속철의 경우, 신칸센(일본), 이체(독일), 테제베(프랑스) 등 주요 고속철 기업이 중국 시장을 선점하기 위해 '기술 이전 경쟁'을 벌이며 중국은 한때 서방 기업에 시장의 70%를 내줘야 했지만 빠르게 기술을 소화하며 서방에 내줬던 시장을 되찾았을 뿐만 아니라 중국식 기술과 표준을 장착한 고속철을 만들어 수출하고 있다. 주요 메이저기업이 이와 같은 전철을 밟지 않기 위해 중국 셰일가스 시장에서 철수하는 것은 아닌지, 중국의 급격한 발전을 억지하기 위한 방법의 일환이 아닌지를 생각해 볼 필요가 있다.

두 번째 요인은 원자력 분야이다. 미국에너지협회(USEA)가 발표한 원전 산업 발전 전망 시나리오를 보면, 기본 시나리오에서 2023년에 즈음하여 미국의 원전 설비용량이 감소 추세로 전환하며 2030년에는 중국에 추월당할

---

36) Wood Mackenzie (2017), *LNG Tools*.

것으로 전망된다. 최근 중국, 러시아 등의 원전 설비용량이 증가하며 우라늄의 수요가 증대되는 반면, 카자톰프롬(KazAtomProm), 카메코(Cameco) 등 주요 메이저 우라늄생산업체가 생산량을 감축하거나 채굴 중단을 선언했고, 미국도 국가안보를 명분으로 수입 우라늄에 대한 관세 부과 여부를 조사하기 시작했다. 물론 단기적인 측면에서 보면, 미국의 수입 감소는 중국이 수입할 수 있는 물량이 확대되고, 더욱이 중국의 주요 수입노선이 중앙아시아와 동남아시아에 집중되어 있다는 점에서 중국에 미치는 영향이 크지 않을 수 있다. 그러나 장기적인 측면에서 보면, 중국의 우라늄 수요 증대로 중국의 우라늄 시장에 대한 영향력이 확대되는 것을 미국이 좌시하지 않을 것인바, 미국이 우라늄 가격 조정에 개입할 여지가 충분하다.

중국의 원전산업에서 두 가지 사안을 주목할 필요가 있다. 하나는 자국 기업 간 합병이다. 중국은 2015년 하반기에 국유기업 개혁 로드맵을 발표하면서 동일 업종의 국유기업 간 합병을 통한 대형화를 핵심 과제로 명시하였다. 이에 2015년 국가핵전기술(SNPTC, 國家核電技術)과 중국전력투자그룹(SPIC, 中國電力投資集團)이 합병하여 국가전력투자그룹(CPIC, 國家電力投資集團)을 출범시켰다. 이후 2018년 초, 중국핵공업그룹(CNNC, 中國核工業集團)과 중국핵공업건설그룹(CNEC, 中國核工業建設集團)이 합병을 추진한다고 밝혔다. 2015년의 사례가 경쟁업체 간 합병이었다면 이번 합병은 각각 원자로 개발과 원전 건설에 종사하는 기업이라는 점에서 시너지를 창출할 것으로 전망되고 있다. 중국 원전 기업의 연이은 합병은 몸집을 불려 경쟁이 치열해지는 해외 원전 수주 분야에서 우위를 선점하기 위한 목적이 있다. 다른 하나는 선박형 원전의 개발이다. 2016년 4월, 중국은 400억 위안(1기당 20억 위안)을 투자하여 20기의 선박형 원전을 건설하겠다는 계획을 발표하였다. 중국선박중공업그룹(中船重工, CSIC)에서 제조 중인 선박형 원전은 2019년에 완공될 예정이며 최종적으로 안정성을 점검 중인 것으로 밝혀졌다. 중국은 선박형 원전을 남중국해에 배치함으로써 전력 생산량과 국제적 영향력을 확대할 것으로 전망된다.[37]

미국과 중국이 모두 수출주도형 원전 전략을 추진하고 있다는 점에서 첫 번째 사안은 미중 갈등의 잠재적 요인이 될 수 있다. 중국은 자국의 에너지 발전 전략에 의거, 2030년까지 원전의 설비 및 발전용량을 확대할 방침이다. 미국에너지협회, 국제원자력기구(IAEA), 세계원자력협회(WNA) 등 주요 국제기구도 최소 2040년까지 중국의 원전 설비용량이 증가할 것으로 전망하고 있다. 이와 함께 중국은 합병한 공룡기업을 필두로 진행 중인 해외 진출을 적극적으로 추진함으로써 세계 원전시장에서 영향력 있는 행위자가 되고자 한다. 반면, 미국은 자국 내 원전 수요가 감소하며 세계 시장으로 눈을 돌릴 것으로 예상된다. 이로 인해 2025~2035년 미국과 중국이 원전 경쟁기 돌입하며 원전 기술 이전 및 해외 수주 등에서 갈등이 증대될 것으로 전망된다.

안전 문제도 배제할 수 없다. 중국 원전의 안전성에 대한 국제사회의 우려는 꾸준히 제기되어 왔다. 중국의 주요 수출모델인 CAP1400은 미국 웨스팅하우스의 AP1000을 국산화한 모델이지만 증기 발생기나 밸브, 펌프 같은 핵심장비는 여전히 국제안전기준을 충족하지 못하고 있다는 지적이다. 물론 중국은 지난 30년 동안 중국에서 원자력 운행과정에서 2급 이상의 사고가 발생하지 않았다고 강조하는 동시에, 2016년 1월 원자력 분야에서 최초로 『중국의 핵응급(中國的核應急)』 백서를 발간하면서 원전사고에 대한 기본방침을 제시하는 등 이러한 우려를 일축했다. 2018년을 기준으로 중국에

---

37) 環球網, 「中國爲南海建20座海上核電站？系爲渤海油田開發」, https://china.huanqiu.com/article/9CaKrnJWv3B (檢索日期: 2016.07.18).

[그림 17] 전 세계 원전산업 발전 동향 및 전망

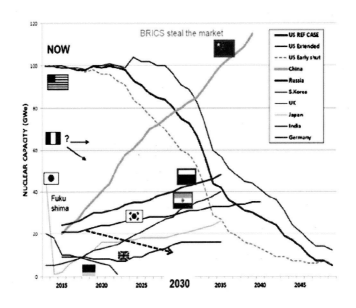

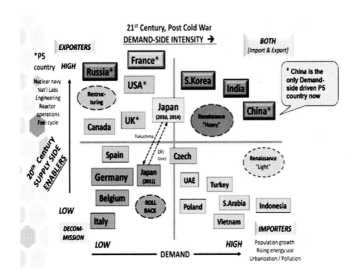

출처: IAEA, WNA(2017).

서 운행 중인 원자로 가운데 72%가 10년도 되지 않은 신형 원자로인 반면, 전 세계에서 운행 중인 원자로 가운데 64%가 30년이 넘은 낙후된 원자로라는 점을 언급하며 중국의 원전이 더욱 안전하다는 사실을 강조하고 있다. 그러나 2016년 양장(陽江) 원전사고를 1년여 동안 은폐했다는 사실 등 일부 원전의 사고 발생 가능성이 제기되며 안전성에 대한 논란이 다시 도마 위에 올랐다. 미국은 중국 원전의 안전성을 지적하며 중국 원전의 수입을 희망하는 국가들의 중국 원전에 대한 신뢰를 약화할 것이고, 이에 대비해 중국이 기술과 표준을 강화함으로써 자국 원전의 경쟁력을 향상한다면 미중갈등이 더욱 빠르게 다가올 가능성이 크다. 여기에 현재 추진 중인 부유식 해상원전 개발에 성공하여 건조 중인 항공모함과 잠수함에 탑재될 경우 발전 추이에 따라 미국과의 군사갈등도 배제하기 어렵다.

세 번째 갈등요인은 중국이 중국식 규범으로 무장한 신재생에너지 인프라와 전력망을 아시아 역내, 나아가 전 세계에 확산하며 독자적인 에너지 질서를 구축하고자 한다는 점이다. 결국, 에너지 분야에서도 에너지 수급 자체로 인한 갈등보다 기술, 표준과 규범을 둘러싼 패권 경쟁이 나타날 가능성이 크다. 2015년 9월, 시진핑 주석은 뉴욕에서 개최된 제70차 UN 총회 및 개발정상회의에서 초고압송전선로(Ultra High Voltage, 이하 'UHV'), 스마트그리드와 청정에너지를 기반으로 한, 전 세계에 범국가적·범지역적으로 연계된 전력 네트워크를 의미하는 글로벌에너지연계(이하 'GEI') 구상을 제안하였다. GEI발전협력기구는 이미 GEI 구축 전략, 핵심기술, 중점 프로젝트, 정책 메커니즘 등에 관한 100여 개의 연구 과제를 시작했으며 태양광 및 풍력 자원 시스템 평가, 전 세계 에너지네트워크 발전 전략, 전 세계 핵심전력망 연계도 제작, 범지역적 전력망 구축 계획 등의 결과물을 내놓았다. 이외에도 38개국 120여 개 기관(및 기업)과 협력 네트워크를 구축하는 등 전

력망 부문을 선도하는 플랫폼 창출이라는 목표를 향해 나아가고 있다.[38]

GEI 구상은 일대일로 연선국과의 협력에서 출발한다. 일대일로 연선국의 2015년도 전력 수요는 14.2조kWh로, 10년 만에 51% 증가하였고, 지역별로는 동아시아와 남아시아, 동남아가, 국가별로 보면 베트남, 카타르, 중국, UEA 등이 빠른 증가추세를 나타냈다. 특히 연선국 중 21개 국가에서 전력혜택을 받지 못하는 인구가 약 4억 명(2014년 기준)에 이르는 것으로 나타났다. 이에 중국은 이들 국가에 전력 인프라와 함께 기술장비, 에너지 절약기술, 관련 사업에 대한 융자 등을 제공함으로써 주변국에서의 영향력을 확대하고 있다.

[그림 18] 일대일로 연선지역별 전력 수요 추이(2006~2015)

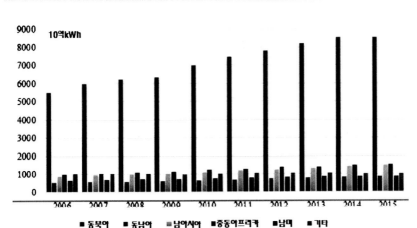

출처: 財新網(2017).

38) 全球能源互聯網發展合作組織, 「全球能源互聯網發展與展望2017」, http://china.cnr.cn/gdgg/20170222/t20170222_523615997.shtml?from=groupmessage (檢索日期: 2017.02.23).

이러한 전략을 구체화하기 위해 중국은 2015년 말까지 UHV 분야에서 8개의 시범프로젝트를 완성하였고, 5개의 UHV 송전망을 건설하고 있다. 해외에서도 파키스탄과 직류송전망 구축을 위한 MOU를 체결하였고, 카자흐스탄, 키르기스스탄과 전력망 연계 및 에너지 분야 협력을 위한 MOU를 체결했으며, 카자흐스탄, 몽골, 러시아, 파키스탄을 연계하는 UHV 프로젝트를 추진했다.[39] 2013년 미국을 제치고 전 세계 최대 스마트그리드 투자국으로 부상한 중국은 '13·5 계획' 기간 동안 UHV 송전망 확대는 물론, 전력망 개선, 전력망과 ICT의 융합 등을 위해 대대적인 투자를 단행했다.

마지막 갈등요인은 수소에너지 분야이다. 향후 2조 5천억 달러에 이르는, 3천만 개의 일자리를 창출할 수 있다는 수소 시장을 선점하기 위한 선진국의 경쟁이 격화되고 있다. 중국은 석탄 중심의 에너지믹스에서 탈피하고 수소 사회로 전환하기 위해 관련 산업에 대한 투자와 정책적 지원을 추진하고 있다. 그 결과, 중국은 2020년에 전 세계 수소생산량의 1/3에 해당하는 연간 2,000만 톤을 생산하는 최대 수소생산국을 부상했다. 역설적으로, 중국의 수소생산에서 석탄이 차지하는 비중은 전 세계 평균인 18%의 3배 이상인 62%에 이른다.

중국은 '중국제조 2025'를 공포하며 수소차 산업의 육성과 수소에너지 기술개발을 명시한 데 이어, '13·5 신에너지 기술발전 계획(2017)'과 '신에너지자동차 보급 및 재정보조금 정책 조정에 관한 통지(2018)'를 공포하며 수소기술 개발 및 보조금 정책을 추진하겠다는 구상을 밝혔다. 특히 '2019년 정부업무보고'에서는 수소차 산업 관련 내용이 최초로 포함되었다. '2019년 녹색산업 지도목록'에도 수소를 포함한 에너지믹스 개혁 목표를 제시하는

---

39) 新華網, 「中國探索構建"全球能源互聯網"」, http://www.xinhuanet.com/politics/2015-02/04/c_1114255546.htm (檢索日期: 2015.02.05).

동시에, '신에너지차량 및 친환경선박' 등에 수소를 운송연료로 활용하겠다는 목표를 수립했다.

주목할 만한 사실은, 중국이 신재생에너지의 발전을 추진하여, 이를 활용한 그린수소를 생산하는 것에 그치지 않고, 기존의 '일대일로' 구상에서 '녹색 일대일로'(綠色一帶一路)까지 확장해 자국 중심의 수소 네트워크를 구축하고자 한다는 점이다. 140여 개에 이르는 일대일로 연선국과 다자 협력을 통해 자국 중심의 국제표준을 제정하며 글로벌 수소경제에서 리더십을 강화하고자 할 경우, 미국 중심의 수소 네트워크와 충돌할 가능성은 자명하다.

이처럼 미국과 중국은 에너지 부문에서 다양한 갈등요인이 잠재하고 있다. 분명한 사실은 에너지 분야를 둘러싼 갈등이 과거에는 수급이나 이를 위한 운송로 안보 차원에서 진행되었지만, 시간이 지날수록 기술, 표준, 규범 등을 둘러싼 갈등으로 확산되고 있다는 점이다. 미국의 경험에 비추어 기술 혁신을 통해 주요 분야에서 영향력을 확대함으로써 에너지 시장의 게임 체인저(game changer)이자 새로운 스윙 프로듀서가 되고자 하는 중국의 의도를 미국이 억지하고자 할 때 양국의 갈등이 재점화할 가능성에 주목할 필요가 있다.

9장

데이터 플랫폼의 기저: 광물자원

양 철*

중국이 희토류를 독점하고 있다는 인식 때문에 미국과 중국의 갈등이 나타날 때마다 중국이 미국을 압박하기 위한 카드로 희토류를 활용할 가능성이 제기되고 있다. 특히 코로나 19로 인해 미중 갈등이 고조되고, 미국이 다각적인 희토류 개발 사업을 추진하며 안정적인 공급망 구축을 모색하면서 희토류가 재차 주목받고 있다. 미국의 대중국 압박조치, 이에 대한 중국의 대응과 미국의 반격이 반복되며 희토류를 통해 중국이 미국에 압박을 가할 것이라는 주장과 미국에는 중국의 희토류 카드에 대응할 조치가 더 많기 때문에 중국의 카드가 제한적일 것이라는 주장이 맞서고 있다.

이와 함께 4차 산업혁명의 시대에 들어서며 핵심광물의 쟁탈전이 이미 시작했다는 분석도 제기되었다. 이러한 사실을 기반으로 본문에서는 두 가지 문제, 첫째, 희토류가 미중 갈등의 성패를 결정지을 최대의 변수인지와

---

* 강원연구원 통일·북방연구센터 책임연구원.

둘째, 희토류 이외의 다양한 광물자원이 미중 갈등을 촉발할 가능성이 있는지에 대해 의문을 제기하고 이를 확인해 보고자 한다. 이에 본문에서는 희토류와 함께 미중 갈등을 촉발할 가능성이 있는 광물자원을 함께 살펴보고, 이러한 광물자원에 대한 분석을 통해 과연 앞으로도 미중관계에 영향을 미칠 것인지를 중점적으로 살펴보고자 한다.

본 연구의 대상은 희토류, 이트륨, 리튬, 코발트, 갈륨, 인듐, 텅스텐, 몰리브덴, 마그네슘 등 총 9종이다. 현재까지 중국에서 발견된 광물은 171종이며, 이 가운데 158종의 매장량이 확인되었다. 이 중 △ 4차 산업혁명(특히 데이터플랫폼을 구동에 필수적인 반도체 생산) 기술 구현에 필요한 광물, △ 에너지 효율 향상 및 에너지믹스 개선 등 에너지 신산업에 필요한(신재생에너지 생산설비, 에너지저장장치(ESS), 전기차 배터리 등) 광물, △ 공급위험 리스크가 비교적 큰 광물, △ 미국의 대중국 의존도가 높은 광물, △ 미국의 CM(Critical Materials) 평가에서 위기성이 높은 광물 등을 고려하여

[그림 1] 4차 산업혁명 핵심기술과 광물자원

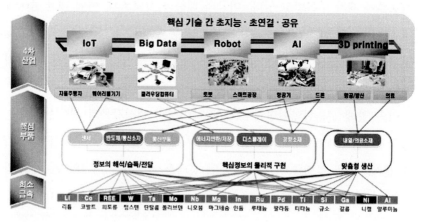

출처: 한국희소금속산업기술센터(2019).

대상을 선별했다.

[표 1] 주요 광물의 공급 위험도

광물자원	원소기호	공급리스크	선도생산국	최대매장국
희토류(rare earth elements)	REE	9.5	중국	중국
안티몬(antimony)	Sb	9.0	중국	중국
비스무트(bismuth)	Bi	8.8	중국	중국
게르마늄(germanium)	Ge	8.6	중국	-
바나듐(vanadium)	V	8.6	중국	중국
갈륨(gallium)	Ga	8.6	중국	-
스트론튬(strontium)	Sr	8.3	중국	중국
텅스텐(tungsten)	W	8.1	중국	중국
몰리브덴(molybdenum)	Mo	8.1	중국	중국
코발트(cobalt)	Co	8.1	콩고공화국	콩고공화국
인듐(indium)	In	8.1	중국	-
비소(arsenic)	As	7.9	중국	-
마그네슘(magnesium)	Mg	7.6	중국	러시아
백금족(platinum group elements)	PGE	7.6	남아공	남아공
리튬(lithium)	Li	7.6	호주	칠레

출처: British Geological Survey(2015).

[표 2] 각 광물자원에 대한 미국의 순수입 의존도(2017)

광물자원	의존도	주요 수입국
비소(arsenic)	100	모로코, 중국, 벨기에
형석(fluorspar)	100	멕시코, 중국, 남아공, 베트남
갈륨(gallium)	100	중국, 독일, 영국, 우크라이나
흑연(graphite, natural)	100	중국, 멕시코, 캐나다, 브라질
인듐(indium)	100	캐나다, 중국, 프랑스
운모판(mica, sheet(natural))	100	중국, 브라질, 벨기에, 오스트리아
수정결정판(quartz crystal)	100	중국, 일본, 루마니아, 영국
희토류(rare earths)	100	중국, 에스토니아, 프랑스, 일본

스칸듐(scandium)	100	중국
이트륨(yttrium)	100	중국, 에스토니아, 일본, 독일
비스무트(bismuth)	96	중국, 벨기에, 페루
안티모니(antimony, oxide)	85	중국, 벨기에, 볼리비아
레늄(rhenium)	80	중국, 브라질, 이탈리아, 터키
중정석(barite)	>75	중국, 인도, 멕시코, 모로코
코발트(cobalt)	72	노르웨이, 중국, 일본, 핀란드
게르마늄(germanium)	>50	중국, 벨기에, 러시아, 독일
리튬(lithium)	>50	칠레, 아르헨티나, 중국
텅스텐(tungsten)	>50	중국, 캐나다, 볼리비아, 독일
지르코늄(zirconium)	<50	중국, 독일, 일본

출처: USGS(2018).

[그림 2] 미국의 중단기별 CM(Critical Materials) 평가 전망

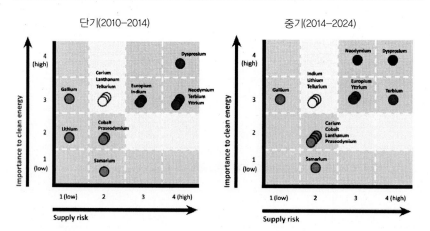

출처: US DOE(2010).

[표 3] 분야별 중국이 통제 가능하거나 영향을 미칠 수 있는 광물

전기차	위성	스마트폰	태양광 패널	태양광 터빈	반도체
코발트(38%)	코발트(38%)	리튬(59%)	흑연(70%)	코발트(38%)	흑연(70%)
리튬(59%)	갈륨(84%)	흑연(70%)	인듐(41%)	흑연(70%)	인듐(41%)
흑연(70%)	희토류(80%)	인듐(41%)	갈륨(84%)	바나듐(56%)	갈륨(84%)
희토류(80%)	바나듐(56%)	희토류(80%)			희토류(80%)
바나듐(56%)					

출처: Mining the future(2019).

1. 미국의 높은 대중국 의존도: 이트륨

희토류는 원소기호 57번부터 71번까지의 란타넘계 원소 15종과 21번의 스칸듐, 39번의 이트륨 등 17개 원소를 총칭하며, 휴대폰, 반도체, 첨단전자산업, 의료기구, 신재생에너지 등 일상생활은 물론 항공기 발전기, 미사일, 레이더 등 첨단무기 제조에 사용되고 있다.

희토류는 21세기에 필요한 수요를 충족할 수 있는 수준의 매장량이 확인되었지만, 생산량이 수요를 충족시키기에 다소 부족한 상태이다. 희토류광상은 세계 각 대륙에 광범위하게 분포되어 있지만, 중국, 미국, 인도, 호주, 러시아, 브라질 등에 집중되어 있다. 전 세계 최대 매장량을 보유한 국가는 중국으로, 전 세계 총 매장량의 37%인 4,400만 톤이 매장되어 있으며[1] 18개의 성 및 자치구에 희토류광상이 분포하고 있다. 브라질, 베트남, 러시아 등도 15% 이상의 매장량을 보유하고 있다.

이러한 매장량을 기반으로 중국은 전 세계 희토류의 80%를 생산하고 있

---

1) 중국 희토류협회는 중국의 미확인 매장량 및 부존량이 최대 1억 톤이 될 것으로 추정.

다. 중국은 2014년부터 105,000톤의 생산을 유지하고 있다. 호주는 2013년 생산량이 2,000톤에 불과했으나 5년 만에 약 10배 증가한 20,000만 톤을 생산하며 전 세계에서 두 번째로 많은 희토류를 생산하고 있다. 2015년까지 6,000톤에 가까운 희토류를 생산해 온 미국은 2016년을 기점으로 희토류를 생산하지 않고 수입으로 대체하고 있다.

[표 4] 국가별 희토류 생산량(톤)

국가	2012	2013	2014	2015	2016	2017
중국	100,000	95,000	105,000	105,000	105,000	105,000
호주	3,200	2,000	8,000	12,000	15,000	20,000
미국	3,000	5,500	5,400	5,900	-	-
러시아	2,400	2,500	2,500	2,800	2,800	2,800
인도	2,900	2,900	-	1,700	1,500	1,500
브라질	140	330	880	-	2,200	2,000
태국	-	800	2,100	760	1,600	1,600
말레이시아	100	180	240	500	300	300
베트남	220	220	200	250	220	100

출처: USGS(2018).

2010년대 들어서며 중국의 희토류 수출량은 지속해서 증가했지만, 전년 대비 증가율은 2016년을 기점으로 낮아지고 있다. 2013~2016년까지 20%대 중반에 이르던 증가율은 2017년을 기점으로 한 자릿수 증가율을 기록한 이후 2018년에는 3%대까지 하락했다. 중국이 지금까지는 생산량을 유지하고 있지만, 미중 무역 전쟁의 카드로 생산량과 수출량을 제한할 경우 수출 증가율은 더욱 낮아질 것으로 예상된다. 수출 증가율은 낮아지고 있으나 수출량과 수출액은 2016년을 기점으로 상승하는 추세이다. 2012~2018년 중국의 수출량이 증가하는 상황에서 수출액은 감소하다 2016년을 기점으로 상승한 이유는 희토류 주요품목의 가격이 2012년에 급락했기 때문이다. 한편, 미국의 대중국 희토류 수입 의존도는 2019년 80%대를 회복하며 높은 의존도를 유지하고 있다. 개별 희토류의 수입 편차가 존재하긴 하지만 특정 품종, 예를 들어 란타넘, 이트륨 등 대중국 의존도가 매우 높다는 점도 주목할 필요가 있다.

[그림 3] 중국의 희토류 수출량(톤, %)   [그림 4] 중국의 희토류 수출액(백만 달러, %)

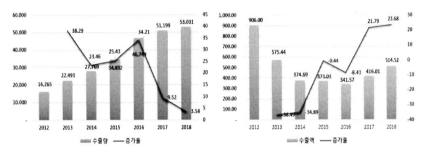

출처: 中國海關(2019).

예를 들어, 이트륨의 최대 매장국가는 중국으로, 전 세계 41%가 매장되어 있으며 주요 매장국인 미국, 호주, 인도의 매장량을 상회한다. 중국은 이러한 매장량을 기반으로 전 세계 이트륨의 85% 이상을 생산하고 있다. 중국에서는 크게 네이멍구, 깐수, 쓰촨을 중심으로 한 북부와 광동, 푸젠, 후난, 장시, 장쑤를 중심으로 한 남부로 생산지역을 분류하고 있다. 그러나 북부지역은 이트륨 함유량이 상대적으로 낮아 주로 남부에서 생산이 이뤄지고 있다.

중국의 이트륨 수출량은 2014년 8,590톤에서 2017년 3만 2,350톤으로 연평균 41.7% 증가했다. 중국의 이트륨 수출량 증가율이 하락하고 수입량이

2017년 급격히 증가한 이유는 2017년 중국공업정보화부가 제2차 희토류 생산 통제 계획을 발표했기 때문으로 보인다. 중국은 2015년 중국 내 희토류 생산업체의 과도한 경쟁으로 희토류 수출 단가가 대대적으로 하락하자 희토류 생산업체의 구조조정을 단행하는 한편, 희토류업계 발전계획(2016~2020)을 통해 채굴량과 제련분리 상한선을 각각 14만 톤 이하와 20만으로 감축했다. 특히 중국은 2017년 초부터 장시성, 산시성, 후난성 등에서 집중 단속을 통해 희토류 관련 불법 행위 근절에 총력을 기울였는데, 이들 지역이 이트륨 부존량이 많은 지역이다.

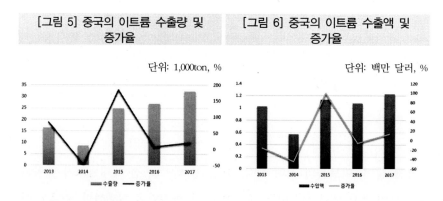

[그림 5] 중국의 이트륨 수출량 및 증가율

[그림 6] 중국의 이트륨 수출액 및 증가율

단위: 1,000ton, %

단위: 백만 달러, %

출처: 中國産業調研網(2018).

한편, 미국은 캘리포니아의 마운틴패스 광산(Mountain Pass Mine)이 대표적인 이트륨 채광지역이지만 매장량은 전 세계 0.1%에 불과하다. 더욱이 미국 내 환경기준이 엄격해짐에 따라 생산원가가 상승하며 2002년 이후 채굴이 중단되었고, 2015년에는 폐업까지 고려되었지만 2018년 1월부터 채굴이 재개되었다. 이러한 상황 때문에 미국은 주로 중국에서 이트륨을 수입해왔다. USGS에 따르면 2014~2017년 미국의 이트륨 혼합물 수입국 중 중국이 76%로 가장 많고, 에스토니아(13%), 일본(4%), 한국(3%)이 뒤를 잇고 있다. 미국의 2014년 이후 이트륨 수입 의존도는 95~100%에 이르며, 중국산 수입 비중은 연평균 약 77%로 높은 수준이다.

[그림 7] 미국의 이르튬 사용량(톤)   [그림 8] 미국의 이트륨 주요 수입국(%)

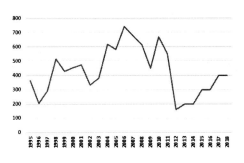
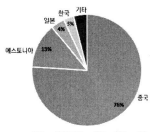

출처: USGS(2019), Statista(2019).   출처: USGS(2019).

2. 대체재의 등장: 리튬과 코발트

리튬은 녹는점이 낮고 반응성이 좋아 전기차, 스마트폰, 노트북 등 전자제품의 2차 전지 원료로 주로 사용된다. 도이치방크(Deutsche Bank)는 전기차 생산이 확대되면 리튬 수요가 2025년까지 연평균 3.6% 증가율을 유지할 것이라 전망했다.[2] 그러나 세부적으로 보면 세라믹, 윤황류, 금속분말, 1차 처리제, 알루미늄 제련, 공기처리제 등 전통적인 수요는 2025년까지 2013년 대비 60%p 이상 감소하는 반면, 전기자동차나 에너지저장장치 등에서의 사

---

2) Deutsche Bank, *Market Research: Industry Lithium 101*, (May, 2016).

용량은 전통적인 수요를 넘어서는 수준까지 증가할 것으로 예상된다. 이는 전통적인 수요에 대체재를 활용할 수 있기 때문이다. 예를 들어, 1차 전지는 아연, 마그네슘 등으로, 유리와 세라믹은 장석, 하석, 붕산염, 인 등으로, 비누 및 윤활제는 칼슘 및 알루미늄 등으로 대체되고 있다.

전 세계 리튬 매장량은 주요 기관마다 다르게 추산되지만 대체로 칠레, 아르헨티나, 볼리비아 등 남미 국가에 전 세계 리튬의 약 60%가 매장되어 있고, 이밖에 중국, 호주에 35% 정도 매장되어 있는 것으로 확인되고 있다. 생산량은 2017년을 기준으로 호주와 칠레가 각각 45%와 34%를 점유하고 있고, 아르헨티나와 중국이 뒤를 잇고 있다.

[표 5] 전 세계 리튬 생산량(톤)

국가	2011	2012	2013	2014	2015	2016	2017
아르헨티나	2,950	2,700	2,500	3,200	3,600	5,800	5,500
호주	12,500	12,800	12,700	13,300	14,100	14,000	18,700
브라질	320	150	400	160	200	200	
칠레	12,900	13,200	11,200	11,500	10,500	12,000	14,100
중국	4,140	4,500	4,700	2,300	2,000	2,300	3,000
포르투갈	820	560	570	300	200	200	
짐바브웨	470	1,060	1,000	900	900	900	
미국	2,250	3,500	4,600	4,500	4,500		

출처: USGS(2018), 미국은 Roskill(2016).

미국은 2002~2007년 리튬 수요가 증가하며 수입량이 함께 증가했으나 글로벌 금융위기로 인해 불경기가 이어지며 소비량과 수입량이 대대적으로 하락했다. 그러나 배터리 시장의 성장과 함께 수입량이 증가세로 전환되었다. 2002~2016년 미국의 연평균 수출 증가율은 2.9%를 기록한 반면, 동 기간 수입 증가율은 5.9%로 약 3.0%p 증가했다. 미국은 2002~2010년 중국에 탄산리튬을 수출하는 국가였지만 2011년 이후 대중국 수출은 없어지고 수입만 지속하고 있다. 수산화리튬의 경우 2007~2009년 수입이 급증한 이후, 2010년부터는 수출입의 증가와 감소가 반복되고 있다. 수산화리튬이 2007~2009년, 탄산리튬이 2011년에 수입량이 급증한 이유는 미국 전기자동차 발전 추세와 함께 2009년 발효된 경기부양법(ARRA)과 연관된 것으로 분석된다. 미국에너지부는 2006년에 「Freedom CAR & Vehicle Technologies Program (FCVT)」(US DOE)을 발표한 데 이어, 2007년에 플러그인차량 연구개발 계획을 발표하며 2016~2020년 내 상용화를 실현한다는 목표를 수립했다. 이로 인해 리튬 수입량이 증가했을 가능성이 있다. 또한 2008년 금융위기 당시 재정지출 확대를 통한 경기부양 정책의 일환으로, 에너지 효율성 및 재생 에너지를 위해 20억 달러를 신형 배터리와 부품 생산에 사용하기로 한 데 이어, 동년 8월 미국에너지부는 전기자동차, 배터리 및 부품 개발 프로젝트 48건에 24억 달러 투자를 승인했다. 한편 미국의 대중국 탄산리튬 수입량은 정체된 반면, 수산화리튬 수출·입량이 일정하게 유지되고 있는 이유는 수산화리튬의 수요가 증가추세를 보이기 때문이다. 2015년을 기준으로 2차 전지에서는 스마트폰, 태블릿PC, 디지털카메라 등 IT기기용 배터리가 전체 2차 전지 분야의 65.3%를 점유했지만 2025년에는 전기차량용 배터리가 64.3%에 이를 것으로 전망되며, 이로 인해 고용량 전기차와 에너지저장장치에 필요한 수산화리튬의 수요가 증가할 것으로 예상된다.

한편, 중국의 신흥 리튬 기업들이 광산 개발 프로젝트에 참여하여 생산 물량을 선점하고 있다는 사실로 인해 우려가 제기되고 있으나[3] 미국의 대

---

3) 자세한 내용은 포스코경제연구원, 「중국, 리튬을 접수하다」, 『POSRI 이슈리포트』 (2016.12.15)를 참조.

중국 리튬 의존도가 3%대에 불과하기 때문에 미중 갈등에는 큰 영향을 미치지 못할 것으로 전망된다.

코발트는 기계 재료용 합금강, 초경합금, 촉매제, 자석 등에 사용되는데, 이 중 초경합금과 촉매제의 수요가 안정적으로 증가해왔다. 배터리의 경우 2009~2016년 동안 수요가 연평균 16.1%로 가장 높은 증가율을 기록했다. 그러나 2016년을 기점으로 코발트 가격이 급등하자 하이니켈 배터리나 알루미늄을 추가한 배터리 개발에 돌입하는 등 대체재가 등장하고 있다는 점에 미루어 배터리에 대한 수요는 하락할 것으로 전망된다.

국가별 코발트 매장량의 경우, 콩고가 350만 톤으로 전 세계 매장량의 49.3%를 차지하고 있고, 광산도 2017년 기준 64,000톤으로 가장 많은 생산량을 유지하고 있다. 반면, 정련 코발트 생산량은 중국이 2017년 기준 69,600톤을 생산하며 1위를 차지하고 있으며 코발트 금속과 코발트광 수입도 압도적인 수량으로 1위를 차지했다. 중국에서 생산 및 수입한 코발트의 79%는 배터리 산업에 사용되는 것으로 나타났다. 한국광물자원공사에 따르면, 2018년을 기준으로 전 세계 코발트 수요량(약 11만 톤) 가운데 약 55%인 6만 톤이 2차 전지용을 사용되고 있고, 향후 전기차 보급이 확대되면서 2025년에는 2016년 대비 2.5배 증가한 27만 톤의 수요가 있을 것으로 전망했다.

그러나 상술한 바와 같이 대체재의 등장으로 코발트의 수요가 급격하게 상승할 가능성은 상대적으로 낮아졌다. 2018년 1톤당 9만 5천 달러에 이르던 코발트 가격이 2019년 1월 63% 하락한 3만 5천 달러에 거래되었다. 이를 통해 당분간 수요가 공급을 넘어설 것으로 보이지 않으며 배터리 분야에서 대체재와 대체기술이 개발될 경우 코발트의 수요가 크게 증가하지 않을 것으로 예상된다. 다만 콩고에서 코발트 생산을 위해 아동 노동력이 착취되는 상황이 지속되자 2020년을 기점으로 윤리적이지 않은 방법을 이용해 코발트를 생산하는 업체를 퇴출하겠다는 방안이 발표되었고, 다른 한편으로는 항공우주산업의 확대로 코발트 공급에 비해 수요가 증가해 가격이 상승할 것이라는 전망도 있다.

그러나 코발트의 사용 현황을 보면, 배터리 수요가 50% 이상인 반면 초경합금 수요는 20%에도 미치지 못하는 상황이기 때문에 이러한 구도는 당분간 지속될 전망이다. 따라서 배터리업체들이 코발트 함유량을 최소화하거나 전혀 사용하지 않는 차세대 배터리 개발에 착수한 상황에서 코발트 수요에 미치는 영향은 그리 크지 않을 것으로 예상된다. 특히 미국의 대중국 코발트 수입 의존도가 20% 수준이지만 수요가 연간 11,000톤으로 정체되고 있고, 대체수입국이 있기 때문에 미중관계에서 코발트가 미치는 영향은 크지 않을 것으로 전망된다.

[표 6] 국가별 코발트 매장량(천 톤, %)

국가	매장량(천 톤)	점유율(%)	국가	매장량(천 톤)	점유율(%)
콩고	3,500	49.3	러시아	250	3.5
호주	1,200	16.9	마다가스카르	150	2.1
쿠바	500	7.0	파푸아뉴기니	51	0.7
필리핀	280	3.9	남아공	29	0.4
잠비아	270	3.8	미국	23	0.3
캐나다	250	3.5	기타	560	7.9

출처: USGS(2018).

[표 7] 국가별 코발트 정련 생산량(톤)

국가	2012	2013	2014	2015	2016	2017
콩고	2,999	3,000	3,300	3,300	400	400
중국	29,784	36,062	39,292	48,719	45,046	69,600
핀란드	10,547	10,010	11,452	8,582	11,187	12,221
벨기에	4,200	5,415	5,850	6,306	6,329	6,987
잠비아	5,665	5,000	4,317	2,997	4,725	2,520
일본	2,542	2,747	3,654	4,259	4,305	4,159
캐나다	5,682	5,559	5,261	5,591	5,544	6,507
호주	4,769	4,981	5,419	5,150	3,200	3,000

출처: USGS(2018), kores(2019)에서 재인용.

[그림 9] 미국의 대중국 코발트 수출입 현황(톤)　　　[그림 10] 미국의 대중국 코발트 수입 의존도(톤)

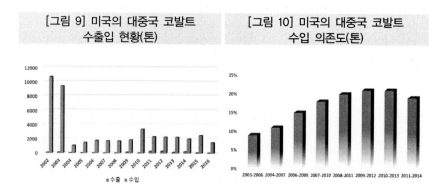

출처: USGS, 각 연도.

3. 재활용 기술의 발전: 인듐, 텅스텐, 마그네슘

인듐은 아연, 주석, 납, 철의 황화물 광석에 이온이 치환된 형태로 소량만 함유되어 있어 제련 과정, 특히 아연에서 부산물로 얻을 수 있다. 광산 자체가 극히 드물어 경제적으로 채굴 가능한 매장량을 확인하기 어려울 뿐만 아니라 제련 과정에서 얻어지는 인듐 역시 일반적으로 제련소에서 함량을 정확하게 파악하고 있지 않기 때문에 정확한 정보를 얻기가 쉽지 않다. 인듐은 산화인듐주석(ITO)의 형태로 TV, 모니터, 휴대폰 등의 액정화면, 태양전지, 발광 다이오드에 투명한 전도성 코팅 제작에 사용되고 반도체 첨가물로도 사용된다. 특히 다른 금속에 소량을 첨가해도 성질의 큰 변화를 유도하기 때문에 합금제조에 중요하게 사용되고 있다.

2015년을 기준으로 전 세계 인듐 확인매장량은 11,000톤으로, 이 중 중국에 8,000톤이 매장되어 72.7%의 점유율을 차지하고 있다. 페루, 미국, 캐나다 등에도 매장되어 있으나 각각 3.3%, 2.5%, 1.4%로 비중이 크지 않다. 전세계 인듐 공급량은 2009년을 기점으로 증가해 2014년에 1,800톤을 돌파하며 정점을 찍은 후 하락하기 시작했다. 지난 10년 동안 소비는 56% 증가했으며, 2009~2011년 공급이 수요보다 적었지만 2012년 이후 공급이 과잉되는 상황이 지속되다가 2016년에 들어서며 기본적으로 공급과 수요가 균형을 유지하고 있다.

전 세계 1차 인듐(회수 · 재생한 것이 아닌 광석에서 직접 얻은 인듐)의 2017년 전 세계 생산량은 720톤으로 추정된다. 생산량은 2009년 이후 점차 증가하며 2014년에 844톤까지 생산되었지만 하락세로 전환되었다. 중국은 전 세계에서 가장 많이 인듐을 생산하는 국가로, 2017년 기준 310톤을 생산했다. 2014년까지 매년 생산량이 증가하며 460톤으로 정점을 찍은 후 생산량이 하락하고 있다. 전 세계 생산량에서 중국이 차지하는 비중은 50%대를 상회했으나 2015년에 46.1%를 기록한 이후 40%대 초반의 점유율을 유지하고 있다. 2000년대 중반까지만 해도 중국에는 100여 개의 인듐 공장이 있었으나 자원이 분산되어 있고 95%에 이르는 제조업체의 연간 생산량이 1~5톤에 불과했다. 부족한 매장량으로 인해 경쟁이 과열되며 전략비축 자원인 인듐이 대량 유실됨에 따라 중국 정부는 2007년 인듐 수출허가증 신청 표준에 관한 문서를 발표했다. 기준에 부합하지 못한 기업들이 도산되며 2014년을 기준으로 생존한 기업은 32개에 불과하고 이들의 실질적인 생산량도 380~400톤에 그쳤다.

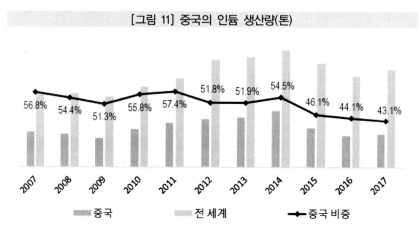

[그림 11] 중국의 인듐 생산량(톤)

출처: 中國有色金屬工業協會(2018).

　중국의 1차 인듐은 주로 일본, 한국, 미국에 수출되고 있고, 이 세 국가에 수출하는 비중이 전체 수출량의 75%에 이른다. 2009~2011년 수출량이 비교적 많았으나 2012년 이후 수출이 중단되었다가 2015년부터 다시 수출이 증가하고 있는 것으로 나타났다. 한편, 미국은 캐나다에서 가장 많은 인듐을 수입하고 있으며 중국, 벨기에, 일본, 한국 등에서도 인듐을 수입하고 있다. 미국은 2002년 112톤을 수입했으나 2018년에 170톤을 수입하며 연평균 4.2%로 수입이 증가했다. 2012~2014년을 제외하고 지난 20년 미국의 최대 인듐 수입국은 중국이었다. 2000년대 중반까지 미국의 대중국 수입 비율은 40대 중반을 유지했다. 2000~2003년 대중국 수입 비율이 49%로 가장 높았으나 최근에는 27%대로 의존도가 많이 감소한 것을 확인할 수 있다.

[표 8] 중국의 1차 인듐 수출 현황(톤, %)

국가	'09	'10	'11	'12	'13	'14	'15	'16	'17	총계	비율
일본	9	74	72	3			33	43	63	297	42.7
한국	1	10	1	1			41	65	41	160	23.0
미국	6	1	3		1		13	37	35	96	13.8
독일	2					1		3	2	8	1.2
네덜란드								1	5	6	0.9
홍콩	27	37	29					10	7	110	15.8
벨기에			1	1				1	3	6	0.9
호주					1					1	0.1
라오스		3								3	0.4
기타							2	2	4	8	1.2
총량	45	125	106	5	2	1	89	162	160	695	100

출처: 中國有色金屬工業協會(2018).

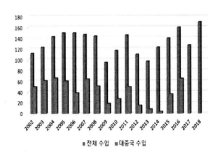

[그림 12] 미국의 인듐 수입총량 및 대중국 수입량(톤)

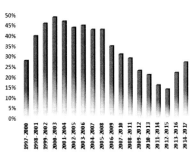

[그림 13] 미국의 대중국 인듐 수입 의존도(톤)

출처: USGS, 각 연도.

미국의 대중국 수입 의존도의 하락은 비ITO계 투명전극 기술의 발달과 연관되어 있다. 상술한 바와 같이 인듐의 85%가 ITO 타켓 생산용으로 사용되고 있는데, 제품 용도에 따라 ITO 투명전극을 대체하거나, ITO가 적용되기 어려운 새로운 응용 분야에 적용하기 위해 비ITO 계열의 소재를 이용하여 투명전극을 개발하는 연구가 활성화되며 인듐의 수요가 점차 감소하고 있다. 이와 함께 구체적인 통계가 제시되고 있지 않지만, 도시광산에서 재생산되는 2차 인듐의 비중이 증가할 것이라는 예상에 주목할 필요가 있다. 2차 인듐의 비중이 전체 인듐 생산량의 60%대에 이르는 등 각국이 희소금속의 회수와 재활용을 중시하며 인듐 생산과 공급에 영향을 미칠 가능성도 배제할수 없다는 점에서 회수 및 재활용 기술의 발전에 주목할 필요가 있다.

[그림 14] 전체 인듐에서 2차 인듐이 차지하는 비중

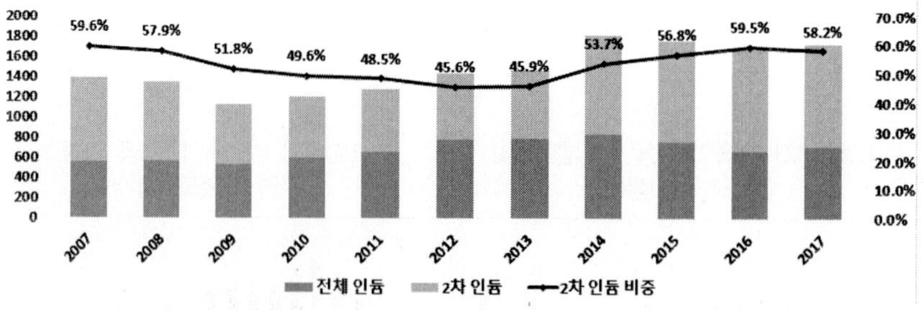

출처: 中國有色金屬工業協會(2018).

텅스텐은 금속 중 가장 높은 용융온도를 가지며 내식성이 강하고 전기전도도 및 열전도도가 높은 특성으로 인해 초경합금(cemented carbide, hard metal), 내열성 및 내마모성 합금 등의 제조에 쓰이며, 화합물들은 안료나 촉매 등으로 사용된다. 텅스텐 합금은 일반적으로 페로텅스텐을 다른 금속과 혼합시켜 만드는데, 절삭공구, 터빈 날개(blade)와 같은 항공기와 우주선

부품, 총과 대포의 재료, 로켓 노즐, 대전차 고속 침투 폭탄을 비롯한 각종 폭탄과 산탄 재료 등의 군사 무기에도 사용되고 있다.

현재까지 확인된 텅스텐 매장량은 중국이 180만 톤으로 전 세계 매장량의 약 62%를 차지하고 있으며, 캐나다, 러시아, 미국 등 4개국의 점유율이 80% 이상에 이른다. 생산량도 중국이 81.6%에 이르고 있으며 전 세계 소비

[표 9] 국가별 텅스텐 매장량(톤, %)

국가	reserve	reserve base	점유율(%)
중국	1,800,000	4,200,000	62.07
캐나다	260,000	490,000	8.97
러시아	250,000	420,000	8.62
미국	140,000	200,000	4.83
볼리비아	53,000	100,000	1.83
포르투갈	47,000	62,000	1.62
오스트리아	10,000	15,000	0.34
북한	n.a.	35,000	n.a.
기타	350,000	700,000	12.07
총계	2,900,000	6,300,000	100

출처: USGS(2018).

[표 10] 국가별 텅스텐 생산량(톤)

국가	2012	2013	2014	2015	2016
중국	78,200	85,000	70,000	71,000	71,000
영국	-	-	150	600	4,817
러시아	3,845	2,412	1,998	1,526	3,132
베트남	-	1,660	2,067	2,562	2,968
캐나다	2,505	2,762	2,708	2,114	2,289
르완다	1,750	2,215	1,279	1,784	1,716
볼리비아	1,573	1,580	1,262	1,473	1,120

출처: USGS 각 연도.

증가율 역시 중국이 주도하고 있다. 중국은 2007년 자국 희소금속의 탐사 및 채굴과 관련된 모든 사업에 대한 외국기업의 투자를 제한하는 정책을 발표했다. 이로 인해 캐나다, 르완다, 볼리비아 등의 텅스텐 자원국들의 채굴량이 2~4배 증가하는 동안 중국의 텅스텐 생산량은 약 20% 감소하였으나 중국이 텅스텐 시장에 미치는 영향은 크게 감소하지 않았다.

중국은 1991년 이후 텅스텐의 엄격한 관리를 위해 허가제를 도입하고 국가적인 관리체제에 의거, 텅스텐 수출량을 제한했다. 또한, 텅스텐 광석을 수출하지만, 광석 자체만의 수출은 정책적으로 금지했다. 즉 텅스텐 광석 대신에 산화텅스텐(WO3), 암모늄 파라텅스텐산(APT), 페로텅스텐(Ferrotungsten), 탄화텅스텐(tungsten carbide) 등의 최종 제품을 수출함에 따라 부가가치를 높여 더 많은 이익을 얻는 전략적인 정책을 수행했으며, 자국 내 수요를 우선시하기 위하여 텅스텐을 비축하는 기조를 유지해왔다. 이에 중국은 북한(41.14%), 베트남(21.42%), 러시아(13.72%), 미얀마(8.84%) 등에서 텅스텐광을 주로 수입하고 있다.

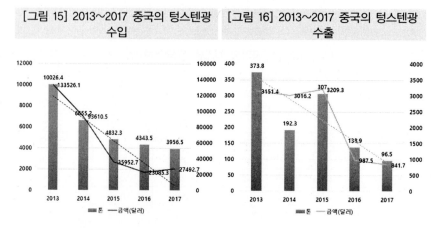

[그림 15] 2013~2017 중국의 텅스텐광 수입   [그림 16] 2013~2017 중국의 텅스텐광 수출

출처: 中國鎢業協會(2018).

한편, 미국은 주로 텅스텐광을 수입해서 쓰고 있다. 2011년 이후 3,500~ 4,000톤 정도의 수입을 유지하고 있다. 미국은 주요 텅스텐 제품을 중국에서 수입하고 있는데 그 비중은 점차 감소하고 있다. 이는 미국의 텅스텐 스크랩 재활용이 활발하게 이뤄지고 있기 때문인 것으로 추정된다. 2015년 미국 내 텅스텐 재활용은 전체 텅스텐 소비량의 59%에 이르며, 매년 증가하는 추세가 나타나고 있다. 이에 50%에 육박하던 대중국 텅스텐 의존도가 현재는 30%대 수준까지 하락했다.

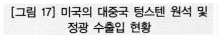

[그림 17] 미국의 대중국 텅스텐 원석 및 정광 수출입 현황

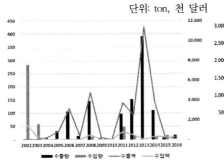

[그림 18] 미국의 대중국 파라텅스텐암모늄 수입 현황

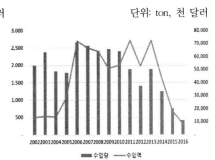

출처: USGS 각 연도.

[그림 19] 미국의 대중국 텅스텐 제품 수출입 현황

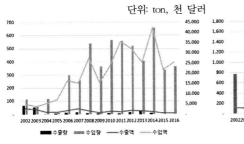

[그림 20] 미국의 대중국 텅스텐산화물 수입 현황

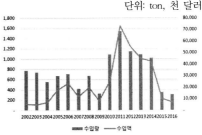

출처: USGS 각 연도.

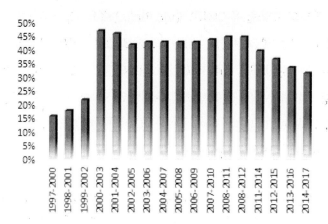

[그림 21] 미국의 대중국 텅스텐 수입 비율(톤)

출처: USGS 각 연도.

마그네슘은 밀도가 가벼운 금속이지만 단단한 성질을 가져 합금에 필요한 수요가 증가하고 있다. 항공기, 자동차, 농업기계, 공구, 정밀 기계, 스포츠 용구, 스피커의 진동판, 휴대용 기기의 케이스, 의료기기, 우주선, 병기 등에 사용된다. 산화마그네슘(마그네시아, MgO)은 고온에서 내염기성 및 전기절연성이 뛰어나고, 열전도율이 크며, 빛의 투과율이 높아 전기 절연체와 내화제품의 부품으로 사용되고 있다. 해수에서 추출한 마그네슘은 제지를 비롯해 화학용, 의약용, 기능성 충전제 등에 사용되고 있다.

전 세계적으로 러시아에 30% 가까이 매장되어 있으며, 북한과 중국에도 많이 분포하고 있다. 마그네사이트의 전 세계 생산량은 연간 약 2,700만 톤이며, 중국이 전체 생산량의 67%인 1,800만 톤을 생산하고 있고, 마그네슘 금속은 이보다 높은 84.5%를 생산하고 있다. 그러나 중국은 마그네사이트 광산 및 마그네시아 가공공장에 대한 환경 감독을 강화하며 광산 및 가공공장의 가동률을 낮추는 한편, 국영기업을 중심으로 중소형 광산 및 가공

공장을 통폐합하는 구조조정을 진행 중이다. 이는 마그네시아 가공 공정에서 나타나는 환경오염을 감축하기 위함으로, 환경오염을 최소화하는 기술 개발도 병행하고 있다.

[표 11] 국가별 마그네슘 매장량

국가	매장량(천 톤)	점유율(%)	국가	매장량(천 톤)	점유율(%)
러시아	2,300,000	29.49	터키	230,000	2.85
북한	1,500,000	19.23	슬로바키아	120,000	1.54
중국	1,000,000	12.82	인도	90,000	1.15
브라질	390,000	5.00	오스트리아	50,000	0.64
호주	320,000	4.10	미국	35,000	0.45
그리스	280,000	3.59	스페인	35,000	0.45

출처: USGS(2018).

[표 12] 국가별 마그네사이트 광산 생산량(천 톤)

국가	2012	2013	2014	2015	2016	2017
전 세계	6,350	6,910	8,420	8,300	27,900	27,000
중국	4,600	4,900	5,910	5,770	18,600	18,000
터키	300	300	780	800	2,700	2,700
러시아	350	370	375	375	1,300	1,300
브라질	140	140	175	175	1,100	1,200
오스트리아	250	220	215	220	710	730
슬로바키아	170	200	200	200	560	570
호주	86	10	145	120	425	450
그리스	86	100	105	115	400	400

주: 2017년은 추정치.
출처: USGS(2018).

[표 13] 국가별 금속마그네슘 생산량(천 톤)

국가	2012	2013	2014	2015	2016	2017
전 세계	802	878	970	972	1,000	1,100
중국	698	770	874	852	871	930
러시아	29	32	18	60	58	60
이스라엘	27	28	26	19	23	24
브라질	16	16	16	15	16	16
카자흐스탄	21	23	20	8	10	10

주: 2017년은 추정치.
출처: USGS(2018).

중국은 부족한 수요를 북한에서의 수입으로 대체했다. 2017년 북한산 마그네사이트 제품의 대중국 수출은 17만 6,615톤(2,416만 달러)으로 1998년 이후 최대치를 기록했다. 이는 2017년 2월 UN 대북제재 대상에 마그네사이트가 포함되어 석탄, 철광석 등 주력 수출품목의 공백을 마그네사이트를

[그림 22] 중국의 대북한 마그네사이트 제품 수입 추이

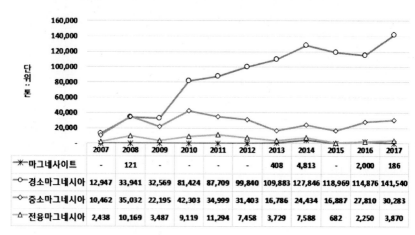

단위: 톤	2007	2008	2009	2010	2011	2012	2013	2014	2015	2016	2017
마그네사이트	-	121	-	-	-	-	408	4,813	-	2,000	186
경소마그네시아	12,947	33,941	32,569	81,424	87,709	99,840	109,883	127,846	118,969	114,876	141,540
중소마그네시아	10,462	35,032	22,195	42,303	34,999	31,403	16,786	24,434	16,887	27,810	30,283
전용마그네시아	2,438	10,169	3,487	9,119	11,294	7,458	3,729	7,588	682	2,250	3,870

출처: 남북교류협력지원협회(2018).

통해 완화하려는 북한의 수출 전략에 기인했다는 분석이다.[4] 2007년 대비 2017년 중국의 대북한 수입은 가공도와 부가가치가 낮은 경소마그네시아 제품을 중심으로 증가하고 있다.

　미국의 마그네슘 화합물 수입은 2008년을 기점으로 하락해 연평균 45,000 톤 수준을 유지하고 있다. 2014년 이후 수입은 감소하고 있는 반면, 수출은 증가하는 추세가 나타나고 있다. 특히 마그네슘 화합물과 금속마그네슘의 경우, 미국의 대중국 의존도는 각각 50% 초반과 10%대인 것으로 나타났다. 마그네슘제품의 제조과정에서 발생하는 고품위 스크랩의 재활용 기술이 2000년대 초반부터 상용화되며 70%에 이르던 대중국 의존도가 50%대로 하락했다. 여기에 수명을 다한 자동차 및 3C(Camera, Computer, Communication) 제품의 폐부품과 마그네슘의 용해 과정에서 발생하는 슬러지(sludge)와 드로스(dross) 등 저품위 스크랩을 활용한 재활용 기술 및 상용화가 추진됨에 따라 미국의 대중국 의존도는 더욱 낮아질 것으로 전망된다.

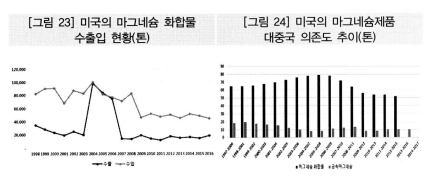

[그림 23] 미국의 마그네슘 화합물 수출입 현황(톤)

[그림 24] 미국의 마그네슘제품 대중국 의존도 추이(톤)

출처: USGS 각 연도.

4) 『Industrial Minerals』, 2017년 12월호.

4. 미국의 생산 증가: 몰리브덴과 갈륨

몰리브덴은 주철 및 철강, 초합금강에 경도, 강도, 인장력, 내마모성을 증가시키기 위한 합금제로 주로 사용되며 혼합성이 좋아 산업에서 다양하게 활용되고 있다. 몰리브덴은 전 세계 매장량의 약 90%가 중국, 미국, 페루 및 칠레에 집중되어 있다. 중국은 세계 최대 몰리브덴 매장국으로, 전 세계 49%가 매장되어 있고, 미국, 페루, 칠레 등이 뒤를 잇고 있다. 광산 생산량 역시 중국이 연간 130톤을 생산하며 최대 생산국을 유지하고 있다.

[표 14] 국가별 몰리브덴 매장량

국가	매장량(천 톤)	점유율(%)	국가	매장량(천 톤)	점유율(%)
중국	8,300	48.8	아르메니아	150	0.9
미국	2,700	15.9	멕시코	130	0.8
페루	2,400	14.1	캐나다	100	0.6
칠레	1,400	8.2	아르헨티나	100	0.6
러시아	1,000	5.9	우즈베키스탄	60	0.4
터키	700	4.1	이란	43	0.3
몽골	210	1.2	총계	17,000	-

출처: USGS(2018).

[표 15] 국가별 몰리브덴 광산 생산량(톤)

국가	2012	2013	2014	2015	2016	2017
중국	120.6	122.3	128.5	136.5	129.2	132.0
칠레	35.1	38.7	48.8	52.6	55.6	62.7
미국	56.2	60.9	68.5	50.9	35.7	40.5
페루	16.8	18.1	17.0	20.2	25.8	28.1
멕시코	11.4	112.6	13.6	12.3	11.2	13.3
러시아	4.8	4.8	4.8	8.4	9.8	10.8

출처: WBMS, World Metal Statistics, 2018.11.

몰리브덴은 대체할 촉매제가 없어 수요가 지속적으로 증가할 것으로 전망된다. 미국 자체의 매장량과 생산량이 많기 때문에 미중관계에서 몰리브덴이 결정요인으로 작용할 가능성은 크지 않다. 물론 2015년 이후 주요 몰리브덴 제품 및 원석의 대중국 수입량이 증가한 이유는 북미 지역 주요 광산의 생산량이 감소했기 때문이지만 2011년 이후 미국의 대중국 몰리브덴 의존도가 3~4% 수준에 불과하기 때문에 그 영향력은 미비할 것으로 예상된다.

[그림 25] 미국의 대중국 몰리브덴 수입 비율

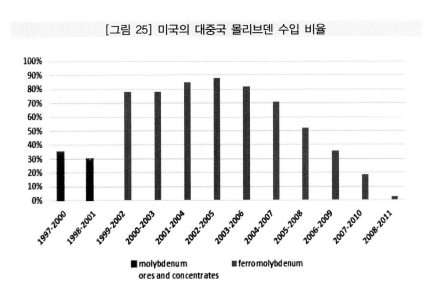

출처: USGS 각 연도.

갈륨은 지각에서 존재율이 0.0017%로, 원소 자체로는 거의 존재하지 않으며 화합물로 존재한다. 갈륨의 95%는 비소화갈륨(GaAs)의 생산에 사용된다. 비소화갈륨은 실리콘에 비해 전자의 이동속도가 6배 빠르고 소비전력과 열 발생이 적어 반도체 집적회로 제작에 이용되고 있다. 휴대전화, 인공위성, 레이더 시스템 등에도 활용되며 특히 군사용으로는 60% 이상이 레이더 제작에 사용되고 있다. 갈륨은 1차 갈륨과 재생 갈륨으로 분류되는데 1차 갈륨의 경우 매년 약 200톤이 생산되고 이 중 중국이 전 세계 생산량의 75%를 차지하며 최대 생산국으로 자리 잡고 있다. 2005년 이후에는 미국, 일본, 독일 등에서 재생 갈륨 생산이 본격화되며 1차 갈륨의 수요를 대체하고 있다.

[그림 26] 전 세계 갈륨 매장량 분포도(만 톤)

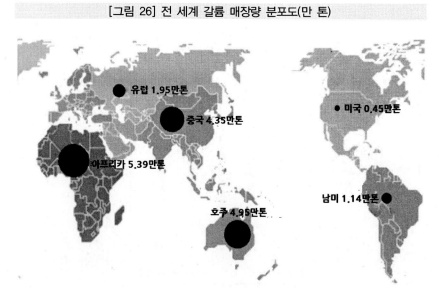

출처: 鑛業匯(2017).

미국은 중국으로부터 2012년에만 22만 7천 톤의 갈륨을 수입하며 40%에 이르는 의존도를 나타냈으나 이후 점차 감소하여 2016년에는 4.4톤 정도로 비율이 낮아졌다. 반면 반도체 수요 증가로 2000~2010년대 평균 13톤에 이르던 도핑된 비화갈륨웨이퍼의 수입이 2015년 230톤으로 폭등하였으나

2016년 68만 8천 톤으로 낮아졌다. 미국의 대중국 갈륨 수입 의존도는 2010년 이후 1차 갈륨의 수입이 감소하며 15~17%대를 유지했으나 비화갈륨웨이퍼의 수입이 증가하며 최근 30%대 중반의 의존도를 보이고 있다.

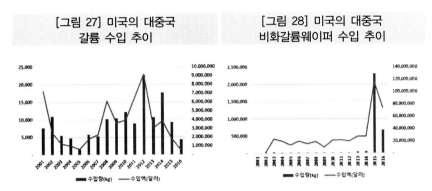

[그림 27] 미국의 대중국
갈륨 수입 추이

[그림 28] 미국의 대중국
비화갈륨웨이퍼 수입 추이

출처: USGS, 각 연도.

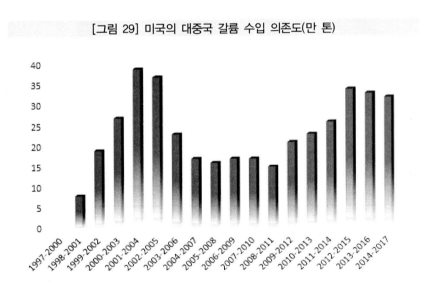

[그림 29] 미국의 대중국 갈륨 수입 의존도(만 톤)

출처: USGS(2018).

5. 더 이상 희소하지 않은 희토류

지금까지의 내용을 종합해 보면, 먼저 리튬은 매장량과 생산량 등에서 중국이 많으나 칠레, 호주, 아르헨티나 등 중국을 대체할 국가가 존재하며 미국의 대중국 의존도가 3%대에 불과하다. 코발트 역시 매장량과 생산량 등에서 중국을 대체할 국가 존재하며 미국의 대중국 수입 의존도는 20% 수준에 불과하다. 최근 중국도 코발트 금속이나 코발트광의 수입이 증가하고 있다. 인듐은 전 세계 40%대 초반을 중국에서 생산하지만, 중국의 미국의 중국산 인듐 수입 비율은 13.8%, 미국의 대중국 수입 의존도는 25%대에 머물고 있다. 텅스텐의 경우, 미국이 중국에 텅스텐 원석 및 정광 수출은 많은 반면, 파라텅스텐암모늄, 텅스텐제품, 텅스텐산화물 수입이 많다. 그러나 미국의 중국산 수입 의존도는 30% 수준에 불과하다.

몰리브덴은 중국의 생산량과 매장량 많지만, 미국도 중국에 이어 많은 매장량과 생산량을 보유하고 있다. 더욱이 미국의 대중국 페로몰리브덴 수입이 점차 감소하며 2010년 이후 10% 이내에 머물고 있다. 마그네슘의 경우, 중국의 매장량이 12.82%에 불과하지만, 마그네사이트와 금속마그네슘 생산량이 많으며 수출량도 전 세계 80%대를 차지하고 있다. 미국의 중국산 마그네슘 화합물 수입 의존도가 한때 80%대에 근접했으나 최근 50% 수준까지 하락하며 수입이 감소세를 지속하고 있다. 또한, 금속마그네슘의 수입 비중은 10%대에 불과하다. 이를 통해 희토류를 제외한 다른 광물들을 보면, 미국의 중국산 광물 의존도가 높지 않고 대체 가능한 방안이 있다는 점에서 미중 갈등을 촉발할 가능성이 크지 않다는 사실을 확인할 수 있다.

이트륨을 포함한 희토류의 경우, 중국의 희토류 수출량은 감소하나 수출액은 증가하는 상황에서 미국의 희토류 수입량은 2012년 이후 증가추세가 나타나고 있다. 특히 상술한 바와 같이 중국은 전 세계 이트륨 매장량과 생산량의 각각 41%와 85% 이상을 차지하고 있는데, 미국의 중국산 수입 비율이 77%에 이른다. 주목할 만한 사실은 미중 무역 전쟁의 카드로 중국이 희토류의 생산량 및 수출량을 제한할 경우, 희토류 생산율이 하락하고, 이는 중국산 희토류 수입 의존도가 높은 미국에 부담을 가중하는 요인이 된다. 실제로 중국의 생산율이 하락하자 미국의 중국 의존도는 오히려 상승하는 추세가 나타났다.

그러나 최근 수년 동안 미국의 대중국 의존도가 높지만, 의존도를 감축하기 위한 노력이 이어지고 있다는 사실을 주지할 필요가 있다. 이는 과거 댜오위다오 분쟁이 발생한 2010년 일본은 전체 희토류 수입량 2만 8,000톤 중 83%인 2만 3,000톤을 중국의 공급에 의존했지만, 수입 다각화, 재활용 비율 증대, 대체재 개발 등의 전략을 지속함으로써 수입을 50%대까지 감축했다는 사실로부터 미국은 설사 중국이 과거와 같이 희토류 수입 제한 조치를 하더라도 대처할 방안들을 모색하고 있을 것으로 짐작할 수 있다.

실제로, 미국은 2017년 '필수광물 공급망 안보 강화 전략을 위한 행정명령'(A Federal Strategy To Ensure Secure and Reliable Supplies of Critical Minerals, EO 13817)을 발동한 데 이어, 2018년에는 '경제 및 국가안보에 관한 주요 광물자원 목록'(35개)을 발표했다. 미중 갈등이 첨예했던 2019년 5월, 미국이 2,000억 달러 규모의 중국산 수입품에 대한 25% 관세 부과와 미국 기업의 화웨이 장비 사용 금지를 결정하자 중국 시진핑 주석은 미중 무역협상대표인 류허(劉鶴) 부총리를 대동하고 중국 내 주요 희토류 산지이자 가공공장이 밀집한 장시성 간저우(贛州)시에 소재한 희토류 생산업체인 진리영구자석(金力永磁)을 시찰했다. 뒤이어 중국 국가발전개혁위원회는 기자간담회를 통해 "만약 누군가 우리가 수출하는 희토류로 제품을 만든 뒤 이를 이용해 중국의 발전을 저지하고 압박하려 한다면 중국 인민 모두 기분이 나쁠 것"이라며 강한 불만을 표명했다.

같은 해 8월 미국이 중국을 환율조작국으로 지정하자 중국은 이에 대한 대응으로 희토류를 무기화하는 카드를 재차 꺼내 들었다. 중국희토류산업협회는 미국 정부의 관세 부과에 대한 중국 정부의 맞대응을 결연히 지지한다며 미국 소비자들은 미국 정부가 중국에 매긴 관세 부담을 져야 할 것이라고 경고했다. 이에 미국은 글로벌 자원 공급망에서 중국의 행위를 지적하며 중국산 필수광물자원에 대한 높은 의존도로 인해 '국가안보에 위협이 되는 상황을 대처하기 위한 행정명령'(Addressing the Threat to the Domestic Supply Chain From Reliance on Critical Minerals From Foreign Adversaries and Supporting the Domestic Mining and Processing Industries, EO 13953, 2020)을 발동했다.

2020년 10월, 중국은 전국인대 상무위원회에서 '수출관리통제법'을 통과시킨 데 이어, 2021년 1월에는 공업정보화부에서 '희토류관리조례'를 제정하고 의견수렴에 들어갔다. 중국은 '수출관리통제법'에 중국의 안보와 이익을 저해하는 어떤 국가나 지역에 대해 대응하겠다는 규정을 명시하고, '희토류관리조례'를 통해 희토류의 총량을 엄격히 통제함으로써 미국을 대상으로 하는 보복 조치와 수출을 제한할 수 있는 수 있는 법적 근거를 확보했다. 이러한 상황에 직면한 바이든 행정부는 희토류가 포함된 4대 핵심품목의 '공급망 점검을 지시한 행정명령'(America's Supply Chains, EO 14017)을 발동했다. 이와 함께 미국 국방부는 유일한 희토류 가공업체인 MP 매트리얼즈(MP Materials)가 중국산 희토류를 사용하고 있는 제약을 극복하고자 호주의 라이너스(Lynas Rare Earths Ltd)에 3,040만 달러를 지원해 텍사스에 희토류 처리 및 가공시설을 건설한다는 계획을 발표했다. 미국은 희토류의 생산부터 가공까지 전 과정을 자체적으로 해결함으로써 전 세계 희토류 수요의 25%를 생산하고, 수출 제한으로 미국을 위협하는 중국으로부터 희토류 독립을 진행한다는 구상이다.

미국의 대응과 별개로, 희토류에 대한 본질적인 문제로 인해 희토류가 미중 갈등을 촉진할 요인이 되기에 부족하다는 견해도 제기된다. 먼저, 희토류의 일부 종류가 중국 이외의 지역에서도 매장량이 풍부하다는 점이다. 중국의 전 세계 희토류 점유율은 2000년에 87%까지 상승했으나 2020년에는 58%까지 하락했다. 특히 미국의 최근 희토류 수입국에서 중국이 차지하는 비중이 여전히 높지만, 자체적인 생산량이 증가하고 있고, 말레이시아와 에스토니아 등 새로운 수입처를 확보했다. 또한 쿼드(Quad)를 통해 호주, 일본과의 협력은 물론, 공급망 협력을 강화하여 중국의 공급을 제한하겠다는 구상도 진행 중이다. 다음으로 중국의 환경규제가 강화되며 2025년 이후에는 희토류 순수입국이 될 수 있다는 전망도 등장했다. 실제로 2018년 중국은 최초로 희토류 수입이 수출을 넘어섰고, 2020년 13만 8,000톤에 이르는 생산량이 2050년에는 6만 7,000톤까지 감소될 것으로 전망된다. "중국의 희토류 지렛대가 2010년보다 더 위협적이라고 볼 근거가 없다"며 "정책 입안자들은 중국의 위협에 성급하게 대응해서는 안 된다. 1973년 석유파동과 같은 일은 쉽게 일어나지 않는다"는 유진 골츠(Eugene Gholz)의 지적도 이를 방증한다. 따라서 희토류가 중국의 변화를 촉진하는 4차 산업을 구동하기 위한 요인을 넘어 미중관계를 결정하는 요인이 될 수 있을지는 조금 더 지켜볼 필요가 있다.

10장

중국의 새로운 출구 :
'스마트 시티' 디지털 플랫폼과 생활세계*

김 도 경**

1. '팬데믹 시대'의 삶과 정보통신기술

코로나19의 전 세계적인 유행 속에서, 우리의 삶은 정보통신기술을 적극 활용하는 쪽으로 나아가고 있다. '코로나19'의 확진자 추이를 인터넷에서 쉽게 확인할 수 있을 뿐 아니라 지역별 확진자 현황 및 진단 결과 역시 안내 문자를 통해 신속하게 전달되고 있다. 치료제와 백신 개발에서도 인공지능과 딥 러닝(Deep Learning), 그리고 그에 기초한 영상 분석 및 예측 프로그램이 폭넓게 활용된다. 방역의 경우도 마찬가지이다. 이미 많은 국가들이 감염자의 동선 추적이나 접촉자 선별, 자가 격리자의 관리 등에서 정보통신기술을 활용하고 있다. 공공장소를 방문하게 될 때, 별도의 어플 등을 통

---

 * 이 글은 김도경·이희옥, 「중국 스마트 시티의 운용 논리와 사회문화적 함의」(『중국사회과학논총』 제2권 제1호)의 논의를 수정 및 보완한 것이다.
** 한국교원대학교 중국어교육과 부교수.

해 출입 기록을 남기는 것은 이제 특별한 일도 아니다.

이러한 정보통신기술의 활용은 단순히 의료 영역으로 국한되는 것은 아니다. 사회적 거리두기가 일상이 되면서, 그 벌어진 틈을 정보통신기술이 메우고 있다. 예를 들어, 많은 사람들이 더 이상 백화점이나 쇼핑몰, 마트를 직접 방문하지 않는다. 대신 다양한 배달 및 유통 플랫폼을 적극 활용하는 쪽으로 선회하고 있다. 화상 회의도 새로운 삶의 양상이다. 많은 기업들이 재택근무를 권장하면서 업무 방식이 화상 회의 및 온라인 플랫폼으로 대체되고 있다. 학교도 등교 수업 대신 화상 수업을 선택하고 있다. 금융권에서는 기존의 대면 서비스를 비대면 서비스로 대체하고 있다. 심지어 여가 생활에서도 정보통신기술의 영향은 뚜렷하다. 새로운 영상 콘텐츠를 접할 수 있는 장소는 더 이상 영화관이 아니라 넷플릭스나 유튜브와 같은 OTT 플랫폼이다.

이러한 삶의 변화가 중요한 것은 그것이 '스마트 시티'가 추구하는 방향과 대단히 비슷하기 때문이다. 뒤에서 살펴보겠지만, '스마트 시티'를 어떻게 정의할 것인지는 여전히 논란의 여지가 있다. 그러나 만약 '스마트 시티'를 단순한 수사가 아니라 어떤 구체적인 내용을 가지는 개념으로 본다면, 그것은 무엇보다 정보통신기술과 관련되어 있다. 지금 우리가 경험하고 있는 많은 새로운 삶의 방식들은 사실 이미 와 있는 '스마트 시티'의 일부분이다.

어쩌면 '코로나19'의 팬데믹이 '스마트 시티'를 자극, 혹은 촉진했는지 모른다. 두 가지 측면을 고려할 필요가 있는데, 첫 번째는 일종의 비용 문제이다. 새로운 생활 방식이 형성되고 제도화되는 것은 상당한 비용을 유발하는 사안이다. 아무리 합리적이고 가치가 있더라도 사회 구성원의 생활을 새롭게 재편하는 것은 대단히 어려운 일이다. 물적 기반도 필요하지만 심리적 반발감도 무시하기 힘들다. 놀랍게도 '코로나19'의 팬데믹이 그 비용을 줄여주고 있다. '스마트 시티'가 불가항력적인 선택지로 받아들여지면서, 그렇지 않았다면 초래될 수밖에 없었던 사회적 비용이 상당 부분 경감되고 있다.

다른 하나의 측면은 '경로 의존성'이다. 일단 '스마트 시티'가 일상으로 자리 잡게 되면, 다시 말해 제도화의 길로 들어서게 되면, 그 다음 취할 수 있는 선택지는 대단히 제한적이게 된다. 특히 새로운 제도가 나름의 합리성을 갖추고 있다면, 이를 거부하거나 되돌리기가 쉽지 않다. 게다가 그것을 다시 바꾼다는 것은 또 다른 종류의 비용 유발을 의미한다. 정보통신기술에 기초한 '스마트 시티'의 삶이 이미 일상 속으로 들어온 이상, 그 이후의 삶은 경로 의존적인 특징을 보이게 된다.

이상의 내용을 설명하기 위해 이 글은 '스마트 시티'의 기본적인 논리에서부터 출발하고자 한다. '스마트 시티'의 개념이 지나치게 넓은 것은 사실이지만, 그 '수사'에 해당하는 부분을 걷어내면, '스마트 시티'가 무엇을 가리키는지, 혹은 어떤 사회적 행위를 의미하는 것인지 파악할 수 있다. 이를 '스마트 시티'의 논리라고 본다면, '코로나19'의 팬데믹이 어떻게 '스마트 시티'의 건설에 기여할 수 있게 되는지, 혹은 어째서 그것이 '스마트 시티'로 이어지기가 쉬운지를 이해할 수 있게 된다.

2. '스마트 시티'의 중국적 의미

기존의 '스마트 시티'에서 가장 큰 문제는 그 개념이 지나치게 넓다는 데 있다. 교통 문제의 해결도 스마트 시티에 해당하지만, 탄소 배출의 저감이나 대체 에너지 개발도 스마트 시티의 사업으로 간주된다. 지속가능한 경제 성장 역시 스마트 시티가 감당해야 할 몫으로 언급될 때가 있다. 어떤 경우에는 도시 주민의 지역 사회 참여가 스마트 시티의 중요한 이슈가 되기도 한다. 나아가 도시 개발이 스마트 시티로 간주된 적도 있다. 결과적으로 스마트 시티의 논의는 도시에 관한 거의 모든 것을 포괄한다. 스마트 시티를 "제도적, 물리적, 사회적, 그리고 경제적 기반 시설의 종합적인 발달"[1]이라고 규정한다든지, 혹은 "사용자와 시스템, 그리고 환경 사이의 상호 작용을 통제할 수 있는 능력"[2]이라고 제시되는 부분에서 이를 확인할 수 있다.

이러한 현상이 나타나는 이유는 그 개념이 아직도 형성 중이기 때문이다. 1990년대 중반부터 학계는 도시의 다양한 문제를 극복하고 쾌적한 도시 환경을 갖추려는 논의들을 다양한 층위에서 내놓았다. 그에 따라 그 방향성을 표지하는 여러 용어들이 속속 등장하였는데, '지속가능 도시(sustainable city)', '디지털 도시(digital city)', '에코 시티(eco city)', '녹색 도시(green city)', '지식 도시(knowledge city)', '유비쿼터스 시티(ubiquitous city)' 등이 대표적인 예이다. 그런데 2000년대 중반 '스마트 시티'가 등장하면서 그 용어들을 대체하기 시작하였다. 2010년만 하더라도 학계에서 가장 많이 사용되던 용어는 '지속가능 도시'였다. 그런데 2013년부터는 '스마트 시티'가 그 자리를 차지하였다. 결과적으로 이전에 '지속가능 도시', '디지털 도시', '에코 시티' 등으로 논의되는 내용들이 이제는 모두 '스마트 시티'라는 이름으로 논의되고 있다. 주의할 사실은 '스마트 시티' 이전에 등장했던 다양한 용어들이 저마다 조금씩 그 강조점이 달랐다는 점이다. 그 맥락이 서로 달랐음에도 불

---

1) Smart Cities Mission, What is Smart City (2017). http://smartcities.gov.in/content/innerpage/what-is-smart-city.php

2) Raoul Bunschoten, "From smart city to conscious city," In Holstenkamp, L. & Radtke, J. (eds.) *Handbuch Energiewende und Partizipation* (Wiesbaden, Springer Fachmedien Wiesbaden, 2018), pp.769-791.

구하고 모두 동일한 이름을 사용하기 때문에, '스마트 시티'의 외연이 지금처럼 넓어지고 말았다.[3]

문제는 스마트 시티의 내용이 이렇게 넓어지면 그 용어 자체가 '수사'가 된다는 점이다. 도시 삶의 모든 것이 '스마트 시티'와 관련된다면, 굳이 '스마트 시티'를 고집하지 않아도 상관이 없다. 혹 다른 더 좋은 용어가 발견되면 그 용어로 대체될 수도 있다. 마치 '지속가능 도시'가 이제는 '스마트 시티'로 불리는 것처럼, 나중에 '스마트 시티' 역시 새로운 이름으로 불릴 수 있다.

그런데 만약 현재 '스마트 시티'로 논의되던 것 중에 이전에 보기 힘들었던 내용이 존재한다면 어떡할까? '스마트 시티'가 '수사'로 사용되면, 정작 주목해야 할 부분이 간과될 소지가 있다. 모든 논의가 '수사'일 뿐인지, 아니면 '수사'로 인해 소홀히 다뤄지고 있는 부분이 있는지 따져봐야 한다. 만약 후자라면, '수사'로 사용되는 부분을 걷어내야 한다. '수사'를 제거한 후의 논의를 통해 '스마트 시티'를 다시 구성할 필요가 있다.

앞에서도 잠깐 언급했지만, 이전 논의에서 '스마트 시티'가 사용되는 양상을 살펴보면 대략 네 가지이다. ① 도시 문제의 해결, ② 도시 거버넌스, ③ 친 환경 도시, ④도시 개발. 우선 도시 문제의 해결을 살펴보면, 전통적으로 도시는 그 '집적 경제(agglomeration economics)'에 힘입어 상당한 효용성을 갖는다고 이해되었다. 동시에 그로 인한 병폐도 꾸준히 지적되었다. 교통, 주택, 환경, 교육, 의료, 치안, 재난 등 거의 모든 삶의 영역에서 도시

---

3) Martin de Jong and Simon Joss and Daan Schraven and Changjie Zhan and Margot Weijnen, "Sustainable-smart-resilient-low carbon-eco-knowledge cities; making sense of a multitude of concepts promoting sustainable urbanization," *Journal of Cleaner Production* Vol. 109-16 (2015); Robert Hollands, "Will the real smart city please stand up?," *City* 12-3 (2008); 박준·유승호, 「스마트시티의 함의에 대한 비판적 이해」, 『공간과 사회』 제59호. (2017).

는 자주 자신의 한계를 드러냈다. 이는 기본적으로 도시의 내적 모순에서 비롯된다. 지리적으로 한정된 공간에 인구가 집중되면서 가용 자원의 수준이 떨어져 버렸기 때문이다. 게다가 도시에 거주하는 사람들은 문화적으로도 대단히 이질적이다. 도시 안에 각종 병폐가 나타났을 때, 정치적인 과정을 통해 해결하기가 쉽지 않다는 뜻이다.

스마트 시티는 이러한 도시 문제를 해결하기 위한 방편으로 등장할 때가 많다. 특히 정보통신기술을 활용해 한정된 자원을 효과적으로 사용하려는 경우가 대표적이다. 예를 들어, 중국 선전(深圳)시의 스마트 교통 신호 제어 시스템을 생각할 필요가 있다. 이 시스템은 우선 다양한 관측 장비를 통해 교통량 및 주행 속도, 교통사고 유무 등의 실시간 교통 정보를 수집한다. 그리고 그 정보를 토대로 최적의 교통 흐름을 계산해 그에 맞게 교통 신호등을 제어한다. 바꿔 말하자면, 이전에는 도로 위의 차량이 신호등의 지시를 보고 교차로를 통과했는데, 이 시스템에서는 신호등이 도로 위의 교통 상황을 보고 차량의 통과 여부를 결정한다. 선전시는 본래 중국에서 가장 교통 체증이 심한 도시 중 하나였다. 그러나 이 시스템이 도입된 이후, 평균 주행 속도가 15%이상 향상되었다. 현재 중국의 대도시 중에서 교통 정체률이 가장 낮은 도시가 바로 선전이다.

두 번째 양상은 도시 거버넌스이다. 앞에서도 잠깐 언급했지만, 도시는 문화적으로 대단히 이질적인 사람들이 모인 곳이다. 상호 간의 신뢰 수준이 비교적 낮은 편이고, 이웃에 대한 무관심도 상당하다. 어떤 경우에는 집단 이기주의가 극단적으로 표출되기도 한다. 결과적으로 지역 공동체의 거버넌스에 주민 참여율이 현저히 떨어진다. 지역 현안이 발생해도 모르는 경우가 많을 뿐 아니라, 심지어 누가 지역 주민의 대표인지 모를 때도 있다. 어떤 경우에는 지역 주민 간의 갈등을 해결하기 위해 쓸데없이 자원을 낭비하기도 한다. 예컨대 층간 소음 문제를 해결하기 위해 공권력을 동원하는 경우가 대표적이다.

'스마트 시티'는 이와 같은 지역 공동체의 거버넌스를 논할 때에도 자주 언급된다. 정보통신기술을 주민 참여에 적극 활용하는 것이다. 예를 들어, 지역 자치 대표를 온라인으로 선출하는 것이다. 혹은 온라인 채팅방을 활성화시켜 지역 현안을 논의할 수도 있다. 지역 공동체와 관련된 정책이나 예산 편성 사안을, 주민들이 온라인을 통해 주기적으로 받아보는 것도 가능하다. 실제로 피판(Tomaz Pipan)은 정책 수립 및 그 추진 과정에서 구체적인 내용을 직관적으로 알 수 있는 자료의 형태로 제공하면, 주민들의 의견을 끌어내기가 더 쉬워진다고 설명한 바 있다.[4] 그래픽이나 증강현실(augmented reality), 혹은 가상현실(virtual reality) 등이 이 맥락에서 자주 등장한다.

세 번째 양상은 친 환경 도시의 건설이다. 이는 사실 첫 번째 양상의 한 부분이라 볼 수도 있다. 전통적인 도시 병폐 중에서 가장 많이 언급되었던 것 중 하나가 환경 문제였다. 그럼에도 여기서 별도의 유형으로 묶은 것은 그것이 단순히 환경 문제만 가리키지는 않기 때문이다. 에너지 절감이나 대체 에너지 개발 같은 것들이 이 맥락에서 함께 이야기될 때가 많다.

'스마트 시티'는 여기서 주로 에너지 효율의 제고나 대체 에너지의 보급 등을 의미한다. 가령 전기 자동차 등을 전면적으로 보급해 탄소 배출을 획기적으로 낮추는 것이다. 스마트 가로등도 이 맥락에서 언급될 수 있다. 주변 상황을 인지해 조명 밝기를 스스로 조절한다면, 에너지 절감의 효과를 거두게 된다. 건물 설계 등에서도 그 경향을 확인할 수 있다. 풍력이나 태

---

4) Tomaz Pipan, "Interactive Tangible Planning Support Systems and Politics of Public Participation," *Urban Izziv* Vol. 29 (2018).

양열 등을 활용해 건물 유지에 필요한 에너지를 마련하는 것이다. 실제로 유럽이나 북미에서는 이미 많은 사람이 운집하는 대형 쇼핑몰이나 스포츠 경기장에 풍력 및 태양열 발전 시설을 갖추어 놓고 있다.

마지막 네 번째는 도시 개발의 양상이다. 개발도상국은 자국의 경제 성장과 고용 촉진 등을 위해 정책적인 차원에서 도시 개발을 추진하곤 한다. 중국의 경우에도 개혁개방 이후 도시 개발이 유행처럼 번진 적 있다. 2000년대 들어 중국이 10%대의 높은 경제 성장률을 기록할 수 있었던 것은 주택 시장의 형성과 그에 따른 고정자산 투자 때문이라고 알려져 있다. 그런데 최근 일부 개발도상국이 도시 개발 카드를 꺼내들 때 스마트 시티라는 용어를 사용한다. 인도의 경우가 대표적이다. 모디 총리는 100개의 스마트 시티를 건설해 인도의 새로운 상징으로 삼겠다고 공언한 바 있다. 그런데 인도의 스마트 시티 건설에서 그 '스마트 시티'에 괄호를 치면, 이전의 도시 개발과 거의 같아진다. 최소한 인도에서 스마트 시티는 종합적인 도시 개발과 크게 다르지 않다.

중국도 그 상황은 비슷하다. '신구(新區)'나 '신성(新城)', 혹은 '특구(特區)'라는 말이 이를 단적으로 보여준다. 상하이(上海) 교통대학의 보고서에 따르면, 2015년 기준 중국에서 '신구'나 '신성', 혹은 '특구'의 이름을 갖고 있는 곳은 2,957개이다. 그중에서 명실상부하게 새로 개발되었다고 볼 수 있는 도시는 545개이며, 그 면적은 68,000㎢에 달한다. 이 수치는 누적의 결과가 아니다. 2010년대 들어 새로 추진된 사업이 더 많다. 예컨대 국가가 직접 관리하는 국가급(級) 신도시는 중국에 19개가 있다. 이 중에서 2010년대 확정된 곳이 17개이고, 최근 5년으로 한정해도 13개나 된다. 이러한 개발들은 대부분 '스마트 시티', 혹은 그와 유사한 이름을 갖고 있다.

이상의 네 가지가 '스마트 시티'가 주로 등장하는 맥락이다. 도시 문제의 해결, 도시 거버넌스, 친 환경 도시, 도시 개발 등이 언급될 때, '스마트 시티'가 자주 그 표제어가 된다. 그런데 이들 중 그 어느 것도 새로운 문제는 아니다. 교통과 주택, 의료, 교육 등에서 도시의 가용 자원에 한계가 온 것은 어제오늘의 일이 아니다. 주민 참여를 촉진하고 적극적으로 도시 거버넌스에 개입토록 하는 것 역시 '스마트 시티'에만 해당되는 문제라고 할 수는 없다. 탄소 배출 문제의 대두와 대체 에너지의 발굴은 이미 지난 세기부터 다양한 이름으로 논의된 바 있다. 도시 인프라를 구축해 많은 인구를 특정 지역으로 유인하는 것도 전혀 새로운 일은 아니다. 지금까지 '스마트 시티'의 논의에서 '스마트 시티'는 사실상 '수사'라고 봐야 한다.

그럼에도 '스마트 시티'라는 용어가 고집되는 것은 그것이 정보통신기술과 같은 최첨단 기술을 활용하기 때문이다. 실제로 '스마트 시티'가 무엇을 하는 것인지에 초점을 맞춘다면 그 어느 대답도 참신하기는 힘들다. 위에서 살펴보았던 것처럼 대부분 예전부터 갖고 있던 문제의식에 불과하다. 그러나 '스마트 시티'가 어떻게 하는 것인가라고 묻는다면, 이전에는 보기 힘들었던 새로운 방식을 발견하게 된다. '스마트 시티'는 정보통신기술을 활용해 도시 문제를 해결하고 지역 공동체의 거버넌스를 촉진하며 친 환경 도시를 건설하고 도시 개발에 나선다. '스마트 시티'의 '양상'에서는 새로운 것이 없지만, '스마트 시티'의 '방식'에서는 새로운 것이 있다.

3. '스마트 시티'와 디지털 정보

그렇다면 '스마트 시티'의 정보통신기술 활용은 구체적으로 어떤 방식을 가리키는가? 가장 간단한 사례로부터 설명을 이어가보자. 앞서 살펴보았던 선전(深圳)의 교통 신호 제어 시스템의 경우, 사실 교차로의 교통량을 고려하여 그 교통 신호를 제어하는 것은 수동으로도 얼마든지 조작할 수 있다. 실제로 한국 사회에서는 출퇴근 시간에 경찰이 교통 신호를 직접 제어하곤 한다. 그럼에도 이 수동 방식이 그다지 효과적이지 않은 것은 수동 제어자가 주변 일대의 교통 상황을 전부 고려하기가 어렵기 때문이다. 만약 누군가 도시의 전체 교통 상황을 파악할 수 있다면, 즉 전체 차량의 증가 속도와 주행 속도, 그리고 그 방향 등을 알고 있다면, 수동 제어라 하더라도 얼마든지 교통 상황을 개선시킬 수 있다. 도시의 전체적인 교통 상황을 파악하기가 어렵기 때문에, 수동 제어가 별다른 효과를 만들어내지 못하게 된다.

선전의 교통 신호 제어 시스템은 그 상황이 다르다. 앞서 언급했던 것처럼, 다양한 관측 장비로 도시의 전체적인 교통 흐름을 파악하고, 그 정보를 토대로 최적의 상황을 빠르게 계산한다. 어떻게 그럴 수 있는가? 인공지능이 있기 때문에? 관측 장비가 있기 때문에? 그러한 장비는 최근에 개발된 것이 아니다. 달라진 것은 현실 세계의 교통 정보를 저장하고 전송하기가 쉬워졌다는 점이다. '빨라진 속도'와 '커진 용량'이 바로 이 맥락에서 의미를 갖는다. 그 덕택에 교통 관측에서부터 신호 제어까지의 각 단계가 서로 이어질 수 있게 되었다.

이런 식으로 교통 신호 제어 시스템이 효과를 발휘하기 시작한다면, 그 '빨라진 속도'와 '커진 용량'을 삶의 전 영역으로 확장시켜볼 수 있게 된다. 병원 문진이 환자 병력 정보 및 영상 이미지에 대한 진단으로 대체되고, 교육 역시 화상으로 대체되며, 방범도 생체 인식 및 관측 장비로 대체된다. 주민 참여는 온라인으로 진행되고, 오염 물질에 대한 감시도 관측 장비가 대행한다. 도시 개발조차 디지털 정보로 구현될 때 더 빠르고 정확할 수 있다. 현실 세계의 삶이 디지털 정보로 바뀌기 때문에 도시 주민의 '거래 비용

(transaction cost)'을 낮출 수 있게 된다.

'스마트 시티'에 대한 이전 보고서 중에는 그 가치를 '시간 절약'으로 묘사한 것이 있다.[5] 예컨대 지능형 교통 시스템은 60시간을 절약하는 가치가 있으며, 공공 안전은 35시간, 헬스 케어는 9시간, 생산성은 21시간을 절약하는 가치가 있다는 식이다. 전체적으로 연간 15일의 시간을, 그 보고서는 '스마트 시티'가 도시 주민에게 되돌려줄 수 있다고 평가한다. 물론 여기서 제시된 구체적인 수치가 얼마나 의미가 있을지는 미지수다. 그 이상일 수도 있고, 그 이하일 수도 있다. 그러나 한 가지 중요한 것은 '시간 절약'만큼 '스마트 시티'의 장점을 잘 묘사할 수 있는 방법도 그리 많지 않다는 점이다. 직접 가야할 곳을 가지 않아도 되고, 신경 써야 할 일을 신경 쓰지 않아도 되며, 마련했어야 할 물건을 마련하지 않아도 된다. 스마트 시티가 도시 주민의 삶에 모종의 편의를 제공해줄 수 있다면, 그것은 현실 세계가 모두 디지털 정보로 대체되었기 때문이다.

그런데 현실 세계를 디지털 정보로 대체하려면 많은 비용을 지불해야 한다. 물질적으로는 디지털 정보를 생산할 수 있는 다양한 장비가 있어야 한다. 교통량을 확인하려면 관측 장비가 있어야 하고, 영상 이미지로 진단하려면 영상 이미지를 생산할 수 있는 장비가 있어야 한다. 온라인으로 교육을 진행하려면 웹캠 등의 장비가 있어야 하고, 생체 인식을 통해 방범을 유지하려면 마찬가지로 그에 부합하는 장비가 있어야 한다. 여기에 그렇게 생산된 디지털 정보를 보존 및 전송할 수 있는 저장 장치와 전송 설비도 필요하다. 나아가 상징적인 측면도 있다. 예를 들어, 사회 구성원들이 현실 세계를 디지털 정보로 대체하는 데 거부감이 없어야 한다. 각종 전자 장비

---

5) Juniper Research, *Smart Cities – What's in it for Citizens?* (2018).

들이 아무리 혁신적이더라도 사용자가 이를 거부하면 확산되기 어렵다. 게다가 조직(organization)은 일상의 루틴(routine)을 바꾸지 않는 경향이 강하다.[6] 아무리 합리적인 이유가 있더라도, 그 루틴을 의도적으로 바꾸려는 시도는 갈등과 충돌로 이어지기 쉽다. 요컨대, 현실 세계를 디지털 정보로 바꾸는 것은 상당한 시간이 소요된다. 물질적이든 혹은 상징적이든, 상당한 비용을 지불해야 제도화가 가능하다.

바로 여기에서 '코로나19' 팬데믹과의 첫 번째 연결 지점을 찾을 수 있다. '코로나19'의 팬데믹은 현실 세계를 디지털 정보로 대체하는 데 따르는 비용을 기꺼이 지불케 하고 있다. 비대면이 일상으로 자리를 잡아가면서, 그를 위한 장비가 이전보다 빠르게 보급되고 있다. 개별 사용자들은 pc나 스마트폰 등의 새로운 단말기를 마련하는 데 주저하지 않는다. 현장에서는 새로운 관측 장비 및 촬영 장비가 빠르게 확산되고 있다. 이전이라면 다른 목적을 위해 사용되었을 자원들이 '코로나19'의 팬데믹을 계기로 디지털 정보를 생산하는 데 투입되고 있다. 더 중요한 것은 그것이 하나의 일상으로 자리 잡아 간다는 점이다. 단적인 예로, 현재 많은 교육 관련 종사자들은 온라인 수업을 진행하면서 관련 장비와 소프트웨어의 사용에 점차 익숙해져가고 있다. 이전이라면 구태여 자신의 루틴을 바꾸지 않았을 사람들이 '코로나19'의 팬데믹으로 인해 자신의 일상을 바꿔가고 있다.

'코로나19'의 팬데믹이 '스마트 시티'의 제도화 비용을 덜어준다는 것은 바로 이러한 의미이다. '스마트 시티'의 기본적인 전제는 현실 세계를 디지털 정보로 대체하는 것이다. 그러나 이 대체가 자연스럽게 일상이 될 수 있는 것은 결코 아니다. 특히 상징적인 차원에서 이는 대단히 많은 사회적 갈

---

6) Walter W. Powell and Paul J. DiMaggio, *The New Institutionalism in Organizational Analysis* (University of Chicago Press, 1991).

등과 비용을 요구할 수 있다. 어쩌면 '스마트 시티'의 가장 큰 어려움은 바로 여기에 있을지 모른다. 그런데 '코로나19'의 팬데믹이 발발하면서 어쩔 수 없이 제도화의 길로 가고 있다. 사회적 거리두기 속에서 일상을 영위하다보니, 오히려 적극적으로 현실 세계를 디지털 정보로 대체하는 데 동참하고 있다.

4. '스마트 시티'와 디지털 정보의 활용

'스마트 시티'는 현실 세계를 디지털 정보로 대체하면서 '거래 비용'을 줄인다. 이것이 '스마트 시티'의 기본적인 운용 논리이다. 그런데 이것이 '스마트 시티'의 유일한 운용 논리는 아니다. 훨씬 더 중요한 사안이 하나 더 있는데, '스마트 시티'는 그 디지털 정보를 적극 활용한다. 앞서 언급했던 선전 시의 교통 신호 제어 시스템의 경우, 그것이 제대로 기능하려면 단순히 다양한 관측 장비로 교통 상황을 디지털 정보 안에 담는 선에 머물러서는 안 된다. 그보다 더 중요한 것은 디지털 정보를 가지고 최적의 교통 흐름을 빠르게 계산하는 것이다. 인공지능이나 빅 데이터, 클라우드 컴퓨팅 등이 이 맥락에서 강조될 수 있다. '스마트 시티'가 이전의 도시 관련 논의와 다른 부분이 있다면, 그것은 '스마트 시티'가 현실 세계를 디지털 정보로 대체할 뿐 아니라, 그 디지털 정보를 가지고 새로운 생산적인 작업을 진행한다는 데 있다.

이른바 물류 혁신이라는 불리는 경우가 그 대표적인 사례이다. 기존의 물류 방식은 고객의 구매 의사와 함께 시작된다. 고객이 구매 의사를 보여야 비로소 상품 주문과 포장, 배달이 진행된다. 그러나 이러한 물류 방식은 배송 지연이나 재고 부족과 같은 문제를 안고 있다. 게다가 지역별, 그리고 시간별로 수요와 공급의 양상은 크게 달라질 수 있다. 만약 수요와 공급의 지역별 및 시간별 과거 이력을 충분히 가지고 있다면, 고객이 구매 의사를 보이기전에 선제적으로 대응하는 것이 가능해진다. 구매 여부가 불확실한 상황에서도 미리 상품 배송을 준비할 수 있다. 실제로 아마존 등은 이러한 '빅 데이터'를 활용해 재고관리의 효율성을 높이면서 소비자의 구매 만족도를 높이고 있다.

'맞춤형(personalized)' 서비스가 가능해지는 것도 디지털 정보를 활용할 수 있기 때문이다. 이미 네이버나 다음, 구글, 유튜브와 같은 유명 포털 사이트들은 사용자에게 최적화된 '맞춤형' 서비스를 제공하고 있다. 이전의 방문 이력이나 조회 페이지, 혹은 검색 기록 등을 토대로 사용자의 관심사를 파악해 '추천' 아이템을 보여준다. 그것이 상품 광고일 때도 있지만, 뉴스나 동영상과 같은 콘텐츠일 때도 있고, 출장이나 여행과 같은 일정 알림일 때도 있다. 어떤 경우에는 위치 정보를 토대로 그와 같은 알림이 활성화되기도 한다. 신용 카드 사용 내역을 바탕으로 소비 패턴을 분석해 솔루션을 제공하는 것도 같은 경우라 할 수 있다. 이처럼 개인에게 특성화된 서비스를 제공할 수 있는 것은 과거 이력을 담고 있는 디지털 정보를 최대한 다시 활용하기 때문이다.

공공행정 부문에서도 비슷한 상황이 연출되고 있다. 특히 중국의 경우에 그 경향이 뚜렷하다. 중국의 지방정부들은 모든 부처의 데이터 자원을 하나의 플랫폼 안에 공유하려 애쓰고 있다. 소득, 재산, 가족 구성, 거주지 등의 정보가 하나의 플랫폼에서 다뤄지게끔 만드는 것이다. 이렇게 되면, 주민들이 복지 서비스를 요청하는 것이 아니라 주민들에게 복지 서비스를 선제적으로 제공할 수 있게 된다. 나아가 복지 예산이 한정적이라면, 지역 주민의 상황에 따라 복지 서비스를 다르게 구성해볼 수도 있다. 예컨대 유소년 대상의 복지가 더 필요한 가구가 있다면 그 부분을 조금 더 강화하고, 노년 대상의 복지가 더 필요한 가구가 있다면 그 부분을 조금 더 보완하는 것이다. 이 모든 경우의 전제는 도시 주민의 개별적인 상황에 대한 정확한 정보의 확보이다.

바로 이 맥락에서 다시 '코로나19'의 팬데믹을 생각해볼 필요가 있다. 앞서 설명했던 것처럼, '코로나19'의 팬데믹은 현실 세계를 디지털 정보를 바꾸는 데 물질적이든, 상징적이든 상당한 기여를 하고 있다. 그런데 이렇게 생산된 디지털 정보를 폐기하거나 단순 저장하는 것은 그다지 현명하지 못한 행동일 수 있다. 그 디지털 정보가 과거의 경험을 지니고 있다면, 이를 활용해 이후의 문제에 적극 대응하는 것이 오히려 생산적이다. 실제로 이를 감지할 수 있는 사례들이 여러 군데에서 나타나고 있다. 대표적인 경우가 교육이다. '코로나19'의 팬데믹으로 인해 온라인 강의가 보편화되면서, 이를 하나의 기회로 삼으려는 시도들이 나타나고 있다. 예컨대 영상 화면에 나타난 학습자 반응을 지속적으로 관찰 및 분석해 학습자 수준에 맞는 '맞춤형' 교육을 시도하는 것이다. 혹은 온라인 강의 자료를 토대로 이전에는 해보지 못했던 새로운 교수학습 방법을 적용해볼 수도 있다. 물론 이는 교육의 사례에 불과하지만, 그 비슷한 상황을 다른 사회 분야에서도 얼마든지 상상해볼 수 있다.

이 글에서 '코로나19'의 팬데믹이 '스마트 시티'를 자극할 수 있다고 보는 또 다른 이유가 바로 여기에 있다. '코로나19'의 팬데믹이 방대한 디지털 정보를 양산하고 있는 이상, 이를 한 때의 해프닝으로 치부하고 아무 일 없다는 듯 디지털 정보를 방치하기는 쉽지 않다. 디지털 정보를 적극적으로 활용할 수 있는 방법을 모색하는 것이 자연스러운 수순이다. 그리고 이 디지털 정보를 적극적으로 활용하는 것은 앞서 언급했던 '스마트 시티'의 두 번째 운용 방식에 부합한다.

5. 디지털 정보 중심의 '스마트 시티'구현

현실 세계를 디지털 정보로 대체하고, 그렇게 생산된 디지털 정보를 적극 활용하기로 마음먹는다면, 최소한 다음의 세 가지 양상이 나타날 수 있다. 우선 디지털 정보를 통합적으로 관리할 수 있는 '컨트롤 타워(control tower)'가 필요해진다. 일반적으로 디지털 정보의 처리 방식은 '수집', '분석', '활용' 순으로 이해될 때가 많다. 다시 선전의 교통 신호 제어 시스템을 가져온다면, 우선 다양한 관측 장비를 통해 현실 세계의 교통 상황을 디지털 정보로 바꾸고, 이 디지털 정보를 '수집'해 '분석'한 다음, 교통 신호를 제어하는 데 '활용'하여 교통 흐름을 조절한다. 그런데 이러한 도식은 실제 과정에서 중요한 부분을 놓치기가 쉽다. 가령 '수집', '분석', '활용'의 도식은 마치 '활용'이 마지막 단계인 것처럼 그려진다. 그러나 실제 처리에서는 '활용'은 다시 '수집'의 대상이 되곤 한다. 교통 신호를 제어해 누군가의 차량을 통과시켰다면, 그 통과 자체가 다시 디지털 정보로 바뀌어서 또 다시 '수집'된다. 따라서 디지털 정보의 '수집'과 '분석', '활용'은 끝없는 순환의 과정이지 단선적인 종결형이 아니다.

더 중요한 문제는 그 처리 과정이 마치 어디서나 일어나는 것처럼 보인다는 점이다. 그러나 그 처리 과정은 어디서나 일어나는 것이 아니다. 정확히 말하자면, 그 처리 과정 자체는 단 한 군데서만 나타난다. 동일한 처리 과정이 다른 곳에서 진행되는 경우는 거의 없다. 디지털 정보를 여러 군데에서 수집하거나, 혹은 몇 개로 나눈 다음 서로 다른 곳에서 분석하게 되면, 그 장점이 사라지고 만다. 동일한 데이터를 서로 다른 곳에서 수집한다면 이는 중복 투자가 되고, 디지털 정보를 몇 개로 나누어 따로 분석한다면 종합적이라 부를 수 없다. 결국 수집과 분석, 활용이 일어나는 곳은 언제나 한 곳이다. 디지털 정보의 대체와 활용은 어떤 식으로든 일종의 컨트롤 타워를 전제하게 된다.

이러한 상황은 여러 가지 측면에서 확인이 가능하다. 예를 들어, 현재 거의 모든 스마트 시티 사업은 그 구체적인 결과물이 '대시 보드(dash board)'의 형태로 나타날 때가 많다. 교통 상황판이라든지 학교 안전 상황판, 수질 및 대기 오염 상황판, 도시 개발 플랫폼, 지역 복지 상황판 등이 모두 그러한 '대시 보드'에 속한다. 그런데 이 대시 보드는 한 군데에서만 작성된다. 여러 군데에 흩어져 있는 것이 아니다. 물론 도시 주민들이 그 내용을 모바일 기기 등을 통해 확인하는 것은 가능하지만, 그렇다고 해서 일종의 '통제실'이 여러 군데로 나뉘어 있는 것은 아니다.

디지털 정보의 활용과 관련하여 주목해야 할 또 다른 현상은 결국 그 디지털 정보가 일종의 자본처럼 자리하게 된다는 점이다. 2018년 11월, 중국의 시안(西安)시 정부는 시 정부 데이터 자원의 공유 관리 방법을 발표한 적 있다. 사실 이 방안 자체는 새로운 것이 아니었다. 중국 정부는 오래 전부터 디지털 행정을 강조해왔고, 정부 데이터의 공유는 그 디지털 행정의 일환으로 항상 언급되었다. 게다가 이미 10여 개의 부성(副省)급 도시가 그와 비슷한 규정을 가지고 있었다. 그럼에도 시안시의 사례가 특별한 것은 그 안에 정부 데이터 자원의 '수익권'이라는 용어가 처음 등장했기 때문이다. 그 이전에는 데이터를 지칭하며 수익권이라는 말을 붙인 경우는 적어도 중국 정부 문건 안에는 없었다.

이러한 상황은 현재 세계 각국이 데이터를 얼마나 중요한 자원(resources)으로 간주하고 있는지를 단적으로 보여준다. 그리고 이는 앞서 언급했던 컨트롤 타워의 필요를 곱씹어 보면 충분히 이해될 수 있는 부분이다. 정보통신기술의 발달이 현실 세계에서 어떤 식으로든 의미를 가지려면, 현실 세계가 최대한 많이 디지털 정보로 바뀌어야 한다. 그런데 주지하다시피 이 작업은 누구나 할 수 있는 일이 아니다. 그 디지털 정보를 수집하고 분석하는 것도 특정 집단만 할 수 있다. 누구나 가지고 있는 것은 아닌데, 누구나 가지고 싶어 하는 것이라면, 이는 희소가치를 지닌 자원이 된다. 이코노미스트지(Economist, 2017)가 "세계에서 가장 가치 있는 자원은 더 이상 오일(oil)이 아니라 데이터(data)"[7]라고 한 것은 그런 점에서 허언이 아니다.

셋째, 디지털 정보의 대체와 활용에서는 정부와 기업 사이의 협력이 보편적으로 나타나기 쉽다. 스마트 시티 사업은 태생적으로 정부와 기업의 협력일 수밖에 없다. 몇 가지 이유가 있는데, 우선·스마트 시티라는 사업 자체가 도시와 관련되기 때문이다. 도시라는 공간은 '지식 도시(knowledge city)'라는 용어가 있을 정도로 지식에 기초한 혁신적인 시도가 빈번하게 일어나는 곳이다. 동시에 도시라는 공간은 도시 정부가 직접 그 공공 업무를 맡아 보는 곳이기도 하다. 결국 도시를 대상으로 모종의 기업 활동을 전개하려면, 기업과 정부의 협력이 절대적으로 필요하다.

더 중요한 것은 정부와 기업이 디지털 정보를 가장 많이 보유하고 있기 때문이다. 앞에서 언급했던 것처럼, 디지털 정보를 효과적으로 분석하고 활용하기 위해서는 '빅 데이터'일수록 유리하다. 즉 가능한 디지털 정보를 통

---

7) "Regulating the Internet Giants: The World's Most Valuable Resource Is No Longer but Data, Economist" *Economist* (May 6, 2017), http://www.economist.com/news/ eaders/ 21721656-economydemands-new-approach-an ti trust-rules-worlds-most-valuable-resource.

합·관리해야 그 효과를 최대로 증대시킬 수 있다. 디지털 정보를 가장 많이 가지고 있는 기업과 지방정부가 서로 자신들의 데이터 자원을 공유할 때 서로에게 이익이 될 수 있다. 중국은 여기서도 가장 대표적인 국가라고할 수 있다. 중국의 대표적인 차량 공유 서비스 회사인 디디추싱(滴滴出行)은 2018년부터 중국 전역의 교통관리부문에 자신들이 가지고 있는 교통 정보를 제공하고 있다. 선전의 교통 신호 제어 시스템도 디디추싱이 제공하는 데이터를 사용한다. 예전에도 중국에서 기업과 정부의 협력은 일상사에 가까웠다. 그런데 이제는 디지털 정보의 공유가 더해지면서 그 관계가 더 공고해지고 있다.

결과적으로 '스마트 시티'에서는 사생활 보호와 국가 통제의 문제가 가장 큰 이슈가 될 수밖에 없다. 안 그래도 시장에서는 기업과 국가의 영향력이 막대하다. '스마트 시티'에서는 그 기업과 국가가 디지털 정보를 장악할 확률이 높다. 게다가 기업과 국가 간의 협력 가능성도 농후하다. 디지털 정보의 열람 가능성, 혹은 동의 없는 활용에 대한 공포가 제기될 수밖에 없다. 그 열람 가능성과 동의 없는 활용의 가능성을 어떻게 관리할 수 있는지가 '스마트 시티'가 직면한 가장 큰 과제라고 할 수 있다.

6. '팬데믹 시대'와 '스마트 시티'의 촉진

'스마트 시티'는 어디에 초점을 맞추느냐에 따라 그 평가가 달라진다. 만약 '무엇'에 초점을 맞춘다면, '스마트 시티'는 단순히 하나의 '수사'에 불과하다. 도시 문제의 해결이나 도시 거버넌스, 친 환경 도시, 도시 개발 모두 새로운 문제의식이 아니다. 그러나 만약 '어떻게'에 초점을 맞춘다면, '스마트 시티'를 단순히 '수사'로 치부하기는 힘들다. '스마트 시티'는 이전에는 볼 수 없었던 독특한 운용 방식을 채택하고 있다. 그 운용 방식에 주목한다면, '스마트 시티'는 더 이상 '수사'의 영역에 머물지 않는다.

그 운용 방식을 하나의 간단한 논리로 요약해볼 수 있다. 두 가지인데, 첫 번째는 현실 세계를 최대한 디지털 정보로 대체하는 것이다. 예전에는 직접 보고 듣고 행했던 것들을 이제는 디지털 정보를 경유해 간접적으로 진행한다. 그럼에도 결과물은 기대 이상일 수 있다. 이런 식으로 '스마트 시티'는 '거래 비용'을 큰 폭으로 줄인다. 두 번째는 그 디지털 정보를 활용하는 것이다. 디지털 정보는 기본적으로 과거의 경험이 담겨 있기 때문에 이를 토대로 미래를 예측하는 것이 충분히 가능하다. 어떤 경우에는 사용자 개인에 최적화된 '맞춤형' 서비스가 개발될 수도 있다. '스마트 시티'는 현실 세계를 디지털 정보로 대체하고 그 디지털 정보를 활용함으로써 도시 문제도 해결하고 도시 거버넌스도 구축하며 친 환경 도시도 만들고 도시 개발을 진행한다.

'코로나19'의 팬데믹은 우연찮게도(?) 이러한 '스마트 시티'의 운용 논리가 일상이 되는 데 상당한 기여를 하고 있다. 두 가지 차원을 생각해볼 수 있다. 첫째 '제도화의 비용' 차원이다. 이는 '스마트 시티' 운용 논리의 첫 단계와 밀접하게 관련된다. 현실 세계를 디지털 정보로 대체하려면 상당한 비용이 뒤따르는 법이다. 물질적으로는 그에 대한 제반 장비가 필요하고, 상징적으로는 그에 대한 공감대가 형성되어야 한다. '코로나19'의 팬데믹이 그 비용을 줄여주고 있다.

두 번째는 '경로 의존성'의 차원이다. 일단 '코로나19'의 팬데믹으로 인해 다양한 디지털 정보가 양산되면, 이를 적극 활용할 수 있는 방법이 모색되기 쉽다. 이는 기본적으로 '경로 의존성'에서 기인한다. 디지털 정보로의 대체가 선택되는 순간, 그 이후의 선택지는 몇 개 남지 않게 된다. 결과적으로 '코로나19'의 팬데믹이 '스마트 시티'의 논리를 경험하게 해준다. 그렇지 않았다면, '스마트 시티'에 대한 논의는 더 많은 시간을 필요로 했을 수 있다.

　물론 '코로나19'의 팬데믹은 매우 특수한 상황이기 때문에, 이것이 '스마트 시티'의 문제점을 일소할 것이라 단정하기는 힘들다. 디지털 정보의 열람 가능성, 그에 따른 사생활 보호와 국가 통제 이슈는 여전히 '스마트 시티'가 가지고 있는 취약점이다. 실제로 '팬데믹' 기간 중에도 감염자의 동선 추적 및 공개 등은 곳곳에서 사생활 보호의 문제를 제기하곤 했다. '팬데믹'이라는 좋은 명분이 있음에도 그 정도의 거부감이라면, 팬데믹 이후의 일상에서 얼마나 많은 문제가 드러날지 충분히 예상할 수 있다. 그러나 일부 영역이라 할지라도 디지털 정보를 생산하고 이를 적극 활용하기 시작하게 되면, 첫 번째 난관은 비교적 손쉽게 극복한 셈이 된다. 아직은 시간이 더 필요하다고 보았는데, '코로나19'의 팬데믹이 '스마트 시티'에 대한 논의를 앞당기고 있다.

제4부

미중관계 시나리오(Scenario)와

한국

11장

미중관계 시나리오*

강 수 정**

1. 미국 주요 싱크탱크의 미중관계 전망

2018년 3월 미 대통령이 대중국 관세부과 계획을 담은 행정명령에 서명하면서 시작된 미중 무역분쟁은 지난 40여 년간 미국의 대중국 '관여(engagement)'와 미중 간 협력에 중점을 두었던 소위 '키신저 질서(Kissinger order)'가 해체되고 미중 간 전략적 경쟁이 본격적으로 시작되었음을 알리는 신호탄이었다. 미 행정부는 양국 간 고질적인 무역 불균형 문제와 관련해서 중국산 제품에 대해 징벌적 고율 관세를 부과하고 중국의 미국 내 투자 제한을 강화함으로써, 중국의 기술 이전 강요, 지적재산권 탈취, 정부 보조금과 규제 장벽을 포함한 불공정 무역 관행을 바로잡겠다고 선언했다. 이에 반발하며

* 이 글은 『아태연구』 27권 2호 (2020)에 「미중관계 전망 시나리오 분석: 2010년대 미국 싱크탱크들의 미래 전망 보고서들을 중심으로」라는 제목으로 게재된 논문을 수정·보완한 것임.
** 조선대학교 정치외교학과 조교수.

중국이 즉각적이고 강력한 보복 조치들로 맞서면서 양측 간 일련의 치고받기식 맞대응들(tit-for-tat)이 이어졌고, 양국 간 무역 협상이 지연되면서 분쟁은 장기화되었다. 2020년 1월 양국이 1단계 무역 합의에 최종 서명하면서 양국 간 무역전쟁은 약 22개월 만에 휴전 상태로 접어들었지만, 다수의 전문가들은 1단계 합의가 미중 갈등 봉합에 큰 영향을 미치지 못할 것이며, 미중 간 갈등의 쟁점들은 2, 3단계 협상에서 더욱 치열하게 다뤄질 것으로 진단했다. 마이런 브릴리언트(Myron Brilliant) 미국 상공회의소 수석 부회장이 지적했듯이 "미중 양국의 1단계 무역 합의로 출혈은 막았지만, 양국 간의 무역전쟁은 아직 끝나지 않았다."[1)]

이제 미중 무역분쟁은 양국 간 무역 불균형을 완화·해소하는 통상 문제를 넘어서 첨단과학기술 영역에서의 기술 패권 경쟁으로 전선이 확대되고 있다. 첨단과학기술에서 미국의 기술력이 상당 부분 앞서 있음에도 불구하고 중국이 국가 주도로 많은 부문에서 기존 기술선진국들을 빠른 속도로 추격하고 심지어 5G 등 일부 영역에서 비교우위를 차지하자 이를 견제하기 위해 미국이 대응 조치들을 취하기 시작했다. 새로 들어선 바이든 행정부는 최근 중국 최대 통신 장비 업체인 화웨이에 대한 5G 장비용 부품 수출 금지를 강화한 데 이어, 반도체, 전기차 배터리, 희토류, 의약품 등 4대 핵심품목을 비롯해 국방, 보건, 정보통신기술, 에너지, 운송, 농식품 등 6개 산업의 글로벌 공급망을 점검하는 내용의 행정명령을 내렸다. 이는 미 행정부가 핵심품목과 산업의 공급망에서 '쿼드'(Quad) 및 동맹국들과의 협력을 통해 대중국 의존도를 낮추고 미국 중심의 글로벌 공급망을 강화하려는 움직임으로 해석된다. 이에 따라 기술 패권을 둘러싸고 미중 간 경쟁이 보다

---

1) "Phase 1 trade deal stops bleeding, doesn't end U.S.-China dispute: U.S. Chamber." *Reuters*, January 13, 2020.

치열해지면서 기술냉전의 시대가 도래하는 것이 아니냐는 우려도 커지고 있다. 그뿐만 아니라 첨단과학기술의 발전은 첨단군사기술 개발로 이어질 수 있다는 점에서, 미중 간 기술경쟁은 안보딜레마를 심화시키면서 군사안보경쟁으로까지 비화될 수 있다.

이처럼 미중 간 전략적 경쟁이 본격화되는 시점에, 전 세계는 코로나19(COVID-19) 팬데믹(pandemic: 전 지구적 대유행)이라는 사상 초유의 글로벌 보건 위기에 직면해 있다. 전 세계를 휩쓸고 있는 코로나19 위기는 기존 강대국인 미국과 신흥 강대국인 중국의 국가적 위기관리 능력뿐만 아니라 국제적 리더십을 검증받는 중요한 시험대가 되고 있다. 그뿐만 아니라, 이러한 초국경적 보건 위기가 미중 간 협력을 증진시킬지 아니면 오히려 경쟁과 갈등을 심화시키는 촉매제 역할을 할지는 향후 미중관계의 미래를 가늠할 수 있는 중요한 시금석이 될 전망이다.

이처럼 미중 간 전략적 경쟁이 본격화되고 미중관계뿐만 아니라 국제질서의 불확실성이 커지면서 전 세계는 미래의 불확실성에 대한 막연한 불안감을 극복하기 위해 미래 전망에 촉각을 세우고 있다. 본 연구는 이러한 미래 전망 시나리오들, 그중에서도 미국 주요 싱크탱크들의 미중관계 전망 시나리오들에 주목한다. 국제사회에서는 향후 미중관계의 전망을 놓고 싱크탱크들 사이에 다양한 논의가 지속되고 있다.[2] 우리는 흔히 전망(foresight)은 미래를 예측하는 행위라고 생각하지만, 전망과 예측(prediction) 사이에는 중요한 차이가 있다.[3] 예측은 결정론적(deterministic)이고 정적인(static)

2) Richard N. Haass, Elizabeth C. Economy, Stephen A. Orlins and Ely Ratner. "The Future of U.S.-China Relations," (2019) https://www.cfr.org/event/future-us-china-relations.

3) Florence Gaub, *Global Trends to 2030: Challenges and Choices for Europe* (European Strategy and Policy Analysis System, 2019).

반면에, 전망은 미래의 서로 다른 대안들을 상상하고 어떻게 거기에 이를 것인가를 추적하는 지적인 활동이다. 따라서 미래 전망 시나리오는 다가올 세상에 대한 하나의 발상(發想)이며, 하나의 미래에 관한 것이 아니라, 서로 다른 가능한 미래들에 관한 것이라고 볼 수 있다. 따라서 싱크탱크들이 제시하는 미중관계 전망 시나리오들은 그들이 미중관계의 현재 상태와 변화를 어떻게 인식하고 있으며, 그에 기초하여 어떠한 미래를 그리고 있는지를 단적으로 보여준다. 따라서 본 연구는 미국 주요 싱크탱크들의 미중관계 전망 시나리오들을 살펴봄으로써 미중관계에 대한 미국 내부의 인식을 살펴보고자 한다.

미중관계에 대한 기존의 연구들은 미중관계를 분석하는 데 있어서 미국의 대중국 정책이나 중국의 대미 정책에 분석이 초점을 맞추거나 그 변화의 요인을 살피는 데 집중해 왔다. 또한 국제정치학에서 중국의 부상에 따른 미중관계의 변화에 관한 연구들은 현실주의적 관점에서 세력균형 이론이나 세력전이 이론에 근거하여 중국의 부상에 따른 중미 간 세력경쟁과 동아시아 세력균형의 변화를 분석한 연구들이 주류를 이루어 왔다.[4] 이러한 연구들은 국가 단위의 국력을 주요한 변수로 상정하고 세력분배구조라는 체제적 변수로 국제질서의 변화를 설명하고 예측한다는 점에서 구조적 접근법을 취한다고 할 수 있다. 이렇게 외부의 물질적 조건과 구조적 요인을 '독립변수'로 하는 구조적 접근법(structural approach)과 구조 중심적 이론

---

4) 김재철, 「패권, 다극화, 그리고 중미관계」, 『국제정치논총』 제42집 4호 (2002), pp.327-345; 이희옥, 『중국의 국가 대전략 연구』 (폴리테이아, 2007); 전재성·주재우, 「미중관계의 변화와 한국의 미래 외교 과제」, 『EAI 국가안보패널 연구보고서』 No. 62 (2012); John J. Mearsheimer, *Tragedy of Great Power Politics* (New York: W.W.Norton & Company, 2003); Zbigniew Brzezinski and John J. Mearsheimer, "Clash of the titans," *Foreign Policy* No.146 (2005), pp.46-50; Graham Allison, *Destined for War: Can America and China Escape Thucydides's Trap?* (New York: Houghton Mifflin Harcourt, 2017).

(structure-oriented theory)은 국가를 구성하는 행위자들의 인식과 같은 국내적·관념적 변수를 다루는 데 있어 분명한 한계를 노정한다.

본 연구는 이러한 구조 중심적 접근법에서 탈피하여 '관념적 접근법(ideational approach)'을 통해 미국 싱크탱크들의 미중관계 전망 시나리오들을 바탕으로 미중관계에 대한 미국 내부의 인식을 분석하는 데 초점을 맞춘다. 관념적 접근 방법의 출발점은 바로 '인간'이라는 행위자이고 그들이 가지고 있는 인식(perception)이나 신념(belief), 지향(orientation) 등 행위자들의 관념적인 요인들을 중요한 설명변수로 다룬다. 행위자들이 무엇을 믿고 어떻게 인식하느냐는 한 국가의 정체성 및 제도, 정책뿐만 아니라 국제정치에도 매우 큰 영향력을 행사한다. 미국 싱크탱크들의 미중관계 전망 시나리오들을 분석하는 것의 학문적 유용성을 논하면서, 학자나 전문가들의 견해가 반드시 미국의 외교정책결정에 결정적인 영향을 미친다고 주장하는 것이 아님을 명확히 할 필요가 있다. 하지만 미국 내 담론 생산층인 싱크탱크들의 미래 전망 시나리오는 미래에 관한 담론이면서 동시에 현재의 상황과 변화에 대한 인식과 미래에 대한 지향을 담고 있다. 따라서 미국 싱크탱크들이 제시하는 미중관계 전망 시나리오들은 미중관계에 대한 미국 내부의 인식과 지향을 확인하는 데 유용한 자료가 될 수 있다. 또한 미국 싱크탱크들의 다양한 미중관계 전망 시나리오들을 살펴보는 것은 중국의 부상에 따른 대내외적 변화에 대응하여 미국이 대중국 전략과 정책을 조정하는 과정에서 선택가능한 여러 선택지들과 그 전제 조건들을 이해하는 데에도 도움이 된다.

이처럼 미국 싱크탱크들의 미중관계 전망 시나리오들은 미중관계에 대한 미국 내부의 인식과 전략적 사고(strategic thinking)를 반영하고 있다는 점에서 주목의 대상이다. 본 연구는 2010년대 미국의 주요 싱크탱크들이 발간한 미래 전망 보고서들에서 제시된 미중관계 전망 시나리오들을 분석함으로써 미국의 미중관계에 대한 인식에서 나타나는 주요한 경향과 변화를 확인하고 향후 미중관계 전망을 위한 중요한 단초를 찾아보고자 한다. 본 연구는 미국 싱크탱크들의 미중관계 전망에 있어서 2010년대 중반까지만 해도 양국 간 제한적 경쟁 속 초국가적 이슈들에 대한 포괄적 협력에 무게를 둔 전망들이 주류를 이루었다면, 최근에는 미중 간 '경쟁(competition)'과 '대립(confrontation)'에 초점을 맞춘 전망들이 경향적으로 늘고 있음을 확인한다. 또한, 이러한 분석을 바탕으로, 최근 코로나19 팬데믹 이후 미중관계에서 나타나는 주요한 경향을 분석하고 포스트 코로나 시대의 미중관계를 전망해보고자 한다.

2. 제한적 경쟁 속 포괄적 협력

2010년대에 미국 주요 싱크탱크들이 발표한 미래 전망 보고서들을 살펴보면, 2010년대 중반까지만 해도 미국 싱크탱크들의 미중관계 전망은 양국 간 제한적인 경쟁 속 초국가적 이슈들에 대한 협력의 확대에 무게를 두고 있었음을 확인할 수 있다. 미국의 대표적 싱크탱크인 카네기국제평화재단(Carnegie Endowment for International Peace)은 2014년에 『2030년 중국의 군사력과 미일동맹(China's Military and the U.S.-Japan Alliance in 2030)』과 2015년에 『아시아－태평양 지역에서의 갈등과 협력(Conflict and Cooperation in the Asia-Pacific Region)』이라는 두 개의 연속된 전략평가보고서를 통해 미중관계를 포함하는 아시아 지역의 미래 안보환경을 전망하고 몇 가지 유형의 미래 시나리오들을 제시했다. 우선 2014년 보고서에서는 중국과 미일동맹

간 관계에 초점을 맞춰서 향후 15~20년 사이 중·미·일 3국의 군사력과 지역 전략, 대외 정책 등에 대한 전략적 총괄 평가(strategic net assessment)와 예측을 바탕으로 2030년 중·미·일 안보관계에 대한 여섯 가지 유형의 시나리오들을 제시했다([표 1] 참조).5) 이 보고서는 이러한 시나리오들 중 가장 실현가능성이 높은 시나리오로 "약화된 균형(eroding balance)"을 꼽았고, 중국의 군사력 증강에 따라 미국의 동북아 군사 패권이 상당 부분 약화되는 안보환경이 형성될 가능성이 높다고 전망했다. 이 경우, 중국은 보다 적극적인 대외정책을 구사할 것이고, 미국은 중국과의 협력과 경쟁 사이에서 균형을 이루는 기존의 대중국 정책 기조를 계속 유지할 가능성이 높다고 보았다. 따라서 중국의 군사적 역량 강화로 인해 역내 안보 정세의 불안정성이 다소 커지겠지만 상대적 측면에서 미일동맹의 군사적 우위가 유지되면서 심각한 안보적 위기 상황이 발생하지는 않을 것으로 전망했다. 그 다음으로 가능성이 높은 시나리오는 "제한적 충돌(limited conflict)"로, 미일동맹과 중국은 협력관계를 유지하겠지만 중국의 군사력이 상대적으로 빠르게 증대되면서 두 세력 간 군사적 경쟁이 더 심화되고 제한적 수준의 안보적 갈등이 고조될 것이라고 보았다. 또 다른 가능한 시나리오는 "완화된 위협(mitigated threat)"으로, 중국이 국내적 문제로 인해 군사적 팽창보다는 국내 안정 유지에 주력하면서 대외정책에 있어서도 신중하고 협력적 태도를 보이고, 이에 대응하여 미국과 일본도 대중국 관여 정책을 강화하는 경우에 나타날 수 있는 안보환경이다. 이 경우 중·일 간, 그리고 중·미 간 높은 수준의 협력이 지속되면서 이들 간 군비경쟁이 약화되고 역내 안보적 위협은 완화되지만, 안전보장 장치가 부재한 상황에서 우발적 위기의 가능

---

5) Michael D. Swaine (eds.), *China's Military and the U.S.–Japan Alliance in 2030: A Stratigic Net Assessment* (Washington, DC: Carnegie Endowment for International Peace, 2014).

성은 여전히 존재한다고 보았다.

[표 1] 2030년 중 · 미 · 일 안보관계 전망

시나리오 유형	실현가능성	내용
약화된 균형 (Eroding Balance)	가장 가능성 높음	중국의 군사력 증강에 따라 미국의 동북아 군사 패권이 상당 부분 약화되는 안보환경이 형성되고, 미국은 중국과의 협력과 경쟁 사이에서 균형을 이루는 기존의 대중국 정책을 지속할 것임
제한적 충돌 (Limited Conflict)	가능성 높음	미일동맹과 중국은 협력 관계를 지속하겠지만 중국이 군사력을 빠르게 증강할 경우 군사적 경쟁이 더 심화되고 제한적인 충돌 가능성도 제고됨
완화된 위협 (Mitigated Threat)	가능성 있음	중 · 일 간 그리고 중 · 미 간 높은 수준의 협력이 지속되면서 군사적 경쟁이 완화됨
아시아 냉전 (Asian Cold War)	가능성 낮음	상호 간의 안전보장 장치가 부재한 상황에서 미중 간 제로섬 경쟁이 가속화됨에 따라 동북아에 새로운 냉전적 구도가 형성되고, 역내 분쟁 상황에서 상호 간 억지가 전반적으로 약화되면서 군사적 충돌 가능성이 크게 증가됨
중국 중심의 아시아 (Sino-centric Asia)	매우 가능성 낮음	미군이 동북아에서 철수함에 따라 중국 중심의 지역질서가 구축됨. 역내 미일동맹의 영향력이 감소하고, 이에 대응해 중국이 군사력 증강을 완화하고 미 · 일에 대해 신중하고 협력적인 정책 기조를 유지함. 따라서 일본은 경제적으로 중요하면서 정치 · 군사적으로 덜 위협적인 중국에 대해 전략적 순응(accommodation) 정책을 취함
중 · 일 경쟁 (Sino-Japan Rivalry)	가장 가능성 낮음	미군의 철수로 역내 안보전력 공백이 발생하는 경우에 나타날 수 있는 또 다른 시나리오로, 중국과 일본이 경쟁관계를 형성함. 중국은 미국의 공백을 활용해 일본을 강하게 압박하여 외교 · 안보적 이익을 추구하고, 일본은 안보적 불안을 해소하기 위해 안보정책을 재편하고 독립적으로 핵무기를 포함한 군사력을 증강함

(미국 카네기국제평화재단, 2014)
■ Swaine(2014)의 내용을 저자가 요약 · 정리한 것임

이러한 시나리오들은 공통적으로 향후 15-20년 사이 동북아시아에서 중국이 군사적 역량을 강화하면서 미중 간 군사적 격차는 축소될 가능성이 높지만 상대적 측면에서 미국의 군사적 우위는 지속될 것이라는 가정에 기반을 둔다. 따라서 이러한 시나리오들의 실현가능성이 높다고 판단한 것은

중국의 군사적 부상에도 불구하고 미국의 군사적 우위가 당분간 지속될 것이라는 비교적 낙관적인 전망이 지배적이었음을 보여준다. 또한 이들은 중국의 부상에 따라 중국의 전략적 의도에 대한 불확실성이 커지더라도 이러한 불확실성은 미국과 미일동맹이 충분히 관리 가능한 상황이라고 보았기 때문에, 미중 간 협력을 통한 포지티브 섬(positive sum) 게임이 가능하다고 보고 미국이 기존의 관여와 경쟁이 혼합된 대중국 정책을 유지할 것이라고 전망했다. 물론 이 경우에도 중국과 미일동맹 간 제한적 충돌이 발생할 가능성은 있지만, 두 세력 간의 대규모 군사적 충돌이 발생할 가능성은 매우 낮다고 보았다.

이 기관이 2015년에 발표한 전략평가보고서, 『아시아－태평양 지역에서의 갈등과 협력』도 이러한 전망에서 크게 벗어나지 않았다.[6] 이 보고서는 아시아－태평양 지역의 미래 안보환경에 영향을 미칠 수 있는 다양한 국내외 변수들(국내 정치·사회적 안정성, 군사적 목표 및 정책, 군사비 지출 및 군사력, 양자·다자 관계 등)을 고려하여 역내 다양한 갈등요인들과 협력요인들을 종합적으로 분석함으로써 향후 25년 간 아시아－태평양 지역에서 나타날 수 있는 미래 안보환경을 다섯 가지 유형의 시나리오들(현상유지, 냉전, 평화, 무력충돌, 초국경적·국내적 도전)로 제시하였다([표 2] 참조). 이러한 시나리오들 중에서, 전자가 가장 실현가능성이 높고, 후자로 갈수록 현실화 가능성이 낮다고 보았다. 따라서 역내 제한적인 정치·경제·군사·안보적 경쟁 속에서 미중이 초국가적 문제 해결에 있어서 협력하고 높은 수준의 호혜적인 관계를 유지하면서 발전지향적이고, 비대결적인 국가적 목표를 추구하는 '현상유지' 상태가 지속될 가능성이 가장 높다고 전망하였다.

---

6) Michael D. Swaine (eds.), *Conflict and Cooperation in the Asia-Pacific Region: A Strategic Net Assessment* (Washington, DC: Carnegie Endowment for International Peace, 2015).

주목할 필요가 있는 점은 이러한 시나리오의 실현가능성에 영향을 미치는 조건 변수들에 관한 논의이다. 이 보고서는 '현상유지'가 지속되기 위해서는 이 지역의 주요국들, 특히 중국과 미국에서 심각한 엘리트 내부의 갈등, 극단적 민족주의 압력과 같은 불안정한 형태의 국내 정치·사회적 변화가 발생하지 않아야 한다고 보았다. 강력하고 극단적인 민족주의 지도부의 부재가 미중관계와 역내 안보적 환경의 현상유지를 위한 중요한 전제조건이라고 본 것이다. 경제적 성장이 지속되어 국내적 불안과 엘리트 분열을 피할 수 있다면, 이러한 극단적인 정권교체의 가능성은 낮다고 보았다. 그러나 이러한 전망과는 달리 트럼프 시기 미국과 시진핑 시기의 중국 등 역내 강대국들의 자국우선주의 혹은 민족주의적 성향은 강화되었고, 이는 미중관계와 역내 안보환경의 현상유지를 저해하는 하나의 불안정 요인으로 작용하고 있다.

[표 2] 아태지역의 미래 안보환경 전망

시나리오 유형	내용
현상유지 (Status Quo Redux)	아시아-태평양 지역에서 지속적인 협력과 함께 제한적인 경제·정치·군사·안보적 경쟁 지속 - 미중은 초국가적 문제 해결에 있어서 협력하고 높은 수준의 호혜적인 경제·정치적 관계를 유지하면서 발전지향적이고, 비대결적인 국가적 목표를 추구 - 미중 양국은 장기적으로 상호 간 궁극적인 안보적 의도 및 능력과 관련하여 불확실성과 불신이 남아 있기 때문에, 국방비 지출을 늘리고 군사력을 확충하거나 헤징 전략을 구사할 것이고, 이는 결과적으로 역내 안보적 경쟁을 고조시킬 수 있음
아태지역 냉전 (Asia-Pacific Cold War)	아시아 지역에서 미중 간 전략적·경제적 경쟁이 격화됨에 따라 지역적 양극화와 군사화 심화 - 정치·외교적 영역에서는 한반도에 대한 영향력, 주요 다자외교포럼과 다자기구에서의 지배적 영향력, 타이완 문제, 해양 영토 분쟁 등을 둘러싼 미중 간 제로섬 경쟁이 고조되면서, 대중국 견제를 위한 미국의 동맹 강화나 미국과 인도의 전략적 동맹 구축 등 역내 편가르기 경쟁이 본격화됨 - 경제적 영역에서는 미중 간 무역, 투자, 에너지, 기술 분야에서의 제로섬

	경쟁이 대두 - 군사적 영역에서는 높은 수준의 군사비 지출과 군비 확충을 요구하는 안보적 경쟁이 확대·격화되고 제1, 제2 도련선과 그 이상을 통제할 수 있는 군사력을 둘러싼 군비 경쟁이 격화 - 이러한 안보환경 하에서 미중 양국은 상대측 국력과 영향력을 제한하지 않고는 자국의 핵심 국가이익이 보장될 수 없다는 강한 믿음을 갖게 됨
아태지역 평화 (Pacific Asia-Pacific)	미중 간 그리고 지역적 협력 증대 및 긴장 완화 - 역내 불안정 요인들(정치·군사적 위기, 동맹의 변화, 무역 분쟁, 지역적·지구적 안보 문제를 둘러싼 갈등 등)이 지속적으로 감소하는 대신에, 대부분의 역내 국가들은 상당한 자원과 관심을 국내적 사회·경제 이슈와 초국가적 문제의 평화적 해결과 관리에 집중할 것임 - 다양한 문제에서의 입장차와 일부 중요한 분쟁들은 남아 있지만, 그것들이 제로섬적인 결과를 낳지는 않을 것임
아시아 무력충돌 (Asian Hot Wars)	중요한 분쟁지대에서 간헐적이지만 상당히 빈번하게 무력 충돌 발생 가능 - 특히, 타이완 문제, 동·남중국해 해양영토분쟁, 항행의 자유 이슈, 한반도 문제 등을 둘러싼 분쟁의 결과, 고의적 혹은 예기치 않은 사건으로 인해 무력 충돌이 발생할 가능성이 높음 - 미중 양국은 정치·군사·경제적 수단을 동원하여 역내 영향력을 확대하기 위한 경쟁이 격화되고, 주요 강대국들은 높은 수준의 군사비 지출과 군비 확충을 계속하고 군사 동맹이나 다른 형태의 적대적인 행위들을 강화하거나 새롭게 시도할 가능성이 높음
초국경적·국내적 도전 (Challenged Region)	미중 간 경쟁보다는 다른 사회·경제·정치적 불안정과 불만으로 인한 도전에 직면 - 안보적 우려는 남아 있으나 그 중요성이 감소하면서 국방비는 감소하거나 현상유지가 될 것이고, 역내 국가들은 기후변화, 환경오염, 전염병, 국내 정치·사회적 불안, 테러와 같은 긴급한 초국경적 문제들과 국내적 불안정 요인들을 다루는 데 더 치중할 것임 - 공동의 문제를 해결하기 위한 협력이 긴급히 필요하기 때문에, 국가 간 긴장과 갈등의 수준은 전반적으로 낮고, 안보적 경쟁의 필요나 가능성은 감소할 것임

(미국 카네기국제평화재단, 2015)
■ Swaine(2015)의 내용을 저자가 요약·정리한 것임

신흥 강대국과 기존 패권국의 충돌을 '투키디데스 함정(Thucydides Trap)' 이라는 개념으로 설명한 『예정된 전쟁』의 저자인 그레이엄 앨리슨(Graham Allison) 교수가 소장을 역임(1995-2017)했던 하버드 케네디스쿨 벨퍼 센터 (Belfer Center)는 2015년 『시진핑 시기 미중관계의 미래(*The Future of U.S.-China Relations Under Xi Jinping*)』라는 제하의 보고서를 통해, 향후 미

중관계를 전망하면서 다섯 가지 유형의 시나리오들(협력, 협업, 경쟁, 대립, 내파)을 제시하였다([표 3] 참조).[7] 그중에서 협력과 협업 시나리오를 가장 바람직한 시나리오로 보고 그에 초점을 맞춰 현실화 방안을 검토하였다. 협력 시나리오(cooperative scenario)는 다양한 영역에서의 미중 간 상호의존과 경제적 세계화가 심화되는 추세 속에서 양국 지도자들은 무력충돌의 위험을 피하고, 역내 지정학적 현상유지를 추구하면서, 기후변화, 테러리즘 등과 같은 전 지구적 문제에 대한 공동 대응을 확대해 나갈 것으로 보았다. 따라서 미중 간 무력분쟁이 발생할 가능성은 낮지만, 아시아에서 중국의 정치·경제·외교적 영향력은 계속 확대될 것이고, 중국은 국제규범질서와 글로벌 거버넌스체제의 개혁에서 보다 적극적인 참여자가 될 것이라고 전망했다. 협업 시나리오(collaborative scenario)는 협력 시나리오에서 더 나아가 미중이 양국 관계의 근본적인 구조적 문제들을 해결하기 위해 서로 간 입장 차가 큰 정책적 난제들에서 협업을 이루어갈 것이라고 전망했다. 미중관계 시나리오들 중에서 협력과 협업 시나리오에 중점을 두고 현실화 방안을 논의했다는 것은 미중관계를 경쟁과 대립보다는 협력과 협업의 방향으로 이끌어가고자 하는 당시 미국의 대중국 전략적 선호와 의지를 반영했다고 볼 수 있다. 이러한 전망과 관련하여 주목할 점은 미중 양국의 정치지도자들이 선택하는 전략적 방향이 향후 미중관계에 결정적인 영향을 미칠 수 있다고 보았다는 점이다. 즉 양국의 정치지도자들이 선택하는 대미 혹은 대중 전략적 방향에 따라 미중관계 시나리오들 중 어느 하나가 현실화되거나 시나리오들의 혼합이 나타날 수 있다고 전망했다.

---

7) Kevin Rudd, *The Future of U.S.-China Relations Under Xi Jinping: Toward a New Framework of Constructive Realism for a Common Purpose*. Belfer Center for Science and International Affairs, Harvard Kennedy School (2015).

[표 3] 향후 미중관계 전망

시나리오 유형	내용
협력 (cooperative scenario)	미중 간 상호의존 심화의 추세 속에서 양국 지도부들은 무력분쟁의 위험을 피하고, 자국의 국내정책적 우선순위에 초점을 맞추면서, 역내 지정학적 현상유지를 추구하고, 전 지구적 문제에 대한 공동 대응 확대
협업 (collaborative scenario)	협력 시나리오보다 더 적극적인 버전으로, 미중은 양국 관계의 근본적인 구조적 문제들을 해결하기 위해 서로 간 입장 차가 큰 정책적 난제들에서 협업
경쟁 (competitive scenario)	미중 양국은 지역적 그리고 전 세계적 차원의 영향력을 둘러싼 전략적 경쟁을 하면서, 장기적 분쟁 가능성에 대비하여 군비 확충 가속화
대립 (confrontational scenario)	안보와 경제 이슈에서 미중 간 갈등과 편 가르기가 본격화되면서 지역 국가들은 정책적 모호성을 유지하는 것이 어려워지고, 점차 미중을 중심으로 블럭화되는 신냉전 시대 돌입. 미중 간 경쟁은 전 세계적인 차원에서 민주적 자본주의 모델과 국가 자본주의 모델 간의 이데올로기 경쟁으로 확대될 것임
내파 (implosion scenario)	중국 내 정치적 긴장과 구조적 경제 불균형으로 인한 균열이 나타나고, 그로 인해 중국은 국가발전 전략을 포괄적이고 급진적으로 조정하게 될 것임. 하지만 이러한 시나리오가 현실화될 가능성은 낮음

(미국 하버드 케네디 스쿨 벨퍼센터, 2015)
■ Rudd(2015)의 내용을 저자가 요약·정리한 것임

미국의 국가정보위원회(National Intelligence Council: NIC)가 4년 주기로 발간하고 있는 '글로벌 트렌드(Global Trend)' 보고서는 중앙정보국(CIA), 국방부 산하의 국가안보국(NSA), 법무부 산하의 연방수사국(FBI), 등 미국 내 16개 정보기관의 미래 전망 보고서와 전 세계 주요 전문가 대상 설문조사를 기반으로 향후 20년의 정치·경제·외교·안보·자원 등 거시적 변화가 가져올 미래 동향을 예측하고 미국의 선제적 대응전략을 제시하는 미래 전략 보고서이다. 미국의 국가정보위원회는 미 국가정보국(Director of National Intelligence)[8] 산하조직으로, 미국의 장기적 정책수립을 위한 전략 분석을

---

8) 미 연방의회는 2004년 정보개혁테러방지법을 제정하여, 미국의 16개 정보기관들을 통솔하는 국가정보

수행하는 기관으로 알려져 있다. 이 기관의 글로벌 트렌드 보고서는 1997년 이후 신임 대통령 취임 시기나 제2기 행정부 출범 시기에 맞춰 미 행정부의 정책 수립 방향을 제언해 왔으며, 이 보고서의 미래 변화에 대한 거시적 전망을 바탕으로 미국의 정책 방향이 수정·조정되기도 한다고 알려져 있다.

오바마 제2기 행정부 출범을 즈음하여 2012년 12월 미국 국가정보위원회에서 발표한 『글로벌 트렌드 2030: 대안적 세계(*Global Trends 2030: Alternative Worlds*)』는 거시적 미래 변화에 있어서 가장 중요한 4대 메가트렌드(Mega Trends) 중 하나로 '국가 간 권력의 분산(diffusion of power)'을 꼽으면서, 미국, 유럽, 일본 등 기존 강대국들의 경제는 완만한 쇠퇴를 지속하는 반면에, 중국, 인도, 브라질, 콜롬비아, 인도네시아, 남아공, 나이지리아, 터키 등 아시아 및 비서구 신흥국들의 부상이 촉진될 것이라고 전망했다.[9] 특히, 2030년 무렵에는 중국 경제가 미국을 능가하는 세계 최대 규모로 부상할 것이라고 예측했다. 이처럼 미국과 다른 강대국들 간 국력의 격차가 좁아지면서 단일 패권의 시대는 막을 내리고, 미국은 군사력과 글로벌 리더십을 기반으로 강대국들 가운데 상대적 우위의 자리는 지키겠지만, 미중을 포함하는 어떤 강대국도 패권적 지위를 갖지는 못할 것이라고 전망했다. 따라서 동아시아 국가들은 중국에 대한 경제적 의존도가 높고, 미국에 대한 안보적 의존도가 높은 상황에서 미중관계의 변화에 따라 이 지역의 불안정성이 커질 가능성이 높다고 보았다. 그러나 2030년까지 미국과 대등한 권력을 가진 다른 국가가 등장하여 새로운 국제질서를 수립할 가능성은 낮으며, 신흥국들은 자국의 경제 발전 및 정치적 통합에 더 관심을 가질 것이라고 전망했

국을 신설했다. 국가정보국은 대통령 직속기관으로 미국 국가정보 프로그램을 지휘·감독하며 대통령에게 직접 국가안보 정보를 보고하고 모든 미국 정보기관들의 수장 역할을 수행한다.

9) National Intelligence Council, *Global Trends 2030: Alternative Worlds* (2012).

다. 따라서 향후 미중관계에 있어서 최선의 시나리오는 중국과 미국이 보다 폭넓은 국제적 리더십을 발휘하여 다양한 글로벌 문제 해결에 협력하고 전 세계가 인류의 난제 해결에 힘을 모을 수 있도록 국제적 공조를 이끌어 감으로써 미중 간 협력 노력이 국제관계를 긍정적으로 변화시키는 것이라고 보았다.

이처럼 2010년대 중반까지 미국의 주요 싱크탱크들은 대체로 중국의 지속적인 성장 가능성을 인정하면서 이에 따른 일부 영역에서의 미중 간 경쟁은 불가피하지만 그것이 무력충돌로 이어지지는 않을 것이며, 다양한 영역에서의 미중 간 포괄적 협력과 역내 안보환경의 현상유지가 당분간 지속될 가능성이 높다고 전망했다. 즉, 그 당시만 해도 미중관계 전망에 있어서, 양국 간 갈등과 대립보다는 제한적 경쟁 속 초국가적 이슈들에 대한 협력과 협업에 무게를 두는 비교적 긍정적인 미래 전망이 주류를 이루어왔음을 확인할 수 있다.

이러한 미국 주요 싱크탱크들의 미래 전망 시나리오는 미중관계에 대한 미국 내부의 주류 인식을 반영하고 있었다고 볼 수 있다. 당시 오바마 행정부는 2011년 채택된 아시아 회귀(Pivot to Asia) 정책에 따라 미일동맹을 강화하고 중국의 부상에 대한 재균형(rebalancing) 정책을 시행하고 있었지만, 중국과 미중관계에 대한 미국 내부의 인식은 여전히 '키신저 질서'에 기반을 두고 미중 간 제한적 경쟁 속 지속적인 협력에 무게를 두고 있었다. 1970년대 초 미국과 중국의 새로운 관계를 중재했던 헨리 키신저 미국 전 국무장관의 이름을 따서 명명된 이른바 '키신저 질서'는 1970년대 중반 베트남 전쟁의 종식과 미국과 중국의 화해로 형성된 아시아에서의 미중 간 협력 체제를 의미한다. 키신저 질서의 기본 전제는 미중 간 협력이 서로에게 이익이 된다는 인식이며, 미국이 주도하는 자유주의적 국제질서 하에서 미국은 중국의 경제적 부상을 용인했고, 중국은 그 질서 속에서 혜택을 누리며 경제적 발전을 이루는 대가로 미국이 아시아 지역 국가들과 군사동맹을 맺고 미군을 주둔시키며 역내 지배적인 군사적 우위를 유지하는 것을 암묵적으로 받아들였다. 이처럼 미국이 중국의 부상을 용인하고 심지어 촉진시킬 수 있었던 것은 중국을 미국 주도의 자유주의적 국제질서에 편입시켜 다양한 영역에서 중국과의 교류와 협력을 확대함으로써 중국이 보다 개방적이고 자유롭고 민주적인 사회가 되도록 독려하고 평화와 번영을 위한 호혜적 동반자 관계를 구축할 수 있다는 자유주의적 믿음과 중국이 자유주의적 국제질서의 최대 수혜자들 중 하나이기 때문에 그 질서를 전복하려할 이유가 없으며 미국과 중국의 상대적인 국력의 차이에서 미국의 우세가 상당기간 지속될 것이라는 낙관적 인식이 주류를 이뤘기 때문이었다.[10] 2010년대 중반까지만 해도 미국 주요 싱크탱크들이 제한적 경쟁 속 초국가적 이슈들에 대한 포괄적 협력에 무게를 두는 미중관계 전망 시나리오가 실현가능성이 가장 높거나 가장 바람직하다고 제시했다는 것은 이러한 '키신저 질서' 하에서 대중국 '관여'와 미중 간 '협력'에 중점을 두었던 미국의 대중국 인식이 지속되고 있었음을 단적으로 보여준다.

3. 심화된 경쟁 속 갈등 국면의 장기화

하지만 미중 무역전쟁을 기점으로 미중 간 전략적 경쟁이 본격화되면서,

---

10) David Shambaugh, "Containment or Engagement of China? Calculating Beijing's Responses," *International Security* Vol. 21. No. 2 (1996), pp.180-209; Robert S. Ross and Alastair Iain Johnston, *Engaging China: The Management of an Emerging Power* (London and New York: Routledge, 1999).

양국 간 제한적 경쟁 속 협력의 확대에 중점을 둔 낙관적 전망들은 점차 동력을 상실하고, 양국 간 전략적 경쟁의 심화와 갈등 국면의 장기화를 예상하는 전망들이 크게 늘어났다. 이러한 변화는 지난 40년간 유지되었던 '키신저 질서'하에서 대중국 '관여'와 미중 간 '협력'에 중점을 두었던 미국의 대중국 인식과 전략의 근본적인 변화를 반영했다. 2017년 12월 미 행정부가 발표한 국가안보전략(National Security Strategy: NSS) 보고서는 이러한 미국의 대중국 인식과 전략의 변화를 여실히 보여주었다.[11] 이 보고서는 미국과 중국 사이에 전략적 경쟁의 새로운 시대가 도래하였다고 보고, 중국을 미국의 가치와 이익에 반하는 국제질서를 형성하기를 원하는 '현상변경 세력(revisionist power)'이자 '전략적 경쟁자(strategic competitor)'로 규정하였다. 이러한 변화는 중국의 급속한 성장으로 미중 간 국력의 격차가 좁혀지면서 점진적으로 커져온 미국 사회의 대중국 위협인식을 투영하고 있으며 미국의 대중국 인식의 근본적인 전환을 의미한다. 이러한 인식에 기초하여 미 행정부는 '경쟁'에 초점을 맞춰 대중국 정책을 전면적으로 수정했고, 무역전쟁을 기점으로 일련의 실질적 조치들을 통해 중국의 부상에 대한 견제를 강화해왔다. 미국의 고위급 관료들도 미 행정부의 대중국 정책의 초점이 '관여'에서 '경쟁'으로 전환되었음을 명확히 보여주었다. 2018년 10월 미국 주재 중국대사관에서 열린 중국 국경절 기념행사에 참가한 매튜 포틴저(Matthew Pottinger) 당시 백악관 국가안보회의 아시아 담당 선임보좌관은 "미 행정부는 경쟁의 개념을 전면에 내세우기 위해 대중국 정책을 수정했다"고 밝혔다.[12]

---

11) The White House, *National Security Strategy of the United States of America*, (Washington DC: The White House, 2017).

12) Keegan Elmer, "US tells China: we want competition … but also cooperation," *South China*

미국의 주요 싱크탱크들도 이러한 변화된 대중국 인식과 정책을 반영하여 미중관계 전망 시나리오들을 수정하기 시작했고, 무역 갈등으로 시작된 미중 간 세력경쟁이 다른 영역으로 확대되면서 지구화, 장기화될 가능성이 높다는 전망을 점진적으로 내놓기 시작했다. 미국의 비당파적 싱크탱크인 아스팬연구소(Aspen Institute)의 아스팬 전략 그룹(Aspen Strategy Group)은 2020년 1월 발표한 『권력 투쟁: 21세기 미중관계』라는 제하의 보고서를 통해 향후 미중관계에 대한 새로운 전망을 내놓았다.[13] 이 보고서는 여러 전문가들의 분석과 전망을 종합하여, 향후 미중 간 경쟁이 경제·무역, 전략적 군사력, 첨단 군사기술, 이데올로기 영역에서 심화될 것으로 전망한다. 경제·무역에서의 미중 경쟁은 무역 불균형 문제를 둘러싼 무역 갈등을 넘어서, 중국의 불공정 무역관행과 지적재산권 침해 문제를 포함하는 WTO 규정 위반에 대해 미국이 보다 공세적으로 대응할 것으로 보았다. 군사적 경쟁의 경우, 양국은 인도-태평양 지역에서의 해군력, 공군력, 미사일 전력에 있어서의 경쟁뿐만 아니라, 인공지능, 양자컴퓨터, 바이오기술 등에 기반을 둔 차세대 첨단 군사기술 부문에서의 경쟁도 보다 치열해질 것이며, 이는 향후 양국 간뿐만 아니라 전 세계적인 세력균형에 결정적인 영향을 미칠 것으로 전망했다. 이데올로기 영역에서의 미중 경쟁은 미국이 지지하는 '자유주의적 자본주의' 체제와 중국이 옹호하는 '권위주의적 자본주의' 내지는 '국가자본주의' 체제 간의 경쟁이 될 것이라고 내다봤다.

미국의 국가정보위원회가 2017년 1월에 발표한 보고서 『글로벌 트렌드 2035: 진보의 역설(Global Trends 2035: Paradox of Progress)』도 2012년 글로

Morning Post. October 1, 2018.

13) Leah Bitounis and Jonathon Price (eds.), *The Struggle for Power: U.S.–China Relations in the 21st Century* (Washington, DC: Aspen Institute, 2020).

벌 트렌드 보고서와는 달리, 향후 5년간 미국과 중국, 러시아 등의 국가들 간 긴장이 고조되고 국제 규범과 제도, 권력분배를 둘러싼 강대국들 간 경쟁이 격화될 가능성이 높다고 진단했다.[14] 특히, 중국과 러시아가 자국의 이익과 선호에 유리한 방식으로 국제 규범과 제도를 조정하고 주변국들에 대한 영향력을 확대하면서 미국의 영향이 지배적이지 않은 국제 질서를 형성하려는 시도를 확대하면서 미국과 이들 국가들 사이의 긴장이 고조되고 전략적 경쟁이 보다 치열해질 것으로 전망했다. 이 보고서는 미 대통령 취임 시기에 맞춰 출판되어, 트럼프 당시 미 대통령에게 직접 보고된 것으로 알려져 있다.

국제 규범과 제도를 둘러싼 미중 경쟁과 관련하여, 미국의 대표적인 군사·안보 싱크탱크인 랜드연구소(RAND Corporation)는 미중관계가 양국 간 협력 강화 속에서 제한적으로 경쟁하는 시나리오(A)에서 미국 주도의 국제 질서에서 중국이 영향력과 발언권을 확대하는 시나리오(B)로 전환되는 추세에 있으며, 향후 '이익경쟁'에서 '규범경쟁'으로 양국 간의 경쟁이 심화되고 중국이 새로운 규칙·규범 제정자로서의 역할을 추구하는 시나리오(C)로 전개될 가능성이 높다고 보았다([표 4] 참조).[15] 더 나아가, 미국의 또 다른 군사·안보 싱크탱크인 신미국안보센터(Center for a New American Security)의 엘리 래트너(Ely Ratner) 부센터장은 미국과 중국의 전략적 경쟁이 어떻게 전개되느냐는 향후 국제관계를 관장하는 규칙, 규범, 제도에 영향을 미칠 것이라고 지적하면서, 이러한 경쟁에서 미국 중심의 질서는 쇠퇴하고 아시아 혹은 그 이상에서 비자유주의적 중국이 지배하는 질서가 형성될 가

---

14) National Intelligence Council, *Global Trends 2035: Paradox of Progress* (2017).

15) Michael J. Mazarr, Timothy R. Heath and Astrid Stuth Cevallos, *China and the International Order* (Santa Monica, CA: Rand Corporation, 2018).

능성이 높아질 것이라고 전망했다.[16)

[표 4] 미중 경쟁 시나리오
(A): 미중 간 협력 강화 속 제한적 경쟁
- 미중 간 경제적 상호의존이 증대되고 다양한 분야의 협력 강화 요인이 여전히 유효 - 미국은 자국 채권의 최대 보유국이자 경제 대국으로 급성장한 중국의 지위를 인정하고 협력해야 할 필요성이 증대 - 향후 미중 양국은 상호 간 경쟁은 지속되지만, 양자관계의 본질을 훼손하거나 전면적 충돌을 초래할 정도의 대결구도는 회피
(B): 미국 주도의 국제질서 안에서 중국의 영향력과 발언권 확대 추구
- 중국은 미국의 국력이 점차 쇠퇴하고 있다고 인식 - 중국은 미국과 안정적이고 건설적 관계를 유지하는 동시에 대미 외교의 수동적이고 피동적 입장에서 벗어나 강대국의 위상에 부응하는 목소리를 표출하고자 함 - 중국은 미국 주도의 국제질서를 인정하는 가운데 향후 전개될 본격적 경쟁 국면에 대비하여 영향력과 발언권 확대 추구
(C): 미중 간 규범경쟁의 본격화, 중국의 새로운 규칙·규범 제정자로서의 역할 추구
- 향후 미중관계가 기존 '이익경쟁'에서 '규범경쟁'으로 확대될 가능성이 존재 - 중국은 국제사회의 규범이나 규칙을 따라가며 배우는 '학습자'에서 '규칙·규범 제정자'로의 변화를 모색

(미국 랜드연구소, 2018)
■ Mazarr et al.(2018)의 내용을 저자가 요약·정리한 것임

미국 하버드 케네디스쿨 벨퍼 센터가 제시한 미중 경쟁 시나리오(competitive scenario)는 미중 양국이 지역적 그리고 전 지구적 차원의 영향력을 둘러싼 전략적 경쟁을 하고, 양측은 장기적 분쟁 가능성에 대비하여 군비 확충을 가속화할 것이라고 전망한다.[17) 이와 관련하여, 미국 카네기국제평화재단은 미중 양국이 장기적으로 상호 간 군사적 의도 및 역량과 관련하여 불확

16) Ely Ratner, "Rising to the China Challenge," Testimony Before the House Committee on Armed Services United States House of Representatives 2nd Session, 115th Congress, February 15, 2018.

17) Rudd (2015).

실성과 불신이 남아 있기 때문에, 국방비 지출을 계속 늘리면서 군사력을 확충하거나 헤징 전략을 구사할 것이고, 이는 결과적으로 역내 군사 · 안보적 경쟁을 고조시킬 수 있다고 보았다.[18] 따라서 아시아에서 미중 간 전략적 경쟁이 격화됨에 따라, 정치 · 외교적 영역에서는 한반도에 대한 영향력, 주요 다자외교포럼과 다자기구에서의 지배적 영향력, 타이완 문제, 해양 영토 분쟁 등을 둘러싼 미중 간 제로섬 경쟁이 고조되면서, 대중국 견제를 위한 미국의 동맹 강화나 미국과 인도의 전략적 동맹 구축 등 역내 편가르기 경쟁이 본격화될 것으로 전망한다. 경제적 영역에서는 자원 경쟁 확대, 상호 무역과 투자 이익 감소, 경제시스템과 무역시스템의 개방성 축소로 인해 역내 협력 유인이 감소된다면, 아태지역에서 미중 간 무역, 투자, 에너지, 기술 분야에서의 제로섬 경쟁이 대두될 수 있다고 보았다. 군사적 영역에서는 높은 수준의 국방비 지출과 군비 확충을 요구하는 안보적 경쟁이 확대 · 격화되고, 제1, 제2 도련선과 그 이상을 통제할 수 있는 군사력을 둘러싼 군비 경쟁이 격화될 수 있다고 전망했다. 결국, 이러한 안보환경 하에서 미중 양국은 상대측의 국력과 영향력을 제한하지 않고서는 자국의 핵심 국가이익이 보장될 수 없다는 강한 믿음을 가지게 되면서, 아태지역에서 지역적 양극화와 군사화가 심화될 수 있다고 보았다. 이러한 중국의 역내 정치 · 경제 · 군사적 영향력의 확대와 미국의 영향력 약화에 따른 지역적 긴장과 불안의 점진적 증가, (현상유지 이상으로) 안보적 경쟁과 군비경쟁의 격화는 역내 분쟁 가능성을 높일 것이라고 전망했다. 더 나아가서, 국방비 지출 확대나 군사력 확충 경쟁이 반드시 아태지역 냉전을 발생시키는 것은 아니지만, 안보적 보장, 신뢰구축 조치, 위기관리 메커니즘의 부재 속

---

18) Swaine (2015).

에서 미중 양측 지도부의 전략적 목표의 변화나 정치·군사적 위기 상황에서의 오판 등의 조건 속에서 '아태지역 냉전'의 안보적 환경이 만들어질 가능성도 있다고 보았다.

안보적 측면에서 미국 싱크탱크들의 상당수는 향후 미중관계에서 양국 간 전략적 경쟁이 본격화되면서 전략적 우위를 확보하기 위한 안보 경쟁이 보다 심화될 가능성이 높다고 전망한다.[19] 특히 아시아에서 미중 간 세력 경쟁은 상호 간 궁극적인 의도와 능력에 대한 불확실성과 불신으로 인한 안보딜레마를 심화시키고, 이에 따라 양측은 전략적 우위를 확보하고 분쟁 가능성에 대비하기 위해 국방비 지출을 계속 늘리면서 군사력을 확충할 것이고 이는 결과적으로 역내 제로섬적 군비 경쟁을 고조시킬 수 있다고 우려한다. 미국은 막대한 재정적자에 허덕이고 있음에도 불구하고 트럼프 행정부 시기 미국의 국방비 지출은 지속적으로 증가했고 2020년 미국 국방예산은 전년보다 약 200억 달러(약 23조 7,200억 원)가 증가한 7380억 달러(약 876조 5,200억 원)로 역대 최대 규모였다.[20] 중국의 막대한 군사비 지출을 통한 군현대화와 첨단군사기술 개발 및 해외 첨단무기·장비·기술 획득, 전력투사능력 향상으로 아시아에서 미국의 군사적 우위가 사라지고 있

19) Aaron L. Friedberg, "Competing with China," *Survival* Vol. 60. No. 3 (2018), pp.7-64; Charles L. Glaser, "A U.S.-China Grand Bargain? The Hard Choice between Military Competition and Accommodation," *International Security* Vol. 39. No. 4 (2015), pp.49-90; David C. Kang, *American Grand Strategy and East Asian Security in the 21st Century* (Cambridge: Cambridge University Press, 2017); Derek Grossman, "Envisioning a 'World-Class' PLA Implications for the United States and the Indo-Pacific," Testimony submitted on July 1, 2019, to the U.S.-China Economic and Security Review Commission as a statement for the record for the hearing on June 20, 2019; Cortez A. Cooper III, "PLA Military Modernization: Drivers, Force Restructuring, and Implications," Testimony presented before the U.S.-China Economic and Security Review Commission on February 15, 2018; Timothy R. Heath, Kristen Gunness and Cortez A. Cooper III, *The PLA and China's Rejuvenation* (Santa Monica, Calif.: RAND Corporation, 2016).

20) 「美국방비, 2020년 역대 최대 근접… '미군 활동 확대'」, 『뉴스 1』, 2019년 4월 19일.

다는 위협인식이 커짐에 따라, 미국은 군사적 우위를 강화하기 위한 신흥 공간 및 사이버 전쟁 영역에 대한 투자 확대, 지상·해상·공중 영역에서의 전투능력 강화, 첨단 군사과학기술 개발·투자 확대, 병력 유지 및 준비태세 향상 등을 추진하고 있다.[21]

그뿐만 아니라, 미국은 인도-태평양 전략을 중심으로 아시아에 높은 전략적 우선순위를 두며 역내 안보동맹 및 안보 네트워크 강화, 미사일 방어체제 확대 등을 통해 아시아 지역에서 전략적 우위를 유지하고 중국과 러시아, 북한 등으로부터의 안보적 위협에 대처한다는 목표를 세우고 있다. 미국 인도태평양사령부 사령관 필립 데이비슨(Philip S. Davidson)은 2019년 2월 미국 상원 군사위원회에 출석하여 북한의 핵 위협, 중국의 대대적인 군 현대화, 러시아의 미국 국익 저해 행위가 인도-태평양의 평화를 지키는 데 가장 큰 걸림돌이라고 지적했다.[22] 그는 이 같은 위협에 대응하기 위해서 자유롭고 개방된 인도 태평양의 비전을 공유하는 동맹국들 및 파트너국들과의 협력을 강조했다. 현재 미국은 '자유롭고 개방된 인도-태평양(Free and Open Indo-Pacific: FOIP)'을 모토로 일본·호주·인도와의 쿼드(Quad) 연대를 강조하며 중국이 적극적으로 추진하고 있는 '일대일로'와 중·러 간 전략적 협력에 대한 견제를 강화하고 있다. 또한, 이전 트럼프 행정부는 중국과 러시아의 중거리 미사일 전력 증강에 대응하여 2019년 8월 '중거리핵전력조약(Intermediate-Range Nuclear Forces Treaty: INF)'에서 탈퇴하고 중거

---

21) The White House, *National Cyber Strategy of the United States of America* (Washington, D.C. The White House, 2018).

22) Philip S. Davidson, "U.S. Indo-Pacific Command before the Senate Armed Services Committee on U.S. Indo-Pacific Command Posture, Hearing on United States Indo-Pacific Command and United States Forces Korea," Dirksen Senate Office Building, Washington, DC, February 12, 2019.

리 미사일 발사 실험을 시작했으며 지상발사형 중거리 미사일을 아시아에 배치하고 싶다는 입장을 지속적으로 밝혀왔다. 이에 전문가들은 "냉전에서 물려받은 군비통제협정의 전체 네트워크가 붕괴되고 있는 시점이며 우리는 곧 냉전만큼 치명적인 군비 경쟁에 빠질 수 있다"고 경고했다.[23)

이처럼 아시아에서 미중 간 안보 경쟁이 격화된다면, 군사적 우위를 차지하기 위한 미중 간의 제로섬적 군비 경쟁과 역내 편가르기 경쟁, 대만 문제나 해양 영토 분쟁 등을 둘러싼 군사적 긴장이 고조될 가능성이 커질 수 있다. 2019년에 발표된 미 국방정보국(Defense Intelligence Agency: DIA) 보고서는 미국과 중국이 군사적으로 충돌할 위험이 가장 높은 지역으로 대만과 남중국해를 꼽았다.[24) 또한, 미국은 북한뿐만 아니라 중국과 러시아로부터의 위협에 대비하기 위한 미사일 방어시스템 확대와 중거리 미사일 배치 등을 지속적으로 추진해 나갈 것으로 보인다. 최근 조 바이든 미 행정부는 인도·태평양 지역에서 중국에 대한 억지력을 강화하기 위해 인도·태평양 사령부를 중심으로 오키나와에서 필리핀을 잇는 제1도련선을 따라 대중국 미사일망을 구축한다는 계획을 논의 중인 것으로 알려졌다. 이처럼 미국이 중국을 향한 군사적 견제를 본격화함에 따라 양국 간 군사적 경쟁이 점차 고조될 것으로 예상된다. 군사안보 영역에서 미중 간 전략적 경쟁이 치열해지면서 역내 편가르기 경쟁이 가속화된다면 지역 국가들은 미중 사이에서 정책적 모호성을 유지하는 것이 점점 더 어려워지면서 선택의 딜레마에 놓일 가능성이 높다.

---

23) 「美-러시아 新군비경쟁 치닫는다… '핵 통제 네트워크 붕괴됐다'」, 『매일경제』, 2020년 1월 14일; David Lague, "Special Report: U.S. rearms to nullify China's missile supremacy," *Reuters*, May 6, 2020.

24) Defense Intelligence Agency, *China Military Power: Modernizing a Force to Fight and Win* (Washington, DC: Defense Intelligence Agency, 2019).

4. 코로나19 팬데믹 이후 미중관계의 새로운 변화

최근 미중 간 전략적 경쟁이 본격화되는 시점에, 전 세계는 코로나19 팬데믹이라는 사상 초유의 글로벌 보건 위기에 직면해 있다. 전 세계를 휩쓸고 있는 코로나19 위기는 기존 강대국인 미국과 신흥 강대국인 중국의 국가적 위기관리 능력뿐만 아니라 국제적 리더십을 검증받는 중요한 시험대가 되고 있을 뿐만 아니라, 이러한 초국경적 보건 위기가 미중 간 협력을 증진시킬지 아니면 오히려 경쟁과 갈등을 심화시키는 촉매제 역할을 할지는 포스트 코로나 시대 미중관계의 미래를 가늠할 수 있는 중요한 시금석이 될 전망이다.

작년 말 중국 후베이(湖北)성 우한(武漢)에서 코로나19 확진자가 최초로 발견된 이후 2달여 만에 감염증이 전 세계로 급속하게 확산되면서 세계보건기구(World Health Organization, 이하 WHO)는 1월 30일 '국제적 공중보건 비상사태'(Public Health Emergency of International Concern, PHEIC)를 선포한 데 이어 3월 11일에는 코로나19에 대해 '팬데믹(pandemic)'을 선언했다. 코로나19가 최초로 발병한지 2달여 만에 중국의 누진 확진자 수는 8만 명을 넘어서고 사망자 수는 3천 명에 이르는 등 가파른 확산세를 보였지만 강력한 봉쇄 및 통제 조치를 실행한 결과 3월에 들어서면서 중국 내 코로나19 확산은 진정 국면으로 접어들었다. 반면에, 유럽과 북미, 중남미, 러시아, 인도 등지에서 지역사회로의 확산이 본격화되면서 전 세계 코로나19 확진자와 사망자 수가 가파르게 증가하였다. 미국은 3월 26일 중국을 제치고 세계에서 코로나19 확진자가 가장 많은 국가가 된 데 이어, 4월 11일에는 미국의 코로나19로 인한 누적 사망자 수가 이탈리아를 넘어서면서 세계에서 가장 많은 희생자를 낸 국가가 되었다.

코로나19 팬데믹 이후 미중 양국은 전 세계적인 보건 안보 위기에 공동 대응하는 국제적 협력 방안을 함께 모색하기보다는 오히려 코로나19의 진원지와 책임론을 둘러싸고 치열한 여론전을 펼치는데 치중하면서 양국 간 경쟁과 갈등은 더욱 심화되었다. 코로나19의 세계적 확산으로 대규모의 인명 피해를 입었을 뿐만 아니라 그 여파로 인한 경기 침체와 막대한 경제적 손실에 대한 우려가 커지면서, 코로나19의 최초 발원지와 관련한 논란의 중심에 있으면서 동시에 발생 초기 그 위험성과 전염성에 대한 은폐 및 축소, 부실 대응에 대한 의혹과 비판을 받고 있는 중국에 대한 책임론과 국제적인 반중 정서가 고조되었다. 트럼프 당시 미 대통령과 그 참모들은 지속적으로 중국책임론을 제기하며 연일 '중국 때리기(China bashing)'에 나섰고, 중국에 코로나19 확산에 대한 책임을 지우기 위해 추가 관세를 부과하는 방안도 고려하고 있음을 시사하며 압박의 수위를 높였다.[25] 이러한 트럼프 행정부의 움직임은 당시 11월 대선을 앞두고 코로나19 확산의 책임을 중국에게 돌림으로써 초기 대응 실패에 대한 미국 내 비판 여론을 분산시키고 지지 세력을 결집시키기 위한 정치적 계산이 반영되어 있었다고 볼 수 있다. 오바마 행정부에서 백악관 국가안보보좌관을 지낸 수전 라이스(Susan E. Rice) 전 보좌관은 당시 트럼프 대통령의 '중국 때리기'와 관련해 "역대 대선 후보들이 중국을 선거용으로 이용한 오랜 역사가 있지만, 트럼프 대통령은 코로나19 초기 대응 실패로 인해 대규모의 사망자와 실업자가 발생한 현실을 가리기 위해 중국 카드를 활용하려함으로써 올해 선거에서는 '중국 때리기'가 최고 수준에 도달할 것"이라고 예견하기도 했다.[26]

하지만 중국의 입장에서, 미국을 중심으로 제기되고 있는 중국책임론은

25) 「트럼프 '중국 우한 실험실이 발원지'… 코로나관세 부과 검토」, 『매일경제』, 2020년 5월 1일.

26) Susan E. Rice, "Trump Is Playing the China Card. Who Believes Him?" *The New York Times*. May 19, 2020.

중국 체제의 위기관리 능력뿐만 아니라 투명성과 개방성에 대한 근본적인 문제제기를 포함하고 있어서 중국 체제에 대한 외부적 도전으로 인식될 수 있다. 따라서 중국 체제의 우월성을 선전하며 애국주의를 부추겨 온 중국 지도부로서는 자국의 책임을 인정하는 것이 중국의 체제가 가지고 있는 취약성을 인정하는 것으로 비칠 수 있어 결코 용납할 수 없는 측면이 있다. 즉, 중국 지도부는 국내정치적으로 체제 정당성을 유지하고 외부적 도전에 대항하여 국내 여론을 결집시키기 위해 코로나19에 대한 중국책임론을 적극적으로 반박하며 강경하게 대응할 수밖에 없다. 국제사회에서 코로나19 기원과 확산에 대한 중국책임론이 고조되면서, 중국 외교관들은 대외적으로 중국의 방역 노력과 다른 국가들에 대한 의료 지원을 부각하고, 소위 '전랑(戰狼) 외교'[27]를 펼치면서 미국을 중심으로 제기되고 있는 중국책임론을 정면 반박하며 자국 정부의 입장을 공세적으로 대변하는 데 주력해왔다.[28] 특히, 중국책임론을 둘러싼 미국과의 여론전에서, 중국은 중국 정부가 강력한 방역 조치로 코로나19의 확산을 막음으로써 국제사회가 전염병을 방제할 시간을 벌어줬지만 미국 정부가 그 시간을 제대로 활용하지 못하고 늑장 대응으로 인한 초기 방역 실패의 책임을 중국에 전가함으로써 중국을 희생양으로 삼아 책임을 회피하고 코로나 사태를 정치적으로 이용하려 하고 있다고 주장하면서, 코로나19의 진원지와 확산의 책임을 놓고 미국과 한 치의 물러섬 없는 치열한 설전을 벌였다.[29]

---

27) '늑대전사 외교(wolf-warrior diplomacy)'라고 번역되기도 하는 중국의 '전랑 외교'는 중국 역대 최다 관객을 동원한 애국주의 액션히어로 영화인 〈특수부대 전랑(戰狼)〉 시리즈에서 그 명칭을 따온 것으로, 자국의 국익을 수호하기 위해 때론 상대국과의 대립도 불사하며 공세적이고 적극적인 외교를 펼치는 중국 외교관들의 강경한 외교적 언사와 행태를 일컫는다.

28) 「코로나19에 '트위터전' 벌이는 중국 외교관들…'늑대전사 자임'」, 『연합뉴스』, 2020년 3월 24일.

29) 「화춘잉, 美 일각 코로나19 발발 중국 책임론 주장에 '책임 떠넘기지 마라'」, 『인민망』, 2020년 4월 1일.

[그림 1] 미국인들의 중국에 대한 인식(%)

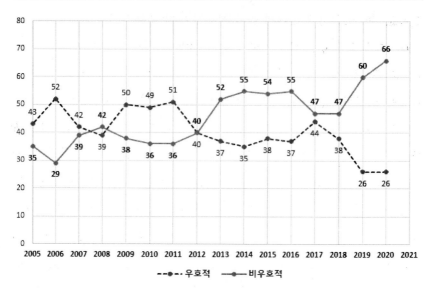

출처: 퓨리서치센터(Pew Research Center)의 미국 내 여론조사(2020.03.03~29).

[그림 2] 미국 민주당 지지층과 공화당 지지층 내 중국에 대한 부정적 인식(%)

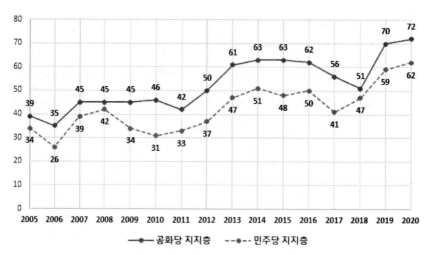

출처: 퓨리서치센터(Pew Research Center)의 미국 내 여론조사(2020.03.03~29).

궐위의 시대: 미국과 중국이 사는 법

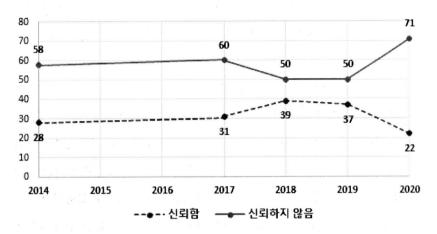

[그림 3] 미국인들의 중국 정부에 대한 신뢰(%)

출처: 퓨리서치센터(Pew Research Center)의 미국 내 여론조사(2020.03.03~29).
설문 문항: 시진핑 중국 국가주석이 국제문제와 관련해 바람직한 일을 하고 있다고 신뢰하는가?

  이처럼 미중 양국 지도부의 고도의 정치적 계산하에서 전개된 코로나19 책임론을 둘러싼 미중 간 여론전은 상호 간의 불신과 적대감을 고조시키면서 양국 간 경쟁과 갈등을 더욱 심화시켰다. 미국 내에서는 중국이 코로나19의 발원지로서의 책무를 다하지 않고 발생 초기 그 전염성과 심각성을 국제사회에 제대로 알리지 않아 확산을 촉진시켰다는 중국책임론이 대두되면서 중국에 대한 불신과 반감이 증대되었다([그림 1], [그림 3] 참조). 미국 여론조사 전문기관인 퓨리서치센터(Pew Research Center)가 코로나19의 미국 내 감염이 급속히 확산되기 시작한 3월 3일부터 29일까지 실시한 여론조사의 결과를 살펴보면,[30] 중국에 대한 부정적인 인식을 가진 응답자의

30) 퓨리서치센터(Pew Research Center)의 여론조사는 18세 이상의 미국인 1,000명을 대상으로 3월 3일~29일에 진행되었고, 표본오차는 ±3.7%이다. Kat Devlin et al., "U.S. Views of China Increasingly Negative Amid Coronavirus Outbreak" (2020), https://www.pewresearch.org/global/2020/04/21/u-s-views-of-china-increasingly-negative-amid-coronavirus-outbreak/.

비율이 전체의 66%로 이 기관이 2005년 첫 조사를 시작한 이래 가장 높게 나타난 반면에, 중국에 대한 긍정적 인식은 26%로 2년 연속 최저치를 보였다([그림 1] 참조). 민주당원과 민주당 지지 성향의 유권자들 중에서는 62%가 중국을 부정적으로 생각한다고 답변한 반면에, 공화당 지지층에서는 부정적 인식이 70%가량을 차지하는 것으로 나타났다([그림 2] 참조). 정치적 성향과 무관하게 미국 사회 전반에서 중국에 대한 반감이 증가하고 있음을 확인할 수 있다. 다른 한편, 중국 내에서는 미 행정부가 중국책임론을 제기하면서 초기 방역 실패에 대한 책임을 중국에게 떠넘기려하고 있다는 인식이 확산되면서 미국에 대한 불신과 극단적인 반미 정서가 고조되었다.[31] 결국 이러한 상호 간의 불신과 반감은 미중 간 경쟁과 갈등을 심화시키고, 그로 인해 초국가적 문제에 대한 대응에 있어서 양국 간 협력은 더 요원해질 것으로 보인다.

　미국은 이미 동맹국들 및 우방국들과 코로나19의 전 세계적 확산에 대한 중국책임론과 관련해 공동으로 목소리를 내는 방안을 논의한 바 있어, 미국을 중심으로 한 국제적 반중 기류는 더욱 고조될 전망이다.[32] 독일, 프랑스, 영국, 호주 등 서방 국가들이 중국책임론에 가세하여 코로나19의 발생 원인과 관련한 자료를 투명하게 공개할 것을 중국에 요구하면서 국제적 조사에 대한 국제사회의 지지를 촉구했으며, 유럽연합(EU)과 호주 등은 2020년 5월 열린 세계보건총회(WHA)에서 코로나19의 기원과 확산에 대한 독립된 국제적 조사를 요구하는 결의안을 제안하였고 만장일치로 채택되었다.[33]

---

31) 「중국 온건파 지식인들, 코로나19에 반미정서 거세지자 자제 촉구」, 『연합뉴스』, 2020년 4월 16일.
32) 「美, '中 책임론'에 동맹국 동참 압박⋯ EU도 '국제 조사' 촉구」, 『연합뉴스』, 2020년 5월 6일.
33) 「美·英·佛 책임론 압박 속⋯ 메르켈 '中, 코로나 원인 공개해야'」, 『중앙일보』, 2020년 4월 21일; 「중국, 호주의 코로나 근원조사 언급에 발끈⋯ '경제보복' 경고」, 『연합뉴스』, 2020년 4월 29일; 「WHO 총회, 코로나19 대응에 대한 독립적 조사 승인」, 『연합뉴스』, 2020년 5월 19일.

이에 중국은 러시아와 코로나19에 대한 대응과 관련한 양국의 공조를 강화하기로 합의하면서 미국을 중심으로 제기된 '중국책임론'에 맞서 공동 대응에 나섰다.[34] 이처럼 코로나19 발생과 확산의 책임을 놓고 미국과 그 우방국들을 중심으로 중국책임론과 반중 기류가 강화되고 이에 중국이 러시아와의 공조를 강화하며 맞대응에 나서면서, 신냉전적 구도가 형성될 수도 있다는 우려가 커지고 있다.

이에 일부 전문가들은 향후 미중관계 전망에 있어서 미중 간 경쟁을 넘어서 '대립 시나리오(confrontational scenario)'들을 제시하고 있다. 이들은 미국과 중국이 지난 40여 년간의 평화와 안정 속 성장과 번영의 시대를 뒤로하고 글로벌 패권을 놓고 공개적으로 경쟁하면서, 전 세계가 가치사슬(value chain)의 양극화, 이데올로기와 가치의 진영화, 군비 경쟁을 특징으로 하는 "신냉전(New Cold War)" 혹은 "냉전 2.0" 시대로 접어들 수 있다고 우려한다.[35] 이러한 관점에서, 이들은 미중 간 갈등이 통상 문제를 넘어 글로벌 가치사슬, 군사안보, 체제·이데올로기 영역으로까지 비화될 위험성을 안고 있다고 지적하면서, 이에 따라 정치·경제·안보 영역에서 미중 간 편 가르기 경쟁이 본격화된다면, 지역 국가들은 미중 사이에서 정책적 모호성을 유지하는 것이 어려워지고 점차 양쪽으로 나뉘어 진영화되는 신냉전적 구도가 형성될 수도 있다고 전망한다.

---

34) 「중러 정상, 美의 코로나19 '중국 책임론' 제기에 공동 대응」, 『연합뉴스』, 2020년 4월 17일.

35) Kenneth R. Weinstein, "A New Cold War Between the US and China." *ASPEN Review* No. 1 (2019), pp.11–14; Robert D. Kaplan, "A New Cold War Has Begun." *Foreign Policy* January 7, 2019; Finbarr Bermingham and Wendy Wu, "China and US in new 'cold war' that is 'more difficult' than Soviet-era, says former US Ambassador to China," *South China Morning Post*, September 20, 2019; Niall Ferguson, "The New Cold War? It's With China, and It Has Already Begun," *The New York Times*, December 2, 2019; Don Lee, "Coronavirus pandemic pushes U.S. and China closer to cold war," *Los Angeles Times*, April 7, 2020.

일부 전문가들은 이러한 시나리오들이 현실화된다면 미중 경제의 '탈동조화(decoupling)'가 가속화되면서 세계경제가 양립 불가능한 두 개의 플랫폼 또는 경제 블록으로 분할될 수 있다고 경고한다.[36] 그렇게 된다면, 상품과 서비스, 자본, 노동, 기술, 데이터의 무역이 상당히 제한되고 디지털 활동 영역도 파편화될 것이고, 글로벌 가치사슬 안에서 긴밀히 연결되었던 공급체인과 기술 표준이 미중을 중심으로 양분되면서 모든 국가는 선택을 강요당하고 세계는 탈세계화의 긴 여정에 들어갈 수 있다고 전망한다. 그 결과, 전 지구적 차원에서 혹은 지역적 차원에서 '양극화된 가치사슬(polarized value chain)'이 형성될 수도 있다고 지적한다.[37] 그뿐만 아니라, 미중 간 갈등이 군사안보적 영역으로까지 확대된다면, 타이완 문제와 동·남중국해 문제 등으로 미중 간 군사적 긴장이 고조될 위험성이 커지고, 역내 미중 간 군비 경쟁이 가속화되면서 양측을 중심으로 한 지역 안보 블록화가 진행될 수도 있다고 경고한다.

보다 근본적인 문제는 미중 간의 첨예한 상호 공방 속에서 양국 간 체제·가치·이념의 이질성이 보다 명확히 드러나면서 불신과 갈등의 골을 깊게 하고 있다는 데 있다. 결국 이러한 상호 간의 불신과 반목은 미중 간 세력경쟁을 더욱 심화시킬 뿐만 아니라 더 나아가 양국 간의 체제·이데올로기 경쟁으로까지 비화될 수 있다. 심지어, 일부에서는 '서구 대 비서구'의 가치관과 세계관의 차이 등으로 인한 '문명충돌론'이 제기되기도 한다. 카이론 스키너 당시 미국 국무부 정책기획국장은 2019년 4월 워싱턴에서 열린 '미래안보 포럼'에서, "(미국의) 중국과의 경쟁은 미국이 이전에 경험해

---

36) Keith Johnson and Robbie Gramer, "The Great Decoupling," *Foreign Policy*, May 14, 2020.
37) 「韓, 글로벌 밸류체인이 美·中으로 양분될 가능성 대비해야」, 『한국경제』, 2019년 10월 18일.

보지 못했던 진정으로 다른 문명, 다른 이데올로기와의 싸움이다. 중국 체제는 서구의 철학과 역사에서 탄생한 게 아니다. 미국이 백인(Caucasian)이 아닌 대단한 경쟁자를 가지는 것은 처음이다"라고 언급했다.[38] 이는 지난 냉전시기 미·소 경쟁이 서구문명권 내부에서의 싸움이었다면, 미중 경쟁에는 새뮤얼 헌팅턴이 말한 서로 다른 문명권 간의 '문명충돌'적 요소가 있음을 지적한 것이다.

5. 전략경쟁의 심화

이처럼 미중 간 '경쟁'과 '대립'에 초점을 맞춘 향후 미중관계 전망들이 점증하고 있다는 사실은 이에 대비한 미국의 대중국 정책의 강경화가 지속될 가능성을 시사한다. 미 국방부는 2019년 6월 발표한 '인도－태평양 전략보고서(Indo-Pacific Strategy Report)'에서, 중국이 지역 패권을 추구하면서 현대화된 군사력, 강압적 조치, 경제적 수단을 동원하여 기존의 규칙기반 질서(rule-based order)를 자국에 유리한 방향으로 재편하려하고 있다고 주장하면서, 중국이 현 질서를 무너뜨리려 한다면 이를 그냥 좌시하지는 않겠다는 의지를 재차 강조했다.[39] 뿐만 아니라, 2020년 5월 미국 백악관은 "미국의 중국에 대한 전략적 접근(United States Strategic Approach to The People's Republic of China)"이라는 제하의 보고서를 통해, 중국이 미국의 경제·안

---

38) Mark Magnier, "Slip-up or signal? What US official's 'clash of civilisations' remarks suggest," *South China Morning Post*, May 25, 2019.

39) The U.S. Department of Defense, *Indo-Pacific Strategy Report: Preparedness, Partnerships, and Promoting a Networked Region* (2019).

보·가치에 가하는 위협을 지적하면서 중국에 대한 범정부적 차원에서의 경쟁적 접근(competitive approach)을 강조하였다.[40] 이 보고서에서, 미 행정부는 자유, 개방, 법치에 근거한 국제질서를 약화시키려는 중국의 행동을 용납하지 않을 것이고, 중국의 도전에 대응하여 미국의 우세를 점하기 위해 동맹국들 및 파트너 국가들과의 협력을 강화하고, 중국이 미국의 핵심적인 국익 및 동맹국들과 파트너 국가들의 이익에 유해한 행동을 중단 및 축소하도록 강제하겠다고 선언하였다. 이는 코로나19 팬데믹 이후 사실상 미국이 중국에 대한 신냉전을 선포한 것으로 평가받고 있다. 분명한 것은, 미국의 대중국 정책 기조가 미중 수교 후 지난 40여 년간 지켜왔던 중국과의 '전략적 협력' 기조에서 '전략적 경쟁'으로 수정되었고, 더 이상 "관여"가 아니라 "경쟁"이 미국의 대중국 정책의 핵심 키워드가 되었다는 점이다.

지난해 미 대선에서 민주당의 조 바이든(Joe Biden) 후보가 당선되면서 미국에는 새로운 행정부가 들어섰지만, 미국의 대중국 정책에 있어서 경쟁적 접근에는 이미 초당적 공감대가 형성되어 있고 바이든 역시 선거 운동 기간에 대중 강경책을 유지하겠다는 입장을 여러 차례 밝힌 상태라, 미국의 대중 강경 기조에는 큰 변화가 없을 것으로 보인다. 바이든 대통령은 지난해 봄 포린 어페어스(Foreign Affairs)지에 "왜 미국이 다시 세계를 이끌어야만 하는가(Why America Must Lead Again)" 제하의 기고문을 발표했는데, 여기에서 "미국은 중국에 강경해질 필요가 있다"라면서 중국에 맞설 가장 좋은 방법은 동맹과 '통합 전선'을 형성하는 것이라며 "우리가 동료 민주주의 국가와 함께 힘을 합친다면 우리의 힘은 배 이상 늘어난다. 중국은 전세계 경제의 절반 이상을 무시할 여력이 없을 것"이라고 강조했다.[41] 이런

---

40) The White House, *United States Strategic Approach to the People's Republic of China* (Washington, D.C. The White House, 2020).

점에서 보면, 바이든 행정부는 대중국 강경 기조를 이어나가겠지만, 이전 트럼프 행정부의 미국 우선주의, 동맹국들에 대한 과도한 방위비 분담 요구, 징벌적 관세 부과, 등으로 깨진 동맹관계를 재정비함으로써 동맹의 복원을 통해 중국에 대한 전방위적인 압박을 강화할 가능성이 커 보인다. 이에 동맹을 중시하는 바이든 대통령이 대중 견제용 다자안보협의체 '쿼드(Quad)' 등을 중심으로 인도·태평양 지역에서 반중 연대를 강화할 것이란 전망도 나오고 있다. 또한, 바이든 대통령은 트럼프 전 대통령이 탈퇴했던 국제기구·조약에 재가입하겠다고 밝혀왔고 "동맹국들과 힘을 합쳐 환경·노동·무역·기술 및 투명성 관련 규칙을 제정해야 한다"고 주장해왔음을 고려할 때, 국제기구와 다자제도에서의 주도권과 규칙 제정 문제를 둘러싼 미중 간의 경쟁이 보다 치열해질 것으로 예상된다. 또한 역대 민주당 정권은 인권과 민주주의를 중시해왔고, 바이든은 국제사회 및 미국 내 민주주의를 회복하는 것을 우선 목표로 하고 있기 때문에, 홍콩 보안법, 신장(新疆) 인권 문제, 티베트 문제 등을 무기로 중국을 압박할 가능성이 커질 것으로 보인다. 바이든 대통령은 지난해 중국 내 소수민족 위구르에 대한 인권 탄압을 "인종 청소(제노사이드·genocide)"라고 까지 표현하며 중국 정부를 강하게 압박한 바 있다.[42]

그뿐만 아니라, 전 세계를 휩쓸고 있는 코로나19 팬데믹 이후 미중 양국은 전 세계적인 보건 안보 위기에 공동 대응하는 국제적 협력 방안을 함께 모색하기보다는 오히려 코로나19의 진원지와 책임론을 둘러싸고 치열한 여

---

41) Joseph R. Biden, "Why America Must Lead Again: Rescuing U.S. Foreign Policy After Trump," *Foreign Affairs* (March/April, 2020).

42) Edward Wong, Michael Crowley and Ana Swanson, "Joe Biden's China Journey," *New York Times*, September 6, 2020.

론전을 펼치는 데 치중하면서 양국 간 경쟁과 갈등은 더욱 심화되었다. 미중 양국 지도부의 고도의 정치적 계산하에서 전개된 미중 간 여론전은 상호 간의 불신과 적대감을 고조시켰고, 그로 인해 초국가적 문제에 대한 대응에 있어서 양국 간 협력은 더 요원해질 것으로 보인다. 보다 근본적인 문제는 이러한 첨예한 상호 공방 속에서 양국 간 체제·가치·이념의 이질성이 보다 명확히 드러나면서, 양국 간 세력경쟁이 전 지구적인 체제·이데올로기 경쟁으로까지 비화될 가능성이 있다는 데 있다. 미국은 이미 동맹국들 및 우방국들과의 민주주의 연대(coalition of democracies)를 통해 대중국 견제를 강화하고 있어, 미국을 중심으로 한 국제적 반중 기류는 더욱 고조될 전망이다. 이에 중국이 러시아와의 공조를 강화하며 맞대응에 나서면서, 신냉전적 구도가 형성될 수도 있다는 우려가 커지고 있다.

이러한 국제정세 변화 속에서, 향후 미중관계 전망에서도 미중 간 전략적 경쟁이 심화되고 장기화될 가능성이 높게 점쳐지고 있다. 앞서 살펴본 미중관계 전망 시나리오 분석과 최근 미중관계에서 나타나는 이러한 주요한 경향들을 종합적으로 고려해보면, 미중 간 제한적 경쟁 속 '협력'과 '협업' 중심의 낙관적 전망이 단기간에 부활할 가능성은 낮고, 향후 미중 간 다면적이고 복합적인 경쟁이 지속적으로 전개되고 경제·외교·안보적 현안들에서 양국 간 갈등이 빈번하게 고조되는 것은 불가피할 것으로 보인다.

12장|

결론을 대신해*

이 희 옥**

"중국이 변하기 전에는 세상이 안전할 수 없다"는 미국의 인식은 두 가지 차원이 있다. 하나는 미·중 수교 당시 건설적 관여를 통해 중국을 변화시켜야 한다는 이른바 '키신저질서'이고[1] 다른 하나는 경쟁적 접근을 통해 중국을 '강제적'으로 변화시켜야 한다는 선교 이상주의이다. 후자는 '힘을 통한 평화'를 표방한 트럼프 정부에 이어, '동맹과 다자의 방식'이라는 외교적 형식(manner)의 차이에도 불구하고 바이든 정부도 계승하고 있다. 미국 외교가 '중산층'을 위한 외교를 강조하면서 '자유주의' 없는 국제질서에 주목한 것은 어떤 점에서 자연스러운 현상이다.[2] 특히 바이든 대통령은 체제경

---

* 이 글은 이희옥, 「중국외교의 전환과 한중관계의 재구성」, 최진욱 편, 『신외교안보방정식』(전략문화연구센터, 2020), pp. 259-282; 이희옥, 「바이든 시대 미·중 전략경쟁과 한국의 외교전략」, 『동아시아정책논쟁』(동아시아재단, 2017.4.27)을 수정 및 보완한 것이다.
** 성균관대학교 정치외교학과 교수, 성균중국연구소장.

1) Gideon Rachman, "The Asian strategic order is dying," *Financial Times* (Aug. 5, 2019).
2) David A. Lake, Lisa L. Martin and Thomas Riss, "Challenges to the Liberal Order: Reflections on International Organization," *International Organization* Vol.75 (Spring 2021), pp.225-257.

쟁이라는 냉전적 언어를 구사하면서 홍콩의 민주주의, 신장-위구르 지역의 인권문제, 글로벌 가치사슬체계의 디커플링 등 전방위적으로 중국을 압박하고 있다.

한편 중국은 패권을 추구할 의지와 능력이 없고, 중국모델과 사회주의이념도 중국 현실에 적용될 뿐 수출용이 아니며, 여전히 개발도상국의 대국이라고 강조하고 있다. 그러나 미국 국내총생산의 70% 수준까지 추격하는 등 체제에 대한 자신감이 증가하면서, 미국의 패권주의와 일방주의에 대한 순응을 거부하고 신형 국제질서를 제시하는 등 적극적 외교로 전환하면서 지구전(持久戰)에 대비하고 있다. 특히 미·중 전략경쟁을 계기로 '백년대변국'이라는 위기의식을 주입하면서 공산당의 지배와 마르크스주의를 다시 호명하는 등 '정체성의 정치'를 추구하고 있다.[3]

이처럼 미·중갈등이 적어도 사건(accident)의 차원이 아니라 국면과 구조에 영향을 주고 있고, 국제질서의 불확실성, 불안정성, 예측 불가능성도 증가하면서 이에 대한 전망과 중국의 대응을 둘러싸고 다양한 해석과 평가가 등장했다. 특히 독자적 이데올로기와 경제체제 그리고 군비경쟁에 따른 안보 딜레마가 나타나면서 재냉전 또는 신냉전의 출현 가능성도 제기되고 있다. 그러나 과거 냉전과는 달리 무기화된 상호의존(weaponised interdependence)이 작용하고 있고, 중국의 국력이 현상(status quo) 변경을 시도할 수준이 아니라는 평가도 있고, 미국이 사회주의 부상의 성격을 변경하기 전까지는 지속적으로 중국을 견제, 압박할 것이라는 점에서 새로운 냉전의 입구에 도달했다는 평가도 있다.[4]

---

3) 习近平, 「关于坚持和发展中国特色社会主义的几个问题」, 『求是』 第7期 (2019).

4) Niall Ferguson, "The New Cold War? It's With China, and It Has Already Begun," *New York Times* (Dec. 2, 2019); Hunter Marston, "The U.S.-China Cold War Is a Myth"

첫째, 미국 내에서 미·중 경쟁을 보는 시각은 민주당 내 진보파가 주장하는 탈패권, 오바마 정부와 같은 전통적 관여, 전략적 경쟁론, 체제 전환을 요구하는 전면적 대결론이 있다. 그러나 단기적으로 바이든 정부의 외교적 수사에도 불구하고 체제경쟁의 한계가 있다는 점에서 전략적 경쟁이 주류를 이루고 있다. 구체적으로는 경제와 기술영역에서의 경쟁, 보건과 핵레짐 그리고 기후변화 등 글로벌 이슈에서의 협력, 군사와 이념영역의 대결로 구성했다.

둘째, 미·중갈등에 대한 중국의 대응 담론이다.[5] 미·중 전략경쟁이 전방위적으로 심화, 퍼질 것이기 때문에 근본적 전략적 대응이 필요하다는 강경론, 바이든 정부의 의지에도 불구하고 현실적으로 민주주의 동맹 연합을 통한 대중국 정책이 성과를 거두기 어렵다는 점에서 전략적 유연성이 필요하다는 신중론, 미국의 도전에 맞서 기술 자주화 등 내부정비가 필요하다는 준비론, '미국이 때려도 중국을 동정하는 나라가 없는' 상황에서 주변 지역에 대한 매력 공세(charm offensive)를 강화해야 한다는 자성론 등이 혼재해 있다. 시진핑 정부는 종합국력의 한계를 인정한 상태에서[6] 준비론과 신중론이 우세한 가운데 중국의 체제, 이념, 발전권에는 강경한 대응을 결합하고 있다.

---

https://foreignpolicy.com/2019/09/06/the-u-s-china-cold-war-is-a-myth/ (검색일: 2019. 10.02).

5) 이희옥, 「미국의 대중 압박에 어떻게 참여할지 정교한 대응 준비해야」, 『중앙일보』, 2020.11.25; 吳心伯, 「论中美战略竞争」, 『世界政治与经济』 2020年 第5期 (2020), pp.99-104.

6) Michael Beckley, "The Power of Nations: Measuring What Matters," *International Security* Vol. 43, No. 2 (Fall 2018) (검색일: 2019.08.02).

1. 미·중 전략경쟁의 심화와 '정체성 정치'의 충돌

　미국은 중국을 기독교화, 자유화, 민주화하고자 하는 오랜 꿈이 있었고 자본주의 국제질서에 편입시켜 협력적인 국가로 만드는 것이 효과적 방법이라고 생각했다. 2001년 중국을 세계무역기구(WTO)에 가입시킨 것도 이러한 이유 때문이었다. 그러나 9.11 사건과 2008년 미국발 금융위기로 인해 미국외교의 중점을 중동 전선과 국내 경기회복에 집중하는 동안 중국은 소극적 개방과 적극적 경기부양을 통해 오늘의 중국을 구축했다. 미국으로서는 중국을 제어할 수 있는 최적의 타이밍을 잃었다. 이런 점에서 2018년부터 본격화된 무역 갈등은 대중국 견제를 위한 마지막 전략적 기회였다. 더구나 미국인의 중국에 대한 비호감과 반중 정서가 미·중수교 이후 최대치로 높아진 상황에서[7] 공화당과 민주당을 막론하고 중국 때리기(China Bashing)는 미국의 국내정치 통합을 위해서도 유용한 카드였다.

　바이든 정부는 오바마 정부의 대중국 정책을 계승하면서도 포용적 접근의 한계를 인식하고 있고, 오히려 트럼프 정부의 미·중 무역 전쟁과 대중국 정책을 선택적으로 수용하면서 경쟁적 접근 노선을 분명히 했다. 따라서 미·중 관계는 무역 불공정, 화폐, 기술을 둘러싼 갈등을 넘어 제도와 이데올로기를 문제 삼는 등 전방위적으로 발전하고 있다.[8] 〈미국의 국가안보 전략 잠정지침〉에서는 중국을 세계를 위협하는 유일한 경쟁자로 규정했고,

---

7) 2021년 3월 Gallup 조사 기준, 미국인의 대중국 호감도는 20%로 미중 수교 이래 최악이며 Pew Research Center 조사결과는 공화당원의 70%와 민주당원의 60%가 중국에 대해 부정적이었다. https://news.gallup.com/poll/1627/china.aspx(2021/04/28). https://www.pewresearch.org/global/2020/04/21/u-s-views-of-china-increasingly-negative-amid-coronavirus-outbreak/ (2021/04/28); https://news.gallup.com/poll/1627/china.aspx (검색일: 2021.04.28).

8) Irwin Stelzer, "Don't call it a trade war," *The American Interest* (Aug. 13, 2019), https://www.hudson.org/research/15248-don-t-call-it-a-trade-war (검색일: 2019.12.02).

55개의 동맹과 동류 국가(like minded countries) 국가들과 함께 민주주의를 세계적 차원으로 확신시켜 글로벌 리더십을 확보하고자 했다.9) 구체적으로는 중국의 '주변'인 인도-태평양 지역을 중심으로 다양한 전략을 투사했다. 비록 제1차 쿼드정상회의에서 발표한 〈쿼드의 정신(The spirit of the Quad)〉에서 중국을 구체적으로 명시하지 않았지만, "인도·태평양과 이를 넘어 안보와 번영을 증진하고 위협에 맞서기 위해 자유롭고 개방적이며 규범에 기초하고 국제법에 기반한 질서의 증진에 전념한다"10)는 점을 분명히 했다. 이것은 중국 주도의 지역 협력체와 일대일로 이니셔티브의 확산을 차단하기 위한 것이었다.

반면 중국도 2021년 중국공산당 창당 100년, 2022년 제20차 중국공산당 전국대표대회를 계기로 중국의 가치에 정당성을 부여하고 있다. 특히 미국이 금융위기, 대통령선거, 코로나 방역 등의 자본주의, 민주주의, 거버넌스 위기를 겪자 이를 체제 정당성을 강화하는 계기로 삼았다. 이 과정에서 중국은 정치사회 영역 전반에서 공산당의 지배력을 확대하고 애국주의 캠페인을 전개하면서 중국의 길을 걷는다는 것을 분명히 했다. 더구나 중국의 부상에 따른 대중의 민족적 자부심(national pride)이 대외정책에도 투사되기 시작했다. 따라서 중국은 미국의 대중국 정책에 대해 과거 순응과 적응 전략을 버리고 사안에 따라 '대응'전략을 고수하고 있다.

특히 이것은 새로운 게임체인저로 등장한 과학기술의 표준경쟁으로 전개될 전망이다. 미국의 〈국가안보전략 잠정지침〉에도 인공지능, 양자 컴퓨

---

9) President Joe Biden, *Interim National Security Strategic Guidance* (White House, Mar. 2021).

10) White House, *Quad Leaders' Joint Statement: "The Spirit of the Quad."* https://www.whitehouse.gov/briefing-room/statements-releases/2021/03/12/quad-leaders-joint-statement-the-spirit-of-the-quad/ (검색일: 2021.05.28).

팅과 같은 신흥기술을 둘러싼 경쟁이 세계의 판도를 바꿀 것이라고 점을 적시했다. 특히 미국은 디지털 권위주의를 활용해 거대한 빅 데이터를 여과 없이 수집하고 이를 기술과 산업에 응용하는 중국의 '기술독재'를 문제 삼았다. 실제로 국가안보를 이유로 중국 화웨이사의 통신장비 규제와 반도체 공급망 공백을 메우기 위해 동맹국의 참여를 요구했다. 한편 중국도 "10년 동안 하나의 칼을 간다(十年磨一劍)"는 정신으로 과학기술의 도약을 독려하고 있고, 〈제14차 5개년 규획〉에서는 '제조중국 2025'를 발전시킨 '과학기술 혁신 2030 중점 프로젝트'를 제시하는 한편 군민융합을 통해 정책 시너지를 제고하고 있다.[11] 이렇게 보면 향후 미중관계는 갈등의 피로가 누적되기 전까지는 전선이 확대되면서 한반도, 대만해협, 남중국해 등 동아시아 균열대(fault line)에서 우발적 충돌이 나타날 가능성도 배제하기 어렵다.

문제는 코로나 팬데믹 이후 중국경제가 빠른 회복력(resilience)을 보이는 상황에서 미국은 패권의 쇠퇴를 부분적으로 늦출 수는 있지만, 이를 온전하게 복원하기는 쉽지 않으며, '동맹국과 함께'라는 것도 역설적으로 '미국 홀로서기'가 어렵다는 것을 반증한다. 또한 세계에 대한 위협이 권위주의와 독재체제에 있다는 미국식 접근법에 많은 국가가 공감할 것이라는 전제가 있으나, 미국과 동맹국가 사이에서 중국에 대한 위협과 국가이익에 대한 인식 차이가 있고, 미국도 대중국 견제에 참여한 국가들에 구체적인 클럽이익(club goods)을 제공하기 어렵다는 한계가 있다. 실제로 쿼드 정상회의에서도 대중국 견제를 명시하는 공동성명을 발표하지 못했다.

결국, 미국이 기후변화, 핵 비확산, 글로벌 보건안보, 군비축소 등의 영역에서 실용적이고 성과지향적(result-oriented) 정책을 추진하기 위해서라도

---

11) 李克強, 「2021年政府工作報告」, http://www.gov.cn/zhuanti/2021lhzfgzbg/index.htm?_zbs_baidu_bk&ivk_sa=1024320u (檢索日期: 2021.05.30).

중국의 협력을 필요로 한다. 더구나 바이든의 지지기반은 러스트 벨트의 백인 노동자가 아니라, 중국과의 교역과 투자에서 흑자를 기록하고 있는 실리콘 밸리라는 점에서도 미·중 전략경쟁의 장기화는 중산층을 위한 외교정책을 관철하는 데도 부담이다. 뿐만 아니라, 미래산업을 이끄는 거의 모든 영역에서 미국은 기술적 우위를 가지고 있으나, 기술과 시장의 성격이 변하고 있다. 즉 막대한 중국시장이 없이는 미국의 부가가치 사슬체계를 완성하기 어렵다. 이러한 점에서 중국이 기획된 정치적 동원 기제를 완화하고, 미국이 호응할 경우 '갈등 속 협력'의 국면이 나타날 수도 있다.

2. 한국의 전략적 선택지

바이든 정부의 가치외교가 중국과의 체제경쟁의 성격을 띠고 있다는 점에서 한국외교의 전략적 모호성의 공간이 좁아지면서 새로운 정책 방향에 대한 다양한 논의가 등장했다. 우선 한국외교의 가치를 선제적으로 제시하고 중국으로부터의 제한적 손상(limited damage)을 감수해야 한다는 편승론이 있다. 구체적으로 한미동맹 강화, 쿼드협력체 참여, 중국에 대한 무역의존도 축소, 한중관계 위상의 상대적 격하 방안을 제시한다. 이것은 한미동맹을 강화할수록 중국이 한국의 전략적 가치를 주목할 것이라는 보는 것이다. 이와는 달리 미·중 관계와 한반도 문제를 최대한 분리하고 역내 진영구도를 완화하며, 다자주의를 통해 위험을 분산하고 한반도 문제의 중심성(centrality)을 확보해야 한다는 현실론이 있다. 한국외교는 이러한 정책 공간의 범위에서 실사구시적으로 접근할 수밖에 없다.[12]

첫째, 가치외교의 문제이다. 한국은 민주주의, 인권, 시장경제, 자유무역,

다자주의를 존중하는 국가 정체성을 발신할 필요가 있다. 그러나 지정학, 지경학, 지문화적으로 긴밀한 관계를 맺고 있는 한중관계의 모든 핵심사안을 가치와 동맹으로 환원하기 어렵다. 현실적으로 한반도 평화관리를 위한 중국 역할론의 필요성, 대체시장 없는 탈중국화의 위험, 한중 간 교역과 투자 규모를 고려할 때 편승의 위험을 과소평가하기 어렵다. 따라서 주권과 가치문제를 구분하고, 동류 국가와 함께 다자주의를 적극 활용하며, 사안별로 선택적으로 지지와 반대를 표명하고 공개와 비공개 방식을 결합할 필요가 있다.

둘째, 새로운 지역질서 개편에 대한 참여의 수준과 범위이다. 미국은 중국을 포위 압박하기 위해 인도 태평양 전략을 본격적으로 전개하고 있다. 중국도 자국이 주도하는 AIIB 설치와 RCEP 체결을 주도했으며 심지어 타국이 주도하는 CPTPP에도 가입 의사를 밝히는 등 새로운 변화를 모색하고 있다. 이런 상황에서 한국은 개방적 다자협력에 모두 참여하는 확대균형(extended equilibrium)을 모색하는 한편 다른 국가를 자연적으로 배제하는 협력체 참여에 대해서는 신중할 필요가 있다. 따라서 인도 태평양 구상이 군사전략인지 보편적 가치와 지역 협력을 추구하는가에 따라 선택의 범위와 강도를 달라질 수 있다. 그리고 중국의 일대일로 이니셔티브에 대해서도 양해각서(MOU), 제3국 진출, 공동 협력 사업 등 다양한 선택지가 있고, 경제번영구상(EPN) 가입문제도 세계무역기구(WTO) 같은 다자체제 방식과 신북미자유무역협정(USMCA) 같은 배타적 방식인가에 따라 정책선택이 달라질 수 있다.

셋째, 탈중국화와 대중국의존도의 축소문제이다. 한국의 대중국 교역의 존도는 25%로 미국과 일본의 교역량의 합보다 많다. 더구나 문제는 최대시

---

12) 김기정·이희옥 외, 『미중 경쟁과 한국의 외교 유연성』 (국가안보전략연구원, 2021), pp.109-131.

장인 중국에서 혁신하고 생존하지 못하는 한 글로벌기업으로 성장하기 어렵다. 미국이 기술적 디커플링을 시도하고 있으나, 과거와 달리 자본·기술이 시장을 지배하는 구조가 변했고, 글로벌 가치사슬을 폐기하고 수익보다 안보를 고려하는 공급망 전략도 한계가 있다. 더욱이 미국이 한국의 리쇼어링과 니어쇼어링을 요구하면서도 이에 따른 반대급부를 제공해 주지 못하고 있다. 다시 말해 미·중 간 완전한 디커플링이 현실적으로 불가능하고,[13] 미·중 관계도 협력과 갈등을 반복하는 상황이 나타날 수 있다는 점에서 참여의 범위와 방식을 탄력적으로 결정할 수밖에 없다.

넷째, 미국 전략자산의 한반도 전개에 대한 입장이다. 미국이 전략적 안보이익을 확보하기 위해 한반도에서 사드(THAAD) 추가배치와 미사일 및 핵 전략자산 배치를 요구하고 중국은 다양한 보복수단을 동원해 이를 저지하는 구도가 작동하고 있다. 즉 미국은 동맹의 신뢰를 문제 삼고 있고 중국도 한중 간 '전략적 협력동반자 관계'의 의미를 묻고 있다. 이런 점에서 미·중 관계와 한반도 문제를 최대한 분리하면서 한반도의 안보 민감도를 낮추면서 평화의 제도화를 공고화할 필요가 있다. 결국, 사안을 얼마나 잘게 쪼개 조합해 패키지딜(package deal)을 만들 수 있는 능력이 미·중 전략경쟁에서 선택을 강요당하지 않고 능동적이고 유연한 정책을 만들 수 있게 한다.

미중관계를 전망하고 한국의 전략적 대응 방향을 모색하는 데 있어서 염두에 두어야 할 것은 미래는 고정된 것이 아니며, 함께 만들어가는 것이라는 점이다. 우리는 흔히 전망(foresight)은 미래를 예측하는 행위라고 생각하지만, 전망과 예측(prediction)은 차이가 있다. 예측은 결정론적(deterministic)

---

13) 이희옥, 「「완전한 디커플링이 불가능한 미·중 반도체 전쟁」, 『서울경제』, 2021.4.28.

이고 정적인(static) 반면에, 전망은 미래의 서로 다른 대안들을 상상하고 어떻게 거기에 이를 것인가를 추적하는 지적 활동이다. 미래는 다가올 세상에 대한 하나의 발상(發想)이며, 전망은 결코 하나의 미래에 관한 것이 아니라, 서로 다른 가능한 '미래들'에 관한 것이다. 따라서 성공적인 전망은 비관론(pessimism)처럼 미래에 대한 두려움을 심어주는 것이 아니라, 우리들이 바라는 미래를 만들어가기 위한 행동을 촉진하는 것이다. 인간이 미래를 전망하고자 하는 것은 단순히 미래를 예측하기 위해서만은 아니며, 더 중요한 것은 우리가 바라는 미래를 만들어가기 위한 것이다.[14]

---

14) Florance Gaub, *Global Trends to 2030: Challenges and Choices for Europe* (European Strategy and Policy Analysis System, 2019).

[성균중국연구총서 37]

궐위의 시대: 미국과 중국이 사는 법

기　　획　　성균관대학교 성균중국연구소
엮 은 이　　이희옥

초판인쇄　　2021년　8월　10일
초판발행　　2021년　8월　20일

발 행 인　　윤관백
발 행 처　　￦도서출판선인
등　　록　　제5-77호
주　　소　　서울시 마포구 마포대로4다길 4 곳마루B/D 1층
전　　화　　02-718-6252
팩　　스　　02-718-6253
이 메 일　　sunin72@chol.com

정가　26,000원
ISBN　979-11-6068-606-7　93300